KB203627

통록촬요
[通 錄 撮 要]

조사들의 전법 이야기

陳實 編纂

崇默 刊行

통록촬요
通 錄 撮 要

김호귀 역

하얀연꽃

차 례

[총목차] _ 6

1. 『통록촬요』 제일권 ···································· 11

Ⅰ. 제일 종안품(4칙)
　　[귀경게]
Ⅱ. 제이 정전품(33칙)
　　[귀경게]
Ⅱ.-1 인도의 조사(27칙)
Ⅱ.-2 중화의 조사(6칙)

2. 『통록촬요』 제이권 ···································· 63

Ⅲ. 제삼 호현품(93칙)
　　[귀경게]
Ⅲ.-1 중화의 조사(59칙)

3. 『통록촬요』 제삼권 ···································· 167

4. 『통록촬요』 제사권 ···································· 221

Ⅲ.-2 해동의 조사(34칙)
Ⅳ. 제사 산성품(6칙)
　　[귀경게]
Ⅳ. 제오 유통품(2칙)
　　[귀결게]

[후 기] _ 313

[해 제] _ 316

通錄撮要[1]

總目次

第一卷

宗眼品 第一四則

正傳品 第二三十三則

迦葉 阿難 商那和脩 優波毱多 提多迦 彌遮迦 婆須密 佛陁難提 伏馱密多
脅 富那夜奢 馬鳴 迦毗摩羅 龍樹 迦那提婆 羅睺羅多 僧伽難提 伽邪
<耶?>舍多 鳩摩羅多 闍夜多 婆修盤頭 摩拏羅 鶴勒那 師子 婆舍斯多
不如密多 般若多羅

中華祖師

菩提達磨 慧可 僧璨 道信 弘忍 慧能

第二卷(34則+?)

互顯品 第三八十三<93?>則

法融 <北宗秀大師+?> 崇嶽慧安 蒙山道明 南嶽懷讓 永嘉玄覺 清源行
思 荷澤神會 光宅慧忠 信州智常 司空本淨 江西道一 石頭希遷 丹霞天然
藥山惟儼 潮州大願 無住 大珠慧海 石鞏慧藏 盤山寶積 五洩靈默 興善惟
寬 龐蘊 南泉普願 紫玉道通 <中邑洪恩+? 總印+? 潭州龍山+? 亮座主
+? 水老+?> 百丈懷海 <溈山靈祐+?> 黃檗希運 鎮州普化

---

1) 번역의 텍스트는 『韓國佛敎全書』 제7책 수록본에 의한다. 본래 [通錄撮要卷第
一]이었지만 [卷第一]은 『韓國佛敎全書』의 편찬자에 의하여 생략되었다.

第三卷(10則+?)

圭峯宗密 長沙景岑 趙州從諗 華亭德誠 高亭 德山宣鑑 仰山慧寂 香嚴智閑 慧忠 俱胝

第四卷(49則+?)

臨濟義玄 同山良价 曹山本寂 烏窠道林 會通 雪峯義存 高亭簡 玄沙宗一 雲門文偃 風穴延沼 寶應省念 善昭 延壽覺 志逢 天衣義懷
新羅本如 新羅慧徹 洪直<陟=> 無染 覺體 玄昱 道均 品日 迦智 忠卉 大茅 彥忠 順支 智異山和尚 欽忠 清虛 行寂 朗 金藏 清院 慧情 臥龍 瑞巖 大嶺 泊巖 大無爲 慶猷 慧 住 惠雲 雪嶽 靈鑑 惠炬 普濟尊者

散聖品 第四六則

維摩會三十二菩薩 布袋 寒山 拾得 無着 傳<傳?>大士

流通品 第五二則

後記

『통록촬요』2)

총목차(158칙)

1. 제일권

I. 제일 종안품(4칙)

(1) 천상천하유아독존

(2) 외도문불

(3) 세존승좌

(4) 수색마니주

II. 제이 정전품(33칙 : 인도의 조사 27칙 + 중화의 조사 6칙)

II.-1 인도의 조사(27칙)

(1) 가섭, (2) 아난, (3) 산나화수, (4) 우바국다, (5) 제다가, (6) 미차가, (7) 바수밀, (8) 불타난제, (9) 복태밀다, (10) 협, (11) 부나야사, (12) 마명, (13) 가비마라, (14) 용수, (15) 가나제바, (16) 라후라다, (17) 승가난제, (18) 가야사다, (19) 구마라다, (20) 사야다, (21) 바수반두, (22) 마노라, (23) 학륵나, (24) 사자, (25) 바사사다, (26) 불여밀다, (27) 반야다라

---

2) 본 『통록촬요』4권의 번역은 『韓國佛敎全書』제7권, pp.767-807의 수록본에 의한다. 『韓國佛敎全書』제7권의 저본은 가정 8년(1529) 전라도 광양현 백운산 만수암 개판본인데(고려대학교소장 [釋迦如來行蹟頌] 합간본 同本. 在日本 천리대학도서관 권말에 수록[어록 · 보권수지문 · 벽송당발문] 결락) 그 제명 및 목차는 『韓國佛敎全書』의 편찬자가 보입하였다. 기타 『大藏一覽』 卷10, (嘉興藏21 수록)의 판본 참조. 『通錄撮要』는 기존의 『祖源通錄』에 대한 撮要의 성격을 지니고 있기 때문에 번역하는 과정에서 문맥의 전개에 반드시 필요하지만 누락된 부분에 한해서는 기타 여러 가지의 傳燈史書에 의거하여 최소한도의 내용을 보충하였다.

Ⅱ.-2 중화의 조사(6칙)

(28) 보리달마, (29) 혜가, (30) 승찬, (31)도신, (32) 홍인, (33) 혜능

2. 제이권(34칙)

Ⅲ. 제삼 호현품(93칙 : 중화의 조사 59칙 + 해동의 조사 34칙)

Ⅲ.-1 중화의 조사

(1) 법융, (2) 북종신수, (3) 숭악혜안, (4) 몽산도명, (5) 남악회양, (6) 영가현각, (7) 청원행사, (8) 하택신회, (9) 광택혜충, (10) 신주지상, (11) 사공본정, (12) 강서도일, (13) 석두희천, (14) 단하천연, (15) 약산유엄, (16) 조주대전, (17) 무주, (18) 대주혜해, (19) 석공혜장, (20) 반산보적, (21) 오설영묵, (22) 흥선유관, (23) 방온, (24) 남전보원, (25) 자옥도통, (26) 중읍홍은, (27) 총인, (28) 담주용산, (29) 서산 양좌주, (30) 홍주수로, (31) 백장회해, (32) 위산영우, (33) 황벽희운, (34) 진주보화

3. 제삼권(10칙)

(35) 규봉종밀, (36) 장사경잠, (37) 조주종심, (38) 화정덕성, (39) 고정, (40) 덕산선감, (41) 앙산혜적, (42) 향엄지한, (43) 우두혜충, (44) 금화구지

4. 제사권(57칙 : 중국의 조사 15칙 +한국의 조사 34칙 +기타 8칙)

(45) 임제의현, (46) 동산양개, (47) 조산본적, (48) 조과도림, (49) 초현회통, (50) 설봉의존, (51)고정간, (52) 현사종일, (53) 운문문언, (54)풍혈연소, (55) 보응성념, (56) 분주선소, (57) 연수지각, (58) 오운지봉, (59) 천의의회

Ⅲ.-2 해동의 조사(34명)

(60) 신라본여, (61) 신라혜철, (62) 홍척, (63) 무염, (64) 각체, (65) 현욱, (66) 도균, (67) 품일, (68) 가지, (69) 충훼, (70) 대모, (71) 언충, (72) 순지, (73) 지리산화상, (74) 흠충, (75) 청허, (76) 행적, (77) 랑, (78) 김장, (79) 청원, (80) 혜정, (81) 와룡, (82) 서암, (83) 대령, (84) 박암, (85) 대무위, (86) 경유, (87) 혜, (88) 주, (89) 혜운, (90) 설악영광, (91) 영감, (92) 도봉혜거, (93) 나옹보제존자

Ⅳ. 제사 산성품(6칙)

(1) 유마회삼십이보살, (2) 포대, (3) 한산, (4) 습득, (5) 무착, (6) 부대사

Ⅳ. 제오 유통품(2칙)

(1) 예장종경의 게송, (2) 화엄론

[후기]

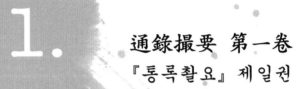

1.

通錄撮要 第一卷

『통록촬요』 제일권

通錄撮要 第一卷

1. 『통록촬요』 제일권3)

宗眼品4) 第一(四則)

Ⅰ. 제일 종안품(4칙)

　　[귀경게]
　　稽首釋迦大慈悲 不立文字直指示

석가모니의 대자비에 경례합니다
불립문자로써 곧바로 지시하셨네5)

---

3)　[通錄撮要 第一卷]은 본래 [총목차] 앞에 있었지만 번역하면서 [총목차] 뒤로
　　옮겼다.
4)　본 宗眼品 앞에 다음과 같은 내용이 수록되어 있다. [『통록촬요』 4권을 5품으로
　　나눈 것은 호주 서여산에 주석한 석공진이 편찬하고 교정한 것인데 다음과
　　같다. 제일권 : 종안품(4칙) · 정전품(33칙). 제이권 : 호현품(방계와 직계를
　　드러낸 100여 칙<93칙>은 제사권 중간까지 계속된다). 제삼권(34칙). 제사
　　권(59칙) : 산성품(6칙) · 유통품(2칙). 通錄撮要四卷 分作五品 住湖州西余山
　　釋拱辰 編正. 第一卷 : 宗眼品(四則) · 正傳品(三十三則). 第二卷 : 互顯品(旁直
　　互顯一百餘則 至四卷中). 第三卷(十二則<34則?>). 第四卷(七十餘則<五十九
　　則?>) : 散聖品(六則) · 流通品(二則)](『韓國佛教全書』 제7권, p.767下) 이에
　　의거하자면 본『통록촬요』가 釋拱辰의 손에 의하여 성립된 것이다. 그러나
　　釋拱辰은『祖源通錄』 24권의 편찬자라는 기록을 감안한다면<고익진, [조원
　　통록촬요의 출현과 그 사료 가치],『불교학보』 제21집, p.159. 불교문화연구
　　원. 1984> 동일인[釋拱辰]이『祖源通錄』 24권 및 通錄撮要 4권을 출간했
　　다는 말이 되는데, 이것은 고익진의 논문 및 기타의 정황으로 보아 의심스럽
　　다. 따라서『通錄撮要』 4권에 대한 편찬자 및 그 구성과 내용에 관련해서는
　　본서의 [해제] 부분을 참조하기 바란다.
5)　이 歸敬偈는 제1 종안품 및 제2 정전품에 두루 해당한다. 이하에 [직하에

(1)

統要云 世尊纔下生 乃一手指天一手指地 周行七步 目顧四方云 天上天
下 唯我爲獨尊 雲門云 我當時若見 一棒打殺 與狗子喫却 貴要天下大平
琅琊覺云 雲門可謂將此深<身?>心奉塵刹 是則名爲報佛恩

『종문통요』에서 다음과 같이 말한다.
[세존께서는 하생을 하자마자, 오른쪽 손으로는 하늘을 가리키고, 왼쪽
손으로는 땅을 가리키며 두루 일곱 걸음을 걷고 눈으로 사방을 둘러보며
말했다.
"천상천하 유아독존"6)
　이 말에 대하여 운문이 말했다.
"당시에 내가 그 모습을 보았다면 한방에 때려잡아서 개한테 먹이로 던져
주었을 것이다. 그러면 요컨대 천하가 태평해졌을 것이다."]7)

　운문의 말에 대하여 낭야혜각이 말했다.
"운문의 경우야말로 '이처럼 몸과 마음으로 수많은 국토를 떠받들면,
그것이 곧 부처님의 은혜에 보답하는 것이라네.'8)에 해당하는 것이라
말할 수가 있다."

단전한 조사 뿐만 아니라/ 그 밖의 사람도 모두 그러합니다/ 不唯直下祗單傳
爭奈旁人皆有分]의 대목이 붙어 있다. 그러나 이것은『통록촬요』의 전체적인
구성으로 보아 이하 제2권부터 시작되는 제3 互顯品의 歸敬偈에 해당하고,
또한 제3 호현품의 [귀경게]에 중복되어 있기 때문에 여기에서는 생략한다.
6)　天上天下唯我獨尊은 여러 가지 의미로 해석되지만 여기에서 선학의 입장으로
　　해석한다. 天上과 天下는 미혹한 중생의 세간이고, 唯我는 자성을 깨친 眞我를
　　가리킨다. 곧 삼계의 중생세간에서는 진아를 터득한 사람이야말로 가장 존귀
　　한 존재라는 의미이다.
7)　『宗門統要續集』卷1, (永樂北藏154, p.468上-中) 참조. 여기에서 천상과 천하
　　는 중생세간인데, 그 중생성을 초월하는 眞我의 터득이야말로 최고의 가치임
　　을 가리킨다. 이하 출전은 韓國佛敎全書 및 大正藏을 제외하고 모두 CBETA
　　에 의거함.
8)　"將此深心奉塵刹 是則名爲報佛恩"의 대목은『楞嚴經』卷3, (大正藏19, p.119
　　中) 참조.

13

(2)

又因外道問<佛+?> 不問有言 不問無言 世尊據坐 外道讚歎云 世尊大
慈大悲 開我迷雲 令我得入 乃作禮而去 阿難白佛言 外道得何道理 稱讚
而去 世尊云 如世良馬 見鞭影而行9)

또한 외도가 물었다.
"유언이 무엇인지에 대해서도 묻지 않고 무언이 무엇인지에 대해서도
묻지 않겠습니다.10)"
그러나 세존은 그대로 앉아 있었다. 이에 외도가 찬탄하여 말했다.
"세존께서는 대자대비로 저의 미혹한 구름을 걷어 저로 하여금 깨침에
들어가도록 해주셨습니다."
이에 예배를 드리고 물러갔다. 아난이 부처님에게 사뢰어 물었다.
"외도는 어떤 도리를 터득했기에 칭송찬탄하고 물러난 것입니까."
세존께서 말씀하셨다.
"세간의 훌륭한 말이 채찍의 그림자만 보아도 앞으로 달려가는 것과 같다."

(3)

又一日陞座 文殊白椎云 諦觀法王法 法王法如是 世尊便下坐<座?>

세존께서 어느 날 법좌에 오르자 문수가 백추(白椎)11)를 하고 말했다.
"법왕의 설법을 자세히 관찰해보니, 법왕의 설법은 如是했습니다."
이에 세존께서 그만 법좌에서 내려오셨다.12)

---

9) 『宏智禪師廣錄』卷4, (大正藏48, p.45中)
10) 유언과 무언을 초월한 경지에 대하여 말씀해주시기 바란다는 질문이다. 여기
　　에서 세존은 긍정과 부정을 초월한 언설을 대신하여 신체의 모습으로 대신하
　　여 답변을 보여주고 있다.
11) 白槌(白椎)는 수행자들에게 어떤 가르침을 알릴 때에 나무 방망이로 나무
　　기둥을 쳐서 집중시키는 행위를 말한다.
12) 『宏智禪師廣錄』卷1, (大正藏48, p.11下) 여기 '諦觀法王法 法王法如是'의
　　구절에 대해서는 『華嚴經』卷4, 世主妙嚴品, (大正藏10, p.21中) "汝應觀法王
　　法王法如是" 참조.

(4)

又一日示隨色摩尼珠 問五方天王 此珠作何色 時五<方+?>天王互說異
色 世尊<復+?>藏珠入袖 却擡手曰 此珠<作+?>何色 <天+?>王曰
<答=> <佛+?>手中無珠 何處有色 世尊歎曰<云=> 汝何迷倒之甚 吾
將世<此?>珠示之 便<各強+?>說 靑黃赤白<色+?> 吾將眞珠示之 便
總不知 時五<方+?>天王 悉皆<言下=>悟道

　또 어느 날에는 수색마니주(隨色摩尼珠)를 제시하여 오방의 천왕에게
물었다.
"이 마니주가 무슨 색깔인가."
　그때 다섯 천왕은 서로 다른 색깔이라고 말했다. 그러자 세존은 마니주를
옷 속에 넣어 감추고 손을 들어 말했다.
"이 구슬은 무슨 색깔인가."
　왕들이 답했다.
"손 안에 마니주가 없는데 어찌 색깔이 있겠습니까."
　이에 세존께서 한탄하여 말했다.
"그대들은 미혹과 전도가 어찌 이리도 심한가. 내가 이 마니주를 가지고
그것을 보여주자 곧 청·황·적·백이라고 말하더니, 내가 진짜 마니주를
가지고 그것을 보여주자 아무도 알지 못하는구나."
　그때 다섯 천왕은 그 말을 듣고서 곧 오도하였다.13)

---

13) 『虛堂集』卷1, (卍續藏67, p.327上) 이하 大正新脩大藏經(大正藏으로 약칭)을
　　제외한 모든 출처는 CBETA에 의거함.

正傳品 第二(三十三則)

Ⅱ. 제이 정전품(33칙)

Ⅱ.-1 인도의 조사

[귀경게]
爰自西天四七祖 直至唐土二三師

인도 스물 여덟 명의 조사로부터
중국 여섯 조사에 곧바로 닿았네

(1)
傳燈云 初祖迦葉尊者 於靈山會上百萬眾前 因世尊拈花 獨迦葉破顏微
笑 世尊云 吾正法眼藏 涅槃妙心 分付於汝 汝可流布 無令斷絕 仍授金縷
僧伽梨衣 入雞足山 俟當來佛慈氏下生傳付也

『전등록』에서는 다음과 같이 말한다.
[초조 가섭존자는 영취산 법회의 백만 대중 앞에서 세존의 염화로 인하여
오직 마하가섭 혼자만 파안미소하였다.
　이에 세존이 말했다.
"내 정법안장과 열반묘심을 그대한테 분부한다. 그러니 그대가 유포하여
단절되지 않도록 하라."
　이에 금실로 만든 승가리 가사를 받고서 계족산에 들어갔다. 이에 당래불
인 자씨가 하생하여 전의(傳衣)·부법(付法)하는 시절을 기다리고 있다
.]14)

(2)
○ 二祖阿難尊者 問迦葉師兄 世尊傳金襴袈裟外 別傳箇什麼 迦葉召云

---

14)『景德傳燈錄』卷1, (大正藏51, pp.205下-206上) 요약.

阿難 阿難應諾 迦葉云 倒卻門前刹竿著

　제이조 아난존자가 가섭사형에게 물었다.

"세존이 전한 금란가사 이외에 별도로 전해준 것은 무엇입니까."

　가섭이 불렀다.

"아난이여."

　아난이 답했다.

"예."

　이에 가섭이 말했다.

"문 앞의 찰간을 꺾어버려라."15)

(3)

○ 三祖商那和修尊者 得優波鞠多 為給侍 因問鞠多 汝年幾耶 曰 我年十七 師曰 汝身十七 性十七耶 答曰 師髮[巳>已]白 為髮白耶 心白耶 師曰 我但髮白 非心白耳 鞠多曰 我身十七 非性十七也

　제삼조 상나화수 존자는 우바국다를 얻어서 시자로 삼았다. 이에 우바국다에게 물었다.

"그대의 나이는 몇인가."

　우바국다가 말했다.

"제 나이는 열 일곱입니다."

　상나화수가 물었다.

"그대의 몸이 열 일곱 살인가, 자성이 열 일곱 살인가."

　우바국다가 말했다.

"스승님의 머리가 하얗게 되었는데 머리카락이 하얗습니까, 마음이 하얗습니까."

　상나화수가 말했다.

"나는 머리카락만 하얗지 마음은 하얗지 않다."

　우바국다가 말했다.

---

15) 『佛果圜悟禪師碧巖錄』卷2, (大正藏48, p.156上)

"저도 몸의 나이가 열 일곱 살일 뿐이지 자성의 나이가 열 일곱 살은
아닙니다."16)

(4)
○ 四祖優波鞠多尊者 化度甚眾 波旬恐怖 將害正法 尊者入定 波旬密持
纓絡 縻之于頸 及尊者出定 乃取人狗蛇三尸 化為花鬘 軟言慰諭 吾有花
鬘奉酬 波旬引頸受之 即變三種臭尸 波旬厭惡 盡[巳>己]神力 不能得
脫 升釋梵天 求其解免 彼各告言 十力弟子神變 我輩凡陋 何能去之 梵王
說偈 若因地倒 還因地起 離地求起 終無此理 波旬受教 投禮尊者 哀露懺
悔 鞠多令其歸三寶竟 尸鬘頓脫 禮謝而去 <尊者每度一人 以一籌置於
石室 其室縱十八肘 廣十二肘 充滿其中 尊者入滅 以籌焚之 舍利建塔
+?>

　　제사조 우바국다 존자가 수많은 사람을 교화하였다. 이에 파순이 두려워
하며 정법을 해치려고 하였다. 그리하여 존자가 선정에 들어가자 파순은
은밀하게 영락(纓絡)을 지니고서 목에다 걸어주었다.
　　이에 존자가 출정하여 사람과 개와 뱀의 시체를 가져다가 화만을 변화시
키고는 다음과 같이 부드러운 말로 위로하여 달랬다.
"내가 가지고 있는 화만을 보답으로 주겠다."
　　이에 파순이 목을 내밀어 화만을 받자마자 곧 세 종류의 냄새가 풍기는
시체로 변하였다. 파순이 염오하면서 신통력을 다하였지만 그것으로부터
벗어날 수가 없었다. 이에 범천까지 올라가 벗겨줄 것을 청했다.
　　그러나 범천이 각각 말했다.
"십력제자의 신통변화에 대하여 우리들은 미천한데 어찌 그것을 제거할
수 있겠는가."
　　그리고는 범천이 다음과 같은 게송을 설하였다.
"만약 땅을 인하여 넘어졌거든 　若因地倒
　다시 땅을 인하여 일어나거라 　還因地起
　땅을 떠나서 일어나려고 하면 　離地求起

16)『景德傳燈錄』卷1, (大正藏51, p.207上)

끝끝내 일어날 도리가 없다네 終無此理"

파순은 그 가르침을 받고서 존자에게 예배를 드리고 애처롭게 참회를 하였다. 그러자 우바국다는 파순으로 하여금 삼보에 귀의토록 하였다. 그리하여 마침내 시체다발이 곧 풀리자 감사의 예배를 드리고 물러났다.

존자는 매번 한 사람을 제도할 경우마다 산가지를 하나씩 석실에 놓아두었다. 석실은 가로가 18척이고 너비가 12척이었는데 그 석실에 산가지가 가득 찼다. 그러자 존자가 입멸하였는데 그 산가지를 가지고 다비를 하고 사리탑을 세웠다.17)

(5)

○ 五祖提多迦尊者 因求出家 鞠多問曰 汝身出家 心出家 答曰 我來出家 非為身心 鞠多曰 不為身心 復誰出家 答曰 夫出家者 無我我故 即心不生滅 心不生滅 即是常道 諸佛亦常 心無形相 其體亦然

제오조 제다카 존자가 출가를 추구하였을 때 우바국다가 물었다.
"그대는 몸으로 출가하려는 것인가, 마음으로 출가하려는 것인가."
제다카가 답했다.
"제가 출가하는 것은 몸이나 마음으로 출가하려는 것이 아닙니다."
우바국다가 말했다.
"몸과 마음으로 출가하려는 것이 아니라면 다시 무엇이 출가한다는 것인가."
제다카가 답했다.
"대저 출가란 무아를 아로 삼기 때문에 마음에 즉해도 생멸이 없습니다. 마음에 생멸이 없으면 그것이 곧 상도입니다. 제불도 또한 상도이므로 마음에 형상이 없고 그 몸도 또한 형상이 없습니다."18)

---

17) "존자는 매번 … 사리탑을 세웠다."의 대목은 『佛祖歷代通載』 卷3, (大正藏49, p.498中-下)에 의거하여 내용을 보충한다.
18) 『景德傳燈錄』 卷1, (大正藏51, p.207中-下)

(6)

◯ 六祖彌遮迦尊者 領八千大儒為徒 聞提多迦入國 率眾迎奉 謂提多迦
曰 昔與師同生梵天 我遇阿私陀仙 授我仙法 師逢十力弟子 修習禪那
自此報分殊途 已經六劫 尊者曰 支離累劫 誠哉不虛 彌遮迦乃捨邪歸正
以嗣祖位

　　제육조 미차카 존자는 팔천 명의 대선인들을 제자로 거느리고 있었다.
제다카가 국내에 들어왔다는 말을 듣고는 제자들을 거느리고 나아가서
맞이하였다.
　　이에 제다카에게 물었다.
"옛적에 스님과 범천에서 함께 살았습니다. 저는 아사타선인을 뵈었을
때 저에게 선법(仙法)을 가르쳐주셨습니다. 그리고 스님께서는 십력제자
를 만나서 선나를 수습하였습니다. 그로부터 과보가 다른 길로 나뉘었습니
다. 그리고 이미 6겁이 지났습니다."
　　존자가 말했다.
"헤어진 지가 여러 겁이 되었지만 진실로 헛되지는 않았다."
　　미차카는 이에 사법(邪法)을 버리고 정법(正法)으로 돌아와서 존자의
지위를 계승하였다.19)

(7)

◯ 七祖婆須蜜尊者 常服淨衣 執酒器行 或吟或嘯 人謂之狂 遇彌遮迦
問曰 師何方來 欲往何所 彌遮迦曰 從自心來 欲往無處 師曰 識我手中物
否 彌遮迦曰 此是觸器 而負淨者 師曰 還識我否 彌遮迦曰 我即不識
識即非我 又問名氏 師答 名婆須密 彌遮迦曰 我師提多迦說 佛說 阿難
吾滅後三百年 有一聖人 名婆須密 而於禪祖 當獲第七 <密+?>乃投出
家 度脫成道

　　제칠조 바수밀존자는 늘상 정의(淨衣)를 걸치고 술병을 들고 돌아다니
면서 시를 읊기도 하고 노래를 부르기도 하였다. 이에 사람들은 그에

19)『佛祖歷代通載』卷3, (大正藏49, pp.498下-499上)

대하여 미쳤다고 말했다.

어느 날 미차카를 만나서 물었다.

"스님은 어디에서 오셨고, 어디로 가시려는 것입니까."

미차카가 말했다.

"나는 내 마음에서 왔고, 무(無)라는 곳으로 가려고 한다."

바수밀이 물었다.

"제 손안에 있는 물건이 무엇인지 아십니까."

미차카가 말했다.

"그것은 촉기(觸器)20)로서 청정을 저버린 것이다."

바수밀이 물었다.

"저를 아십니까."

미차카가 말했다.

"'나'라고 하면 곧 아는 것이 아니고, '안다'고 하면 곧 나가 아니다."

그리고는 물었다.

"이름이 무엇인가."

바수밀이 답했다.

"제 이름은 바수밀입니다."

미차카가 말했다.

"나의 스승인 제다카께서 다음과 같이 말씀하셨다. 부처님께서 아난에게 '내가 입멸한 이후 삼백 년에 한 성인이 있을 터인데 이름은 바수밀이다. 그는 선의 조사가 되어 반드시 제칠조가 될 것이다.'고 말하였다."

바수밀은 이에 출가하여 해탈하여 성도하였다.

(8)

○ 八祖佛陀難提尊者 遇婆須密 即前白言 與師論義 婆須密曰 論即不義 義即不論 若擬論義 終非義論 師知義勝 求度為嗣

제팔조 불타난제존자가 바수밀을 친견하였다. 이에 곧 앞에 있던 사람이

---

20) 똥통을 가리킨다. 여기에서는 부정하다는 의미로서 酒瓶에 대한 비유어로 사용되었다.

사뢰어 조사와 더불어 도리[義]에 대하여 토론할 것을 말씀드렸다.

바수밀이 말했다.

"토론하는 것은 곧 올바른 도리가 아니다. 올바른 도리는 곧 토론할 수 있는 것이 아니다. 그러므로 만약 도리에 대하여 토론하려는 것은 끝내 올바른 도리에 대한 토론이 아니다."21)

불타난제는 바수밀의 도리가 뛰어남을 알고서 출가를 추구하여 그 법을 이었다.

(9)

○ 九祖伏馱密多尊者 昔曾值佛 悲願廣大 慮父母情愛難捨 故 年已五十 口未嘗言 足未嘗履 佛陀行化至家 見有光騰 謂其徒曰 此家當有聖人 口無言說 真大乘器 不行四衢 知觸穢耳 父出致禮 問 何所須 佛陀答言 我求侍者 <父+?>曰 我子伏馱 年已五十 不言不行 才見佛陀 遽禮說偈 父母非我親 誰是最親者 諸佛非我道 誰為最道者 佛陀答偈 汝言與心親 父母非可比 汝行與道合 諸佛心即是 外求有相佛 與汝不相似 欲識汝本心 非合亦非離 伏馱聞偈 便行七步 父捨出家入道

제구조 복태밀다존자는 과거생에 일찍이 부처님을 친견하여 비원이 광대하였다. 그러나 현생에는 부모의 애정을 버리게 될까 염려한 까닭에 나이가 오십이 되도록 입으로 아직까지 말도 하지 않고 발로 아직까지 걷지도 않았다. 불타난제가 교화를 하다가 그 집에 이르렀는데 광명이 솟아오르는 것을 보고 그 제자들에게 말했다.

"이 집에는 반드시 성인이 있을 것이다. 입으로는 말을 하지 못하지만 참으로 대승의 법기이다. 네거리에 나가지는 못하지만 부정타는 것은 안다."

복태밀다의 아버지가 나와서 예를 드리고 물었다.

"무엇이 필요한 것입니까."

불타난제가 말했다.

"나는 시자를 구합니다."

---

21) 『조당집』과 『전등록』에 의하면 이 대목은 바수밀 장에 수록된 내용이다.

복태밀다의 아버지가 말했다.

"저한테는 복태밀다라는 아들이 있습니다. 그런데 나이가 오십이 되었지만 말도 못하고 걷지도 못합니다."

그러나 불타난제를 보자마자 벌떡 일어나더니, 예배를 드리고 게송으로 말했다.

"부모가 나의 친한 사람이 아닌데　父母非我親
　도대체 누가 가장 친한 사람인가　誰是最親者
　제불도 나의 가까운 깨침 아닌데　諸佛非我道
　무엇이 가까이 해야 할 깨침인가　誰為最道者"

불타난제가 게송으로 답변하였다.

"그대의 말이 마음에 곧 계합하면　汝言與心親
　부모도 그에 비교될 것이 아니고　父母非可比
　그대 행위가 깨침에 곧 합치되면　汝行與道合
　제불의 마음 또한 바로 그것이다　諸佛心即是
　밖으로 형상 있는 부처 추구하면　外求有相佛
　그대에겐 결코 걸맞는 것 아니다　與汝不相似
　그대 본래의 마음 알고자 하거든　欲識汝本心
　합해도 안되고 또 떠나도 안된다　非合亦非離"

복태밀다는 그 게송을 듣고 곧 일곱 걸음을 걸었다. 이에 아버지는 복태밀다를 놓아주고는 출가하여 깨침에 들도록 하였다.[22]

(10)

○ 十祖脅尊者 將誕 父夢一白象 背有寶座 座上安一明珠 從門而入 既覺乃生 後為佛<伏?>陀執侍 未嘗眠睡 脅不至席 遂號脅尊者

제십조 협존자가 태어날 무렵에 아버지가 꿈을 꾸었다. 한 마리 백상이 등에는 보좌를 짊어지고 그 보좌에 하나의 명주를 안치하고 문으로 들어오는 것이었다. 꿈에서 깨어나자 이에 협존자가 태어났다. 후에 복태밀다의 시자가 되었는데 일찍이 잠을 잔 적이 없었다. 곧 옆구리를 자리에 대지

---

22) 『조당집』과 『전등록』에 의하면 이 대목은 불타난제 장에 수록된 내용이다.

않았기 때문에 마침내 협존자라 불리웠다.

(11)

○ 十一祖富那夜奢尊者 謁脅尊者 問 汝從何來 師曰 我心非往 脅曰
汝何處往<住?> 師曰 我心非止 脅曰 汝不定耶 師曰 諸佛亦然 脅曰
汝非諸佛 師曰 諸佛亦非 脅<尊者+?>印可度之

　　제십일조 부나야사존자가 협존자를 뵈었다. 이에 협존자가 물었다.
"그대는 어디에서 왔는가."
　　부나야사가 말했다.
"제 마음은 어디에도 가지 않았습니다."
　　협존자가 물었다.
"그대는 어디에 사는가."
　　부나야사가 말했다.
"저는 어디에도 머물지 않습니다."
　　협존자가 말했다.
"그대는 한 곳에 고정되어있지 않는구나."
　　부나야사가 말했다.
"그것은 제불도 또한 그렇습니다."
　　협존자가 말했다.
"그대는 제불이 아니다."
　　부나야사가 말했다.
"제불도 또한 제가 아닙니다."
　　이에 협존자가 부나야사를 인가하고 그를 제도해주었다.23)

(12)

○ 十二祖馬鳴大士 見富那 問曰 我欲識佛 何者即是 富曰 汝欲識佛
不識者是 馬曰 佛既不識 焉知是乎 富曰 既不識佛 焉知不是 馬曰 此是鋸
義 富曰 彼是木義 富復問曰 鋸義者何 馬曰 與師平出 馬又問曰 木義者何

___

23) 『조당집』과 『전등록』에 의하면 이 대목은 협존자 장에 수록된 내용이다.

富曰 汝被我解 馬乃豁悟

 제십이조 마명대사는 부나야사를 친견하고 물었다.
"저는 부처를 알고자 합니다. 어떤 사람이 곧 그 부처입니까."
 부나야사가 말했다.
"그대는 부처를 알고 싶어한다. 그런데 부처인 줄 모르는 사람이 부처이다."
 마명이 물었다.
"부처라는 개념도 아직은 모르고 있는데 어찌 부처를 알겠습니까."
 부나야사가 말했다.
"아직 부처라는 개념도 모른다면서 어찌 그것이 부처가 아닌 줄을 알겠는가."
 마명이 말했다.
"이것은 톱의 도리와 같습니다."
 부나야사가 말했다.
"그것은 나무의 도리와 같다."
 그리고는 부나야사가 다시 물었다.
"톱의 도리란 어떤 것인가."
 마명이 말했다.
"스님과는 피장파장[平出]입니다."
 마명이 다시 물었다.
"그러면 나무의 도리란 어떤 것입니까."
 부나야사가 말했다.
"그대는 내 낚시에 걸려들었다."
 이에 마명이 활연히 깨쳤다.24)

(13)
○ 十三祖迦毗摩羅尊者 得法於馬鳴 領徒入山 逢一大蟒 盤繞師身 與受
三歸而去 繼有一老問訊 師問所止 答曰 昔為比丘 樂靜 時有初學 數來請

---

24) 『조당집』과 『전등록』에 의하면 이 대목은 부나야사 장에 수록된 내용이다.

益 煩於應答 起瞋恚想 命終為蟒 今[巳>已]千載 適遇尊者 獲聞戒法
故來謝耳 <樹是也+?>

제십삼조 가비마라존자는 마명에게 사법한 후에 제자들을 거느리고
산에 들어갔다. 큰 뱀 한 마리와 마주쳤는데 뱀이 곧 가비마라의 몸을
휘감아버렸다. 그러나 삼귀의를 일러주자 그것을 받고는 물러났다. (석굴
에 이르렀을 때 석굴에 살고 있는) 한 노인의 문안을 받자 그에 이어서
(가비마라는 노인이 석굴에) 머물고 있는 이유를 물었다. 그러자 노인이
답하였다.
"옛적에 비구였을 때 적정을 좋아했습니다. 그때 어떤 초학자가 자주
와서 법을 물었는데 응답하는 것이 번거로워 현애상(瞋恚想)을 일으켰습
니다. 그리하여 목숨이 다한 후에는 뱀이 되었는데 지금까지 천 년이
되었습니다. 마침 존자를 뵙고 계법을 듣게 되었기 때문에 감사를 드리려고
나온 것입니다."
용수가 바로 이 사람이다.

(14)
○ 十四祖龍樹尊者 遇迦毘得法 乃於座上 現自在身 如滿月輪 大衆唯聞
法音 不睹師相 而說偈言 身現圓月相 以表諸佛體 說法無其形 用辨非聲
色 (以上振字函第一卷)

제십사조 용수존자는 가비마라를 만나서 법을 얻었다. 이에 법좌에
올라가 자재한 몸으로 보름달의 모습을 드러내었다. 대중은 오직 법음만
들을 수 었고 존자의 형상은 볼 수가 없었다.
용수는 게송으로 다음과 같이 말했다.
"몸으로는 보름달 모습 드러내어   身現圓月相
그것으로 제불의 본체 표시하고   以表諸佛體
불법을 설하는데 형체가 없으니   說法無其形
소리와 색상이 아님을 변별한다"   用辨非聲色
(이상은 진자함의 제일권이다)

(15)

○ 十五祖迦那提婆尊者 因謁龍樹 知是智人 令侍者以滿鉢水置於座前 提婆睹之 乃以針投 契於龍樹 即為法嗣

　제십오조 가나제바존자는 용수를 뵈었다. 이로 인하여 용수는 가나제바가 지혜로운 사람인 줄 알아차리게 되었다. 이로써 용수는 시자를 시켜서 물이 가득한 발우를 법좌 앞에 놓게 하였다. 제바는 그것을 보고는 이에 발우에 바늘을 던져 넣었다. 이에 용수와 계합되어 곧 용수의 법사가 되었다.

(16)

○ 十六祖羅睺羅多尊者 曾蒙佛記 第二五百年為大教主 遇於提婆蓋符 夙因 得度之後 因求法嗣 見僧伽難提入定 經三七日 方從定起 問曰 汝身 定耶 心定耶 曰 身心俱定 羅多曰 身心俱定 何有出入 僧伽曰 雖有出入 不失定相

　제십육조 라후라다존자는 일찍이 제이의 오백년에 대교주가 될 것이라는 부처님의 수기를 받았는데 이에 가나제바를 만나고서 전생의 그 인연에 계합되었다.25) 출가한 이후에 법을 계승할 제자를 찾으러 다니는 차에 승가난제가 입정한 모습을 보았다.
　바야흐로 21일이 지난 후에 선정에서 일어나자 라후라다가 그에게 물었다.
"그대는 몸으로 선정에 들었는가, 마음으로 선정에 들었는가."
　승가난제가 말했다.
"몸과 마음이 함께 선정에 들었습니다."
　라후라다가 물었다.
"몸과 마음이 함께 선정에 들었다면서 어찌 출입이 있는가."
　승가난제가 말했다.

---

25) 『조당집』과 『전등록』에 의하면 이 대목은 제십오조 가나제바 장에 수록된 내용이다.

"비록 출입은 있을지라도 선정의 모습은 그대로입니다."

(17)

○ 十七祖僧伽難提尊者 莊嚴王之子 生而能言 常讚佛事 厭於世樂 七歲
能偈 告其父母 稽首大慈父 和南骨肉母 我今欲出家 幸願哀愍故 父母固
止之 遂終日不食 乃許<在家-?>出家 號僧伽難提 次謁羅多入道

　　제십칠조 승가난제존자는 장엄왕의 아들이다. 태어나면서 말을 하였고,
늘상 불사를 찬탄하였으며, 세간의 쾌락을 싫어하였다. 일곱 살이 되자
게송으로 그 부모에게 말씀드렸다.
"크게 자비하신 아버님께 경례하고　稽首大慈父
　몸을 주신 어머니에게 합장합니다　和南骨肉母
　제가 이제는 출가하기를 원하오니　我今欲出家
　바라건대 제 소원을 들어주십시오　幸願哀愍故"
　　부모는 한사코 말렸지만 끝내 종일토록 밥을 먹지 않았다. 이에 출가를
허락받았는데 호를 승가난제라 하였다. 라후라다를 뵙고는 깨침에 들어갔
다.

(18)

○ 十八祖伽邪<耶?>舍多尊者 因風吹殿角鈴聲 難提試問 鈴鳴耶 風鳴
耶 舍多答曰 非風非鈴 我心鳴耳 難提曰 心復誰乎 舍多曰 俱寂靜故
難提曰 善哉 繼吾道者 非子而誰

　　제십팔조 가야사다존자는 절의 처마 끝에 달린 풍경이 바람에 흔들리는
소리를 내자, 이에 승가난제가 시험삼아 물었다.
"풍경이 우는 것인가, 바람이 우는 것인가."
　　가야사다가 말했다.
"바람도 아니고 풍경도 아니며 자신의 마음이 울 뿐입니다."
　　승가난제가 물었다.
"그렇다면 그 마음은 또 무엇인가."

가야사다가 말했다.

"바람과 풍경이 모두 적정한 바로 그것입니다."

　　승가난제가 말했다.

"훌륭하구나. 내 도를 이을 자는 그대가 아니면 누구이겠는가."26)

(19)

○ 十九祖鳩摩羅多尊者 因伽邪<耶?>行化 至扣其門 鳩摩曰 此舍無人
伽邪曰 答無者誰 鳩摩聞語 知是異人 開關延接 以續祖燈

　　제십구조 구마라다존자는 가야사다가 행화를 하다가 그 집에 이르러
문을 두드렸다. 집에 있던 구마라다가 말했다.

"이 집에는 아무도 없습니다."

　　가야사다가 물었다.

"아무도 없다고 답한 사람은 누구인가."

　　구마라다가 그 말을 듣고 보통사람이 아닌 것을 알고는 문을 열어 맞아들
였다. 이로써 조사의 등불을 계승하였다.27)

(20)

○ 二十祖闍夜多尊者 遇鳩摩入國 問曰 我家父母素信三寶 而嘗縈疾瘵
凡所營作 皆不如意 而我鄰家 久為旃陀羅行 而身常勇健 所作和合 彼何
辜而我何辜 鳩摩曰 善惡之報 有三時焉 凡人但見仁夭暴壽 逆吉義凶
便謂亡因果虛罪福 殊不知影響相隨 縱經萬劫 亦不磨滅 時闍夜多 頓釋
所疑 鳩摩曰 汝雖已信 三業而未明 業從惑生 惑因識有 識依不覺 不覺依
心 心本清淨 無生滅 無造作 無報應 無勝負 寂寂然 靈靈然 汝若入此門
可與諸佛同矣 一切善惡有為無為 皆如夢幻 闍夜多夙慧頓發

---

26) 『조당집』과 『전등록』에 의하면 이 대목은 제십칠조 승가난제 장에 수록된
　　내용이다.
27) 『조당집』과 『전등록』에 의하면 이 대목은 제십팔조 가야사다 장에 수록된
　　내용이다.

제이십조 사야다존자는 구마라다가 그 나라에 들어온 것을 만났다. 이에 물었다.

"저희 부모님은 본래부터 삼보를 믿었는데도 일찍부터 질병에 걸리고, 무릇 하는 일은 모두 뜻대로 되지 않았습니다. 그러나 저희 이웃집은 오랫동안 백정[旃陀羅] 노릇을 해왔는데 몸은 늘상 용건하고 하는 일마다 잘 됩니다. 그 사람은 무슨 다행이고, 우리집안은 무슨 허물입니까."

구마라다가 말했다.

"선과 악의 과보에는 삼시(三時)가 있다. 그런데 범부는 단지 인자한 자가 요절하고 포악한 자가 장수하며, 거슬리는 자가 길하고 의로운 자가 흉한 것만 보고서 곧 인과 과가 없고, 죄와 복이 없다고 말한다. 그것은 그림자와 메아리가 어김없이 따르는 도리로서 설령 만겁이 지나더라도 또한 마멸되지 않는 것임을 조금도 모르는 것이다."

그때 사야다는 곧 의심이 해소되었다.

구마라다가 말했다.

"그대는 비록 믿음은 있었을지라도 아직 삼업을 밝히지 못하였다. 업은 미혹에서 발생하고, 미혹은 식을 인하여 존재하며, 식은 불각에 의거하고, 불각은 마음에 의거한다. 그런데 마음은 본래 청정하여 생멸이 없고, 조작이 없으며, 보응이 없고 승부도 없어 적적하고 영령하나. 그러므로 그대가 만약 이 가르침의 문에 들어오면 제불과 더불어 동일해진다. 그리하여 일체의 선·악과 유위·무위가 모두 꿈과 같고 허깨비와 같다."

사야다는 전생의 지혜가 문득 발현되었다.[28]

(21)

○ 二十一祖婆修盤頭尊者 父名光蓋 母名嚴一 尊者在母胎日 有一羅漢 名賢眾 至其家 光蓋設禮 賢眾端坐受之 嚴一出拜 賢眾避席云<曰=> 回禮法身大士 光蓋莫測其由 問曰 我是丈夫 致禮不顧 我妻何德 師卻避 之 賢眾曰 汝婦懷於聖子 當為世燈 吾故避之 非重女人也 及盤頭出世 智慧淵沖 唯尚辯論 為眾之首 一食不臥 六時禮佛 清淨無欲 為眾所歸

---

28) 『조당집』과 『전등록』에 의하면 이 대목은 제십구조 구마라다 장에 수록된 내용이다.

闍夜多將欲度之 先問彼眾曰 此盤頭能修梵行 可得佛道乎 眾曰 我師精
勤<如此+?> 何故不可 闍夜多曰 汝師與道遠矣 設苦行歷於塵劫 皆虛
妄之本也 眾曰 尊者蘊何德行而譏我師 闍夜多曰 我不求道 亦不顛倒
我不禮佛 亦不輕慢 我不長坐 亦不懈怠 我不一食 亦不雜食 我不知足
亦不貪欲 心無所希 名之曰道 盤頭<聞+>乃師之<爲師=>

　　제이십일조 바수반두존자는 아버지 이름은 광개이고 어머니 이름은
엄일이다. 존자가 모태에 있는 어느 날 현중이라는 이름의 한 아라한이
그 집에 이르렀다. 아버지 광개가 예를 드리자 아라한 현중은 단정하게
앉아서 예를 받았다. 어머니 엄일이 예를 드리러 나오자, 아라한 현중이
자리를 피하면서 말했다.

"제가 도리어 법신대사에게 예를 드리겠습니다."

　　아버지 광개는 그 이유를 알 수가 없어서 물었다.

"저는 사내대장부인데 예를 드려도 돌아보지도 않더니, 제 처에게는 어떤
공덕을 지니고 있길래 스님께서 도리어 그 자리를 피하는 것입니까."

　　현중이 말했다.

"그대의 부인께서는 성자를 회임하고 있습니다. 반드시 세간의 등불이
될 것입니다. 때문에 제가 그 자리를 피한 것이지 여인을 남자보다 지중하
게 간주한 것이 아닙니다."

　　이에 바수반두가 출세하였는데, 지혜가 매우 깊었다. 오직 변론만을
숭상하였는데 대중의 수장이 되어 하루에 일식을 하고 잠을 자지 않았으며,
육시로 예불을 하고 청정하고 욕심이 없어서 대중의 귀의를 받았다. 사야다
가 그를 제도하려고 먼저 그 대중에게 물었다.

"바수반두가 범행을 닦는다해도 불도를 처득할 수 있겠는가."

　　대중이 말했다.

"우리 스승께서는 그토록 정근하는데 무슨 까닭에 불가능하겠는가."

　　사야다가 말했다.

"그대들의 스승은 불도와는 거리가 멀다. 그러므로 설령 역겁동안 고행을
하도라도 그것은 모두 허망의 근본이다."

　　대중이 말했다.

"존자께서는 어떤 덕행을 쌓았길래 우리 스승을 비웃는 것인가."

사야다가 말했다.

"나는 불도를 추구하지 않지만 또한 전도되지 않고, 나는 부처님에게 예배하지 않지만 또한 경만하지도 않으며, 나는 장좌하지 않지만 또한 게으르지 않고, 나는 일식을 하지 않지만 또한 잡식을 하지 않으며, 나는 만족을 모르지만 또한 탐욕부리지 않는다. 이처럼 마음에 희구하는 것이 없는 것을 불도라 말한다."

바수반두가 그 말을 듣고 이에 사야다를 스승으로 모셨다.29)

(22)

○ 二十二祖摩拏羅尊者 曩授佛記 第二五百年 出家繼聖 後於那提國
常自在王家託生 果遇盤頭得度

제이십이조 마나라존자는 일찍이 부처님께서 '제이의 오백년에 출가하여 성종을 계승할 것이다.'는 수기를 하신 적이 있었다. 후에 나제국에서 상자재왕의 집에 생을 의탁하였는데, 과연 바수반두를 만나서 출가하였다.30)

(23)

○ 二十三祖鶴勒那尊者 七歲遊行聚落 睹民淫祀 乃入廟叱之曰 汝妄興
禍福 幻惑於人 歲費牲牢 傷害斯甚 言訖廟貌忽壞 由是鄉黨謂之聖子
出家成道

제이십삼조 학륵나존자는 일곱 살 때 취락을 유행하면서 사람들이 푸닥거리[淫祀]하는 것을 보았다. 이에 사당에 들어가서 그들을 질타하여 말했다.

"그대들은 망령스럽게도 화·복을 일으켜서 사람들을 현혹시키고, 해마다

<hr>

29) 『조당집』과 『전등록』에 의하면 이 대목은 제이십조 사야다 장에 수록된 내용이다.

30) 『조당집』과 『전등록』에 의하면 이 대목은 제이십일조 바수반두 장에 수록된 내용이다.

산 짐승을 희생하니, 그 상해가 이렇게 심하구나."

　말을 마치자 사당의 신상이 홀연히 무너졌다. 이로 말미암아 마을사람들은 성자(聖子)라고 불렀다. 출가하여 불도를 성취하였다.

(24)

○ 二十四祖師子尊者 見鶴勒那 而問曰 我欲求道 當何用心 曰 無所用心 曰 既無用心 誰作佛事 曰 汝若有用 即非功德 汝若無作 即是佛事 經云 我所作功德 而無我所故 勒那預有讖曰 吾滅五十年後 當有難起 嬰在汝身 至時罽賓國王 <果滅佛法 至尊者前 > 問曰 師得蘊空否 尊者曰 已得蘊空 曰 離生死否 尊者曰 已離生死 曰 既離生死 可施我頭<否+?> 尊者曰 身非我有 何吝於頭 王即揮刃 斷尊者首 白乳涌高數尺 王臂亦墮 七日而終

　제이십사조 사자존자는 학륵나 존자를 친견하고 물었다.
"저는 불도를 추구하고자 합니다. 장차 어떻게 마음을 작용해야 합니까."
　학륵나가 말했다.
"작용할 마음이란 없다."
　사자가 물었다.
"작용하는 마음이 없다면 무엇으로 불사를 일으킵니까."
　학륵나가 말했다.
"만약 그대에게 마음의 작용이 있다면 그것은 곧 공덕이 아니다. 그러나 만약 그대에게 마음의 작용이 없다면 곧 그것이야말로 불사이다. 그래서 경전에서도 '나는 공덕을 쌓았지만 그것이 내 공덕이라는 생각이 없다.'고 말했다."
　학륵나는 미리 다음과 같은 참언을 말했다.
"내가 입멸하고 오십 년 후에는 반드시 법난이 일어나는데 재앙이 그대의 몸에 미칠 것이다."[31]
　시절이 도래하자 계빈국왕이 과연 불법을 소멸시켰다. 계빈국왕이 사자

---

31) 『조당집』과 『전등록』에 의하면 이 대목은 제이십삼조 학륵나 장에 수록된 내용이다.

존자 앞에 이르러 물었다.

"스님은 오온의 공을 터득하였는가."

사자존자가 말했다.

"오온의 공을 터득하였습니다."

왕이 물었다.

"그러면 생·사를 벗어났는가."

사자존자가 말했다.

"생·사를 벗어났습니다."

왕이 물었다.

"이미 생·사를 벗어났다면 그대의 머리를 나한테 줄 수가 있겠는가."

사자존자가 말했다.

"몸 전체가 내 소유가 아닌데 어찌 머리를 아끼겠습니까."

그러자 왕이 곧 칼을 휘둘러 존자의 머리를 자르자 흰 우유가 수 척의 높이로 솟구쳐 올랐다. 동시에 왕의 팔도 또한 땅에 떨어졌는데, 칠일 만에 죽었다.

(25)

○ 二十五祖婆舍斯多尊者 生時便拳左手終未能舒<叙=> 父領投於師子尊者 問其宿因 尊者以手接曰 可還我珠 童子遽開手奉珠 尊者曰 吾曩爲僧 赴西海齋 襯珠以付童子 婆舍今還吾珠 理固然矣 <婆舍+?>卽求出家 密受心印 後隱南天 王問 所傳何宗 祖曰 我從師子尊者而得 王曰 予聞師子 不能免於刑戮 何能傳法後人 祖曰 我師難未起時 密授信衣以顯師承 王曰 其衣何在 祖卽於囊中出衣示王 王命焚之 五色相鮮 薪盡如故 王悔致禮

제이십오조 바사사다존자는 태어날 때부터 왼손을 쥐고 줄곧 있었는데 끝내 펼 수가 없었다. 아버지가 아들을 사자존자에게 데리고 와서 그 전생의 인연을 물었다. 이에 존자가 아들의 손을 잡고 말했다.

"내 구슬을 돌려줄 수 있겠느냐."

그러자 동자가 갑자기 손을 펴고 구슬을 바쳤다.

존자가 말했다.

"나는 전생에 스님이었다. 공양청을 받아서 서해의 용궁에 이르렀는데 보사로 받은 구슬을 동자에게 맡겨두었다. 그런데 지금 바사가 그 때의 내 구슬을 돌려준 것이므로 도리상 당연한 것이다."

이에 바사사다 동자가 곧 출가를 추구하자 심인을 은밀하게 전수하였다.[32] 이후에 남천축국에 은거하였다.

어느 때 득승왕이 조사를 맞이하여 물었다.

"스님이 전승한 종지는 무엇인가."

조사가 말했다.

"저는 사자존자로부터 종지를 받았습니다."

왕이 물었다.

"내가 듣기로는 사자존자는 형륙(刑戮)을 면하지 못하였는데, 어떻게 후인에게 전법할 수가 있었는가."

조사가 말했다.

"저희 스승께서는 아직 법난이 일어나기 이전에 신의(信衣)를 은밀하게 전수하여 사승(師承)을 드러냈습니다."

왕이 물었다.

"그 옷은 어디에 있는가."

조사가 곧 주머니 속에서 가사를 꺼내 왕에게 보였다. 그러자 왕은 그것을 태워버리도록 명령하였다. 그러나 가사는 오색상이 선명하였고, 나무가 모두 탔는데도 여전하였다. 그런 까닭에 왕이 참회를 하고 예배를 올렸다.

(26)

○ 二十六祖不如密多尊者 往東印度 時外道梵志 既知尊者入境 即鳩諸徒曰 誰能挫之 弟子曰 我等各有咒術 可以動天地 入水火 何患哉 尊者直詣王所 梵志怒之 即以幻法 化大山於尊者之頂 尊者一指其山 忽移彼衆頭上 梵志歸投 尊者愍其愚 再指之 化山隨滅 梵衆咸趣眞乘

---

32) 『조당집』과 『전등록』에 의하면 이 대목은 제이십사조 사자존자 장에 수록된 내용이다.

제이십육조 불여밀다존자는 동인도로 갔다.33) 그때 외도 범지는 불여밀다존자가 동인도에 들어오는 것을 알고서 모든 제자들을 모아놓고 말했다.
"누가 불여밀다를 꺾겠는가."
제자들이 말했다.
"저희들은 각각 주술이 있어서 하늘과 땅을 움직이고, 물과 불속에 들어갈수가 있는데 어찌 걱정을 하겠습니까."
존자는 곧바로 왕궁으로 갔다. 그러자 범지가 그것에 분노하여 곧 환술법으로 존자의 정수리에다 큰 산을 만들어 놓았다. 존자가 한 손가락으로그 산을 가리키자 홀연히 그들 대중의 머리로 옮겨갔다. 그러자 범지가귀의하였다. 존자는 그들의 어리석음을 불쌍하게 여기고는 다시 그 산을가리키자 어깨비의 산이 곧 사라졌다. 이에 범지들은 모두 진정한 가르침으로 나아갔다.

(27)
○ 二十七祖般若多羅尊者 乃大勢至菩薩之後<化=>身 幼失父母 遊行閭里 丐<乞=>求度日 人問 汝行何急 答曰 汝行何慢 或問 何姓 乃云與汝同姓 莫知其故 (以上振字函 第二卷)

제이십칠조 반야다라존자는 이에 대세지보살의 후신이었다. 어려서부모를 잃고 동네를 유행하면서 걸식으로 세월을 보냈다.
어떤 사람이 물었다.
"그대는 어찌 그리도 걸음이 빠른가."
그가 말했다.
"그대는 어찌 그리도 걸음이 느린가."
어떤 사람이 '성이 무엇인가.'라고 물으면, 곧 '그대의 성과 같다.'고말했는데, 아무도 그 까닭을 몰랐다.34)
(이상은 振字函의 제이권의 수록이다.)

---

33) 불여밀다존자는 득승왕의 태자였는데 출가하여 바사사다의 제자가 되었다.
　　　이때는 동인도의 왕 堅固는 외도의 스승인 長爪梵志를 숭앙하고 있었다.
34)『조당집』과『전등록』에 의하면 이 대목은 제이십육조 불여밀다 장에 수록된내용이다.

(此下 多出祖源通錄 湖州 西余山 釋拱辰 偏正 字多卷重 不堪負行 撮出
略錄 欲令後進 堪負爲行)

(이하 대부분은 호주 서여산 석공진이 편집하고 교정한『조원통록』에
나오는 내용이다. 글자의 수가 많고, 권이 많아서 다 수록할 수가 없는
까닭에 가려뽑고 생략하여 수록하였는데, 그것은 후진으로 하여금 감당할
수 있도록 하여 유행시키도록 한 것이다.)

II.-2 중화의 조사

(28)
西天二十八代祖 菩提達磨 東來此土 始爲初祖 乃南天竺國 香至王第三
子 因般若多羅尊者 受父王供施無價珠 乃問諸王子 此珠圓明 有能及此
否 第一子月淨多羅 第二子功德多羅 皆曰 此珠七寶中尊 固無踰也 第三
子菩提多羅曰 此是世寶 未足爲上 於諸寶中 法寶爲上 此是世光 未足爲
上 於諸光中 智光爲上 此是世明 未足爲上 於諸明中 心明爲上 此珠光明
不能自照 要假智光 光辨於此 既辨此[巳>已] 即知是珠 既知是珠 即明
其寶 若明其寶 寶不自寶 若辨其珠 珠不自珠 珠不自珠者 要假智珠 而辨
世珠 寶不自寶者 要假智寶 以明法寶 然則師有其道 其寶即現 眾生有道
心寶亦然 般若多羅<尊者+?>歎其辯慧 復問<曰+?> 於諸物中 何物無
相 曰 於諸物中 不起無相 又問 於諸物中 何物最高 曰 於諸物中 人我最
高 又問 於諸物中 何物最大 曰 於諸物中 法性最大 而般若多羅<尊者
+?>謂曰 汝於諸法 [巳>已]得通量 宜名菩提達磨 師<磨=>乃告曰 我
既得法 當往何國 而作佛事 般若多羅<尊者+?>答曰 <汝雖得法 未可遠
遊 宜止南天+?> 待吾滅後 <六十七年+?> 當往震旦 <設大法藥+?>
直接上根 慎勿速行 裏<衰?>於日下 <師又曰 彼有大士堪爲法器否 千
載之下有留難否 尊者曰+?> 汝所化之方 得菩提者 不可勝數 <吾滅後
六十餘年彼國有難 水中文布自善降之 汝至時南方勿住 彼唯好有爲功
業不見佛理 汝縱到彼亦不可久留+?> 祖心念震旦緣熟 行化時至 乃先
辭祖塔

서천 제이십팔대 조사인 보리달마는 이 땅에 동래하여 비로소 초조가 되었다. 이에 남천축국 향지왕의 셋째 아들이다. 반야다라존자가 부왕이 공양으로 보시한 무가보를 받고는 왕자들에게 물었다.

"이 구슬은 원명한데 이것에 미칠 수 있는 것이 있는가."

첫째 왕자 월정다라와 둘째 왕자 공덕다라가 함께 말했다.

"이 구슬은 칠보 가운데 최고로서 결코 이것을 능가할 것이 없습니다."

셋째 왕자 보라달마가 말했다.

"이 구슬은 세간의 보배이므로 최상으로 간주할 것이 아닙니다. 모든 보배 가운데서 법보가 최상입니다. 이 구슬은 세간의 빛이므로 최상으로 간주할 것이 아닙니다. 모든 빛 가운데서 지혜의 빛이 최상입니다. 이 구슬은 세간의 밝음이므로 최상으로 간주할 것이 아닙니다. 모든 밝은 가운데서 마음의 밝음이 최상입니다. 이 구슬의 광명은 스스로 비추지 못합니다. 요컨대 지혜의 빛에 의지해야 여기에서 그 광명을 변별할 수가 있습니다. 이미 여기에서 변별이 되었기에 곧 그것이 구슬인 줄을 아는 것입니다. 이미 이것이 구슬인 줄을 알았기에 곧 밝음이 보배입니다. 만약 밝음이 보배라면 보배는 스스로 보배인 것은 아닙니다. 만약 그 구슬이 변별되었다면 구슬은 스스로 구슬인 것은 아닙니다. 요컨대 지혜의 구슬을 의지함으로써 세간이 구슬도 변별되었다면 보배는 스스로 보배인 것은 아닙니다. 요컨대 지혜의 보배를 의지함으로써 법보가 밝아지는 것입니다. 그런즉 스님에게 있는 그 도력도 그 보배가 드러나면 중생에게도 보배가 있습니다. 마음의 보배도 또한 그렇습니다."

반야다라존자가 그 변설과 지혜를 찬탄하였다. 그리고는 이에 다시 물었다.

"모든 사물 가운데서 어떤 것이 무상(無相)인가."

셋째 왕자가 말했다.

"모든 사물 가운데서 분별심을 일으키지 않는 것이 무상(無相)입니다."

존자가 또 물었다.

"제물 가운데서 어떤 것이 가장 높은가."

셋째 왕자가 말했다.

"모든 사물 가운데서 법성이 가장 높습니다."

존자가 또 물었다.

"제물 가운데서 어떤 것이 가장 큰가."

셋째 왕자가 말했다.

"모든 사물 가운데서 법성이 큽니다."35)

그러자 반야다라존자가 말했다.

"그대는 제법에 대하여 이미 다 깨쳤다[通量]. 마땅히 보리달마라는 이름으로 불려야 한다."

이에 보리달마가 고하여 말했다.

"저는 이미 법을 터득하였습니다. 장차 어느 나라로 가서 불사를 일으켜야 합니까."

반야다라존자가 답했다.

"그대가 비록 법을 터득했지만 멀리 유행하지 말라. 반드시 남천축에 머물러라. 나의 입멸을 기다렸다가 이후 육십 칠년이 되면 장차 진단으로 가라. 거기에서 큰 법약을 시설하여 직접 상근기를 제접하라. 삼가 너무 서둘러 가서 햇살에 시드는 일이 없도록 하라."

보리달마가 다시 물었다.

"그 나라에 법기를 감당할만한 대사가 있겠습니까. 그리고 천 년 후에 법난은 없겠습니까."

반야다라존자가 말했다.

"그대가 교화하는 지방에는 보리를 터득하는 자가 헤아릴 수 없을 것이다. 그리고 내가 입멸한 이후 육십여 년에 그 나라에서 법난이 있을 것이다. 그러므로 수중문포(水中文布)36)를 스스로 잘 항복시켜라. 그대가 그곳에 이르러서는 남방에 머물지 말라. 그곳에서는 오직 유위공업만 좋아하여 불법의 도리를 보지 못하는 사람이 있다. 그대가 설령 그곳에 도착하더라도 오랫동안 머물지 말라."

보리달마조사의 마음에 진단의 기연이 성숙해지자 교화를 실천하는

---

35) 『조당집』과 『전등록』에 의하면 이 대목은 제이십칠조 반야다라 장에 수록된 내용이다.

36) 菩提流支가 달마를 모함한 것을 가리킨다. 곧 무제의 곁에 있었던 菩提流支와 光統律師가 황제에게 진언하여 달마를 무례한 사람으로 간주하여 국외로 추방했던 사건을 가리킨다. 이로써 달마는 양자강을 건너 魏나라의 소림사에 주석하게 되었다는 것이다.

시절이 이르렀다. 이에 먼저 반야다라조사의 탑에 하직인사를 하였다.

後至王所 慰而勉之曰 當勤白業 護持三寶 吾去非晩 一九即廻 王聞師言
涕淚交集曰 此國何罪 彼土何祥 叔旣有緣 非吾所止 唯願不忘父母之國
事畢早廻 即具大舟 實以衆寶 躬率臣僚 送至海壖 師汎重溟 凡三周寒暑
達于南海 實梁普通八年丁未九月二十一日也 廣州刺使 表聞武帝 乃詔
十月一日 迎入宮陛坐 乃問 朕即位已來 造寺寫經度僧 不可勝記 有何功
德 祖云 片無功德 帝問 何以無功 祖曰 此但人天小果有漏之因 如影隨形
雖有非實 曰如何是眞功德 祖曰 淨智妙圓 體自空寂 如是功德 不以世求
帝又問 如何是聖諦第一義 祖云 廓然無聖 帝曰 對朕者誰 祖曰 不識
帝不領悟

이후에 왕궁에 이르러 그[이견왕]를 위로하고 격려하여 말했다.
"부지런히 청정한 업을 닦고 삼보를 호지하십시오. 저는 떠나더라도 오래
걸리지 않을 것입니다. 구년이면 곧 돌아옵니다."
　왕이 보리달마의 말을 듣고 눈물을 흘리면서 말했다.
"이 나라는 무슨 죄가 있고, 저 진단은 무슨 복이 있습니까. 숙부께서는
이미 인연이 있다니 제가 만류할 수 없습니다. 바라건대 부모의 나라를
잊지 마십시오. 그리고 일을 마치면 조속히 돌아오십시오."
　왕은 큰 배를 마련하여 많은 보배를 가득 싣고 몸소 신료들을 거느리고
바닷가까지 나가 전송하였다.
　보리달마는 망망한 바다에 떠다니며 무릇 삼년이 지나서 남해에 도달하
니, 실로 양나라 보통 8년(527) 정미년 9월 21일이었다. 광주의 자사[蕭
昻]가 무제에게 보고[表]를 올렸다. 이에 조칙을 내려 영접하였는데,
10월 1일에 왕궁에 들어갔다.[37]
　이에 황제가 물었다.
"짐이 즉위한 이래 사찰을 짓고 경전을 사경하며 스님을 배출한 것이
헤아릴 수가 없는데, 어떤 공덕이 있습니까."

---

37)『전등록』에 의하면 다음과 같다. "廣州刺史蕭昻具主禮迎接 表聞武帝 帝覽奏
　　遣使齎詔迎請 十月一日至金陵"

조사가 말했다.

"한조각 공덕도 없습니다."

무제가 물었다.

"어째서 공덕이 없습니까."

조사가 말했다.

"그것은 단지 인간과 천상의 작은 과보로서 유루업의 인이 될 뿐입니다. 그것은 마치 그림자가 형상을 따르는 것과 같아서, 비록 유(有)인 듯하지만 진실이 아닙니다."

무제가 물었다.

"어떤 것이 진실한 공덕입니까."

조사가 말했다.

"청정한 지혜는 오묘하고 원만하여 본체가 원래 공적합니다. 그와 같은 공덕은 세간에서는 추구할 수 없습니다."

무제가 다시 물었다.

"그러면 그 성제의 제일의는 어떤 것입니까."

조사가 말했다.

"확연하여 성제라는 것은 없습니다."

무제가 물었다.

"짐을 상대하고 있는 그대는 누구입니까."

조사가 말했다.

"불식(不識 : 황제와 같은 분별심으로는 제 본래면목을 알 수가 없습니다.)"

그러나 무제가 이해하지 못했다.

祖一葦渡江 至嵩山小林寺 面壁而坐 終日默然 人莫知之 謂之壁觀波羅門 時有僧神光 曠達之士 久居伊洛 博覽群書 善談玄理 每嘆曰 孔老之教 禮術風規 莊易之書 未盡妙理 近聞達磨大士 住止小<少?>林 至人不遙 當造玄境 乃徃彼晨夕参承 祖常端坐面壁<墻=> 莫聞誨勵 光自思惟曰 昔人求道 敲骨取髓 刺血濟飢 布髮掩泥 投崖飼虎 古尚如此 我又何人 其年十二月九日夜 天大雨雪 光堅立不動 遲明積雪過膝 祖関而問曰 久

立雪中 當求何事 光悲泣曰 惟願和尚 慈悲開甘露門 廣度衆生 祖曰 諸佛
無上妙道 廣<曠?>劫勤脩 難行能行 難忍能忍 豈以小德小智 輕心慢心
欲冀眞乘 徒勞勤苦 光聞師誨勵 潛取利刀 自斷左臂 置於師前 師知是法
器 乃曰 諸佛最初求道 爲法忘形 汝今斷臂吾前 求亦可在即與 易名曰慧
可 曰諸佛法印 可得聞乎 祖曰 諸佛法印 匪從人得 曰我心未寧 乞師與安
祖曰 將心來 與汝安 曰覓心了不可得 祖曰與汝安心竟 祖一日爲可曰
汝但外息諸緣 內心無喘 心如墻壁 可以入道 慧可種種說心說性 皆不契
一日忽悟 乃曰 我已息諸緣 祖曰 莫成斷滅不 曰無 祖曰 子作麼生 曰明明
不昧 了了常知 言之不可及 祖曰 此是諸佛諸祖所傳心體 更勿疑矣

　　조사가 하나의 갈대를 타고 강을 건너서 숭산의 소림사에 이르렀다.
거기에서 면벽하며 좌선하면서 종일토록 침묵하였다. 사람들은 그 이유를
모르고 조사를 벽관바라문이라 불렀다. 그때 신광이라는 한 승이 있었는데
널리 통달한 사람이었다. 오랫동안 낙양[伊洛]에 살면서 널리 많은 책을
읽고 현묘한 도리를 잘 말하였다. 그러나 매번 다음과 같이 탄식하였다.
"공자와 노자의 가르침은 예절·술수·풍류·법규이고, 장자와 주역의 책은
오묘한 도리를 궁진하지 못했다. 근래에 듣건대, 달마대사가 소림에 머물
고 계시는데 찾아가는 사람을 멀리하지 않고 반드시 현묘한 경지를 만들어
준다고 한다."
　　이에 그리로 가서 조석으로 참문하고 받들었다. 그러나 조사는 늘상
단정하게 앉아서 면벽만 할 뿐 가르침에 대한 권장[誨勵]을 듣지 못하였다.
신광은 스스로 다음과 같이 사유하였다. '옛적 사람은 깨침을 추구할
때면 뼈를 부수어 골수를 빼내고 피를 뽑아서 굶주린 사람을 제도하며,
머릿카락을 풀어서 진흙에 깔고 언덕에서 뛰어내려 호랑이의 밥이 되었다.
옛적 사람도 오히려 그러했는데, 나는 또 어떤 사람인가.'
　　그해 12월 9일 밤에 하늘에서는 많은 눈이 내렸는데 신광은 꼼짝없이
서서 움직이지 않았다. 새벽녘[遲明]에는 쌓인 눈이 무릎을 덮었다.
　　조사가 가엾게 여겨 물었다.
"오랫동안 눈속에 서서 장차 어떤 사업을 추구하려는 것인가."
　　신광이 슬프게 눈물지으면서 말했다. "바라건대 화상께서는 자비로

감로문을 열어주어 널리 중생을 제도해 주십시오."

조사가 말했다.

"제불의 무상(無上)하고 오묘한 깨침은 광겁동안 부지런히 닦아서 실천하기 어려운 것을 실천하고 참기 어려운 것을 참아야 가능하다. 그런데 어찌 작은 공덕과 작은 지혜와 경솔한 마음과 교만한 마음으로써 최상승법문[眞乘]을 바라는가. 헛되게 수고만 할 뿐이다."

신광은 조사의 가르침에 대한 권장을 듣고는 살며시 예리한 칼을 꺼내더니 스스로 왼쪽 팔을 잘라서 조사 앞에 내밀었다.

조사는 신광이 법기인 줄을 알고 이에 말했다.

"제불은 최초에 깨침을 추구할 때 법을 위하여 몸을 잊었다. 그대도 지금 내 앞에서 팔을 잘라서 추구하니 또한 가히 그것에 계합할 수 있겠구나."

그리고는 이름을 바꾸어 혜가(慧可)라 하였다.

혜가가 말했다.

"제불의 법인을 들어볼 수 있습니까."

조사가 말했다.

"제불의 법인은 남으로부터 터득하는 것이 아니다."

혜가가 말했다.

"제 마음이 안녕하지 못합니다. 스승께 바라건대 안심시켜 주십시오."

조사가 말했다.

"그 마음을 가져오너라. 그대한테 안심시켜 주겠다."

혜가가 말했다.

"그 마음을 찾아보았지만 없는 줄을 알았습니다."

조사가 말했다.

"이미 그대한테 안심시켜 주었다."

어느 날 조사가 혜가에게 말했다.

"그대는 무릇 밖으로는 모든 반연을 그치고 안으로 마음이 흔들리지 말라 마음을 장벽과 같이 유지해야 가히 깨달음에 들어가게 된다."

혜가는 갖가지로 마음에 대하여 설명드리고 자성에 대하여 설명드렸지만 모두 계합되지 못하였다.

그러다가 어느 날 홀연히 깨치고는 말씀드렸다.

"저는 이제야 모든 반연을 그쳤습니다."

조사가 말했다.

"단멸의 경지를 성취한 것은 아닌가."

혜가가 말했다.

"아닙니다."

조사가 말했다.

"그러면 그대는 어떤 경지인가."

혜가가 말했다.

"영명하고 어둡지 않으며 밝게 깨쳐서 늘상 기억하고 있습니다. 그러나 언설로는 그것에 미칠 수가 없습니다."

조사가 말했다.

"그것이야말로 곧 제불과 제조사가 전승한 마음의 본체이다. 그러니 다시는 결코 의심하지 말라."

祖迄九年已 欲返西竺 乃命門人曰 時將至矣 汝等盍<盡?>各言所得乎
道副對曰 如我所見 不執文字 亦不離文字 而爲道用 祖曰 汝得吾皮 尼捻
持曰 我今所解 如慶喜見阿閦佛國 一見更不再見 祖曰 汝得吾肉 道育曰
四大本空 五陰非有 而我見處 無一法可得 祖曰 汝得吾骨 最後慧可 出禮
三拜 依位而立 祖曰 汝得吾髓 乃顧慧可而告之曰 昔如來以正法眼藏
付迦葉 展轉相承 而至於我 我今付汝 汝當護持 并授汝袈裟以爲法信
各有所表 宜可知矣 可曰 請師指陳 祖曰 內傳心印 以契本心 外付袈裟
將表宗旨 後代澆薄疑慮競生 云吾西天之人 言汝此方之人 憑何得法 但
出此衣并 吾法偈 以用表明 其化無寻 至吾滅後二百年 衣止不傳 法周沙
界 明道者小<多?> <行道者少+?> 說理者多 通理者小 潛符密證 千萬
有餘 汝當闡揚 勿輕未悟 一念廻機 便同本得 聽吾偈曰 吾本來此土 傳法
救迷情 一花開五葉 結果自然成 楞伽經四卷 亦用付汝即是如來心地要
門 令諸衆生開示悟入 云云

조사는 9년이 다 되자 서축으로 돌아가고자 하였다. 이에 문인들을 불러서 말했다.

"바야흐로 때가 되었다. 그대들은 모두 각자가 터득한 것을 말해 보라."

도부가 대답하여 말했다.

"제 소견으로는 문자에 집착하지 않고 또한 문자를 떠나지도 않는 것을 깨침의 작용으로 삼게 되었습니다."

조사가 말했다.

"그대는 나의 피부를 얻었다."

비구니 총지가 말했다.

"제가 이해한 것은 경희가 아촉불국을 보았는데 한번 보고 다시는 보지 않게 되었습니다."

조사가 말했다.

"그대는 나의 살을 얻었다."

도육이 말했다.

"사대는 본래 공하고 오음은 존재가 아닙니다. 그래서 제 견해로는 어떤 법도 터득할 것이 없습니다."

조사가 말했다.

"그대는 나의 뼈를 얻었다."

최후로 혜가는 앞으로 나와서 삼배의 예를 드렸다. 그리고는 제자리에 돌아가 섰다. 그러자 조사가 말했다.

"그대는 나의 골수를 얻었다."

이에 혜가를 돌아보고 그에게 고하여 말했다.

"옛적에 여래께서는 정법안장을 가섭에게 부촉하였다. 그것이 점차 서로 전승하여 나에게까지 이르렀다. 이제 내가 그대한테 부촉한다. 그대는 반드시 호지하라. 아울러 그대한테 가사를 주어서 법신(法信)으로 간주한다. 그러므로 각기 증표하는 것이 있다는 것을 마땅히 알아야 한다."

혜가가 말했다.

"청하건대 스승께서는 그것이 무엇인지 말씀해 주십시오."

조사가 말했다.

"안으로는 심인을 전함으로써 본심에 계합하고, 밖으로는 가사를 부촉하여 장차 종지를 증표한다. 후대 사람들은 경박하게 다투어 의심을 일으킨다. 그래서 '자신은 서천 사람이고 상대는 이곳 사람이라 말하면서 무엇에 의지하여 정법안장을 터득했는가.'라고 말한다.

이런 경우에 무릇 이 가사와 내 전법게(傳法偈)를 내보여서 표명으로 활용한다면 그들을 교화하는 데에 장애가 없을 것이다. 내가 입멸한 이후 200년에 이르면 가사를 그만두고 전승하지 않아도 정법이 항하사 세계에 골고루 미친다. 그래서 깨침을 해명한 자는 많지만 깨침을 실천하는 자는 적고, 깨침의 도리를 설하는 자는 많지만 깨침의 도리에 달통하는 자는 적다. 그렇지만 남몰래 부합되고 은밀하게 증득하는 사람이 천·만이 넘을 것이다. 그러므로 그대는 잘 천양하되 아직 깨치지 못한 사람이라 하여 가벼이 여겨서는 안된다. 왜냐하면 일념에 자신을 돌이키면 곧 본래깨침 [本得]의 상태와 동일하기 때문이다.

내 게송을 들어보라.

내가 일부러 이 땅을 찾아온 것은   吾本來此土
전법하여 중생을 건지기 위함이다   傳法救迷情
한 꽃봉오리에 다섯 개 꽃잎 피니   一花開五葉
다섯 개의 열매 저절로 맺혀 가네   結果自然成

이에 4권『능가경』38)도 또한 그대한테 베풀어 주겠다. 곧 이것은 여래심 지의 요문이다. 그러므로 모든 중생에게 불지견을 열어주고 보여주며 깨쳐주고 들어가게 하라. 운운.”

太守楊衒之問曰 西天五印 師承爲祖 其道如何 師曰 明佛心宗 行解相應 名曰祖 又<問 此外如何 師曰 須+?>明他心39) 知其今古 不厭有無 於法 無取 不賢不愚 無迷無悟 若能是解 故稱爲祖 偈曰 亦不覩惡而生嫌 亦不 覩善而勤措 亦不捨智而近愚 亦不抛40)迷而就悟 達大道兮過量 通佛心 兮出度 不與凡聖同躔 超然名之曰祖

태수 양현지가 물었다.
“서천 곧 다섯 인도에서는 스승을 계승하여 조사가 된다는데, 그 조사의

---

38) 4권『楞伽經』은 劉宋(5세기 중반) 시대에 求那跋陀羅가 번역한『楞伽阿跋陀 羅寶經』4권을 가리킨다. 이어서 달마가 도래한 이후 元魏(6세기 초) 시대에 보리유지가『入楞伽經』10권을 역출하였고, 唐(8세기 초) 시대에 실차난타가 『大乘入楞伽經』7권 등을 역출하였다.
39) 他心이『천성광등록』에는 自心이다.
40) 抛가『安心法門』에는 抱이다.

깨침은 어떤 것입니까.”

달마조사가 말했다.

“불심의 종지를 해명하고 실천과 이해가 상응하는 자를 조사라 말합니다.”

양현지가 다시 물었다.

“그 밖에 또 조사의 깨침은 어떤 것입니까.”

달마조사가 말했다.

“모름지기 타인의 마음을 해명하여 그 옛날과 지금을 알고, 있음과 없음을 싫어하지 않아서 법에 집착이 없으며, 현명하지도 않고 어리석지도 않아서 미혹하지도 않고 깨치지도 않습니다. 이와 같이 이해하게 되면 본래부터 조사라고 일컫습니다.”

게송으로 다음과 같이 말했다.

“죄악을 마주쳐도 싫어하는 기색조차 없고　亦不覩惡而生嫌

선을 마주쳐도 또한 노력하지도 않는다네　亦不覩善而勤措

지혜를 버리고서 어리석음 가까이도 않고　亦不捨智而近愚

미혹을 버리고 깨달음에 나아가지도 않네　亦不抛迷而就悟

대도를 통달함이여 범부의 역량 벗어났고　達大道兮過量

불심에 통달함이여 상식의 범주 벗어났네　通佛心兮出度

범부다 성인이라는 분별을 멀리 벗어나서　不與凡聖同躔

일체의 분별집착에 초연하니 조사라 하네　超然名之曰祖”[41]

衒之曰 願師久住化群 師曰 吾不可久住 根性萬差 <多逢患難+?> 吾自到此 五度中毒 我當<常?>自出 而試之置石 石裂 問 何人爲害 <弟子爲師除得+?> 師曰 吾以傳佛秘密 利益迷途 害彼自安 必無此理 師之所說 雖當時不測 而後皆符驗 時魏氏奉釋 禪雋<俊?>如林 光統律師 流支三藏者 乃僧中鸞鳳也 觀師演道 斥相指心 每師論議 是非蜂起 遞振玄風 普施法雨 而偏局之量 自不堪任 競起害心 數加毒藥 至第六度 化緣旣畢 傳法得人 遂不復救 端居而逝 即後魏 文帝大統二年 丙辰十二月十五日

---

41) 이 게송에 대하여 『安心法門』, (大正藏48, p.370下)에는 “유심이다 무심이다 하는 분별의 마음이여/ 진정으로 어디에서도 찾아볼 수가 없다네/ 넓기로 말하면 법계에 가득할 정도이지만/ 좁기로 말하자면 바늘의 끝보다도 좁다네/ 心心心 難可尋 寬時遍法界 窄也不容針”는 사구가 앞에 놓여 있다.

也 <其年十二月二十八日 + ?> 葬能耳山 起塔於空林寺 代宗諡圓覺大
師 塔曰空觀

양현지가 말했다.
"바라건대 스님께서는 오랫동안 머물면서 중생을 교화해주십시오."
달마조사가 말했다.
"나는 오랫동안 머물 수가 없습니다. 근성에 각각 차이가 있으므로[42]
많은 환난을 만날 것입니다. 내가 여기에 온 뒤로부터 다섯 차례나 중독되
었는데, 내가 늘상 몸소 토해내서 시험삼아 독을 돌에다 남겨두면 돌이
부서졌습니다."
양현지가 물었다.
"어떤 사람이 해를 끼칩니까. 제가 스님을 위해서 제거해드리겠습니다."
달마조사가 말했다.
"나는 부처님의 비밀법을 전승하여 미혹한 길을 가는 중생에게 이익을
줄 뿐인데 남을 해치고서 자신이 편안함은 결코 그런 도리는 있을 수가
없습니다."

달마조사의 설법은 비록 당시에는 헤아릴 수가 없었지만 이후에 모두
증거로 부합되었다. 당시에 위씨 왕족이 불교를 받들어서 훌륭한 스님이
숲과 같았다. 광통율사 및 보리유지 삼장은 승단 가운데서 난새이고 봉새였
다. 달마조사가 불도를 연설하여 형상을 배척하고 심법을 직지하는 것을
보면 매번 조사와 논쟁을 벌여 시비를 봉기하였다.
그리고 달마조사가 현풍을 멀리 떨치고 널리 법우를 베풀어주면, 치우치
고 옹색한 깜량으로 스스로 감당하지 못하고 다투어 해꼬지하려는 마음을
일으켜서 자주 독약을 가하였다. 여섯 번째에 이르러서는 이미 교화의
인연이 다하였고, 전법할 사람도 얻었기 때문에 마침내 다시는 피하지
않고 단정한 거동으로 세상을 떠났다.
이것은 곧 후위(동위)의 문제 대통2년[43] 병진 12월 15일이다.[44] 그해

---

42) '근성에 각각 차이가 있다.'는 것은 당시에 교학자들과 심법을 내세우는 선자
   들 간에 보이는 입장의 차이를 가리킨다.
43) 후위 대통 2년은 西魏의 靜帝 天平3년, 梁 大同 2년에 해당하는데 연대가

12월 28일에 웅이산(熊耳山)에 장례지내고, 정림사(定林寺)에 탑을 세웠다. 대종황제는 원각대사라는 시호를 내렸고, 탑명은 공관이다.

而後三歲 宋雲奉使西域 廻遇師于蔥嶺 手携隻屨 翩翩獨逝云 西天去雲至具奏 帝令啓壙 惟空棺一隻屨存焉 擧朝驚歎 帝后聞之曰 嗟乎見之不見 逢之不逢 今之古之 悔之恨之 朕雖一介凡夫 敢師之於後 其爲帝王仰慕之如此也

　이후 3년이 지나서 송운이 서역에 사신으로 갔다가 돌아오는 길에 총령에서 달마조사를 만났다. 그런데 손에는 신발 한 짝을 들고 편편히 홀로 떠나는 길이었기에 묻자 서천으로 간다고 말했다. 송운이 돌아와 위의 사실을 아뢰자, 효장제(孝莊帝)는 광을 열어보라고 명했다. 열어보니 빈 관속에 한 짝의 신발이 남아있을 뿐이었다. 이에 온 조정이 경탄하였다.
　제후(帝后)가 그 말을 듣고 말했다.
"아뿔사, 도인을 보고도 알아보지 못하였고, 도인을 보고도 만나보지 못하였으며, 그때나 지금이나 안타깝고 또 원통하구나. 짐은 비록 일개의 범부일 뿐인데 감히 조사의 뒤나 따를 수 있겠는가."
　제왕이 달마조사를 앙모함이 이와 같았다.

(29)
○ 二祖慧可大師 武牢姬<姬?>氏 父名寂 無子 常自念言 我家崇善 豈無令子 禱之旣久 一夕感異光照室 其母因此懷妊 及誕 遂以照室 名之曰光

　　맞지 않다. 실제로는 後魏의 문제 太和 19년, 南齊의 효명제 建武 2년(을해년)이 옳다.
44) 후위 대통 2년은 西魏의 靜帝 天平3년, 梁 大同 2년에 해당하는데 연대가 맞지 않다. 실제로는 後魏의 문제 太和 19년, 南齊의 효명제 建武 2년(을해년)이 옳다. 『전등록』에는 다음과 같은 주석이 붙어 있다. "依續法記 則十月五日乃孝莊帝永安元年 即梁大通二年戊申歲 其年即明帝武泰元年也 二月明帝崩四月莊帝即位 改元建義 至九月又改永安也 後云 汝主已厭世 謂是歲明帝崩也 據傳燈云 丙辰歲即東魏文帝大統二年 西魏靜帝天平三年 梁大同二年 與厭世之說全乖也 又太和十九年 乃後魏文帝時 即南齊明帝建武二年乙亥歲 殊相遼邈耳"

49

自幼志氣不群 博涉詩書 尤精義理 不事家産 好遊林泉 後覽佛書 超然自
得 終日宴坐 又經八載 於寂默中 忽見神人 曰將欲受果 何滯於此(因此
改名神光) 翌日覺頭痛如刺 其師欲治之 空中有聲曰 此乃換骨非常痛也
果見其頂 如五峯秀出 光即因此造于少室 其得法事跡達磨章具述 自得
法後 博求嗣法 至東魏天平三年 有居士 年踰四十 不言名氏 聿來設禮而
言 弟子身纒風恙 請和尚懺罪 師曰 將罪來 與汝懺 居士良久曰 覓罪性不
可得 師曰 與汝懺罪竟 宜依佛法僧 曰今見和尚 已知是僧 未審何名佛法
師曰 是心是佛 是心是法 佛法無二 僧寶亦然 居士曰 今日始知罪性不在
內外中間 如其心然 佛法無二 祖深器之 即爲剃髮此<云?>是吾寶 宜名
僧璨 乃曰 磨大師自天竺來 以正法眼藏并信衣 密付於吾 吾今授汝 汝當
傳付 無令斷絕 聽吾偈曰 本來緣有地 因地種花生 本來無有種 花亦不曾
生 汝受吾教 宜處深山 未可行化 當有國難 吾亦有宿累 今要酬之 善去善
行 俟時傳付 即徃鄴都 隨宜說法 經三十年後 至於筦城縣匡救寺 談無上
道 聽者如林 時有辯和法師 於寺中講涅槃經 學徒聞師闡法 稍稍引退
和不勝其憤 興謗于色<邑?>宰翟仲侃 侃惑其邪說 加以非法 師怡然委
順 因此而化 識其眞者 謂之償債 時年一百七歲 即隨文帝 開皇十三年
癸丑三月十六日也 後唐德宗 謚大<太=>祖禪師

　　제이조 혜가대사는 무뢰의 희(姬)씨이다. 아버지 이름은 적(寂)인데,
아들이 없어서 늘상 혼자서 '우리 집안은 선을 숭상했는데 어찌 아들이
없겠는가.'라고 생각하였다. 이미 오랫동안 아들을 기도했는데, 어느 날
저녁에 이상한 광명이 방을 비추는 것을 느꼈다. 그것을 인하여 그 어머니
가 회임을 하였다. 이에 탄생하자 방을 비추어주었기 때문에 아이의 이름을
광(光)이라 하였다.
　　어려서부터 의지와 기상이 출중하고, 널리 시(詩)·서(書)를 섭렵하였으
며, 더욱이 의리(義理)에 정묘하고, 집안의 재산에 전념하지 않으며, 즐겨
임천에 노닐었다. 후에는 불서를 열람하고 초연히 터득한 것이 있어서
종일토록 좌선을 하였다.45) 다시 8년이 지났는데 선정[寂默]의 상태에서

---

45) 낙양 용문사 향산사의 寶靜스님에게 출가하여 구족계를 받고, 永穆寺의 浮游
　　스님에게 대승과 소승의 교법을 배웠다. 32세 때 향상으로 돌아와서 좌선에

홀연히 신인을 보았는데 신인이 말했다.

"장차 과위를 받을 것인데 어째서 여기에 머물러 있는가."(이로 인하여 이름을 신광으로 고쳤다)

다음 날 머리가 쑤시는 고통을 느꼈다. 그 스승(보정)이 두통을 치료하려고 하자 허공에서 소리가 들렸다.

"이것은 곧 뼈를 바꾸는 것으로 예사의 고통이 아니다."

과연 그 정수리를 살펴보자 오봉과 같이 모습이 솟아났다. 곧 이로 인하여 신광은 소실로 찾아가는 기회를 만들었다. 신광이 정법안장을 얻은 사적은 달마장에서 자세하게 설하였다. 정법안장을 얻은 이후로부터 널리 사법제자를 찾아다녔다. 동위의 천평 3년에 이르렀다. 어떤 거사가 나이 마흔 살이 넘어보였는데, 성명도 말하지 않고 불쑥 찾아와서 예배를 드리고 물었다.

"제자는 몸에 풍양이 걸렸습니다. 청하건대 화상께서 죄를 참회시켜 주십시오."

대사가 말했다.

"죄를 가져 오너라. 그대를 참호시켜 주겠다."

거사가 양구하고 말했다.

"죄의 자성을 찾아보았지만 없었습니다."

대사가 말했다.

"그대한테 벌써 죄를 참회시켜주었다. 그러므로 불·법·승에 의지하거라."

거사가 말했다.

"지금 화상을 친견하니 승보는 알게 되었습니다. 어떤 것을 불보와 법보라 말하는 것입니까."

대사가 말했다.

"본심이 곧 불보이고 본심이 곧 법보이다. 불보와 법보는 둘이 아니다. 승보도 또한 그렇다."

거사가 말했다.

"오늘에야 비로소 죄의 자성이 안에도 밖에도 중간에도 없는 줄을 알았습니다. 본심이 그와 똑같듯이 불보와 법보도 둘이 아닙니다."

매진하였다.

대사는 그가 법기인 줄을 깊이 알고 곧 삭발해주고 말했다.
"이야말로 나의 보배다. 그러므로 마땅히 승찬이라 이름하거라."
혜가가 말했다.
"달마대사가 천축으로부터 도래하여 정법안장과 신의(信衣)를 나한테
은밀하게 부촉하셨다. 내가 이제 그대한데 주겠다. 그대는 반드시 전승하
고 부촉하여 단절되지 않도록 하라. 다음과 같은 내 게송을 들어보라.

 본래 인연이 닿은 곳에서   本來緣有地
 땅을 인해 종자가 꽃피네   因地種花生
 그러나 본래 종자 없으면   本來無有種
 꽃조차 결코 피지 못하네   花亦不曾生

 그대는 내 법을 받고서 반드시 깊은 산속에 있으면서 행화하지 말라.
장차 국가의 법난이 있을 것이다. 나에게도 또한 전생의 업이 있다. 이제
그것을 갚으려고 한다. 잘 떠나가서 잘 실천하라. 때를 기다려서 전승하여
부촉하라."

 이에 곧 업도로 가서 시절형편을 따라서 설법하였다. 30년이 지난 후에
관성현(筦城縣)의 광구사(匡救寺)에서 무상도(無上道)를 설하니 듣는 자
가 숲과 같이 많았다. 그때 변화법사라는 사람이 있었다. 사중에서 열반경
을 강의하였다. 그 학도들이 대사가 천양하는 설법을 듣고서 점차로 물러나
왔다. 변화법사는 그 분을 이기지 못하여 고을의 재상 적중간(翟仲侃)에게
무고를 일으켰다. 적중간은 그 사설(邪說)에 미혹하여 조사에게 비법을
덮어씌웠다. 그러나 대사는 태연하게 순리대로 내맡겼다.[委順] 이로
인하여 천화하였다. 그 진실을 아는 자들은 전생의 빛을 갚는다고 말하였
다.
 그때의 나이는 107세였는데, 수나라 문제 개황 13년 계축 3월 16일이었
다. 후에 당나라 덕종은 대조선사라는 시호를 내렸다.

(30)
○ 三祖璨大師 不知何許人也 謁可大師 受密旨後 隱於舒州皖公山 屬周
武廢教 師往來太湖縣司空山 居無常處 積十餘載 時人無能知者 有道信
年始十二 忽來禮謁 願和尚慈悲 乞與解脫法門 師曰 誰縛汝 曰無人縛

師曰 何更求解脫乎 信言下有省 服勞九載 師屢試以玄微 知其緣熟 乃曰
磨大師以衣法展轉付我 我今付汝 汝當傳付 無令斷絕 聽吾偈曰 花種雖
因地 從地種花生 若無人下種 花地<種?>盡無生 師作心銘曰 至道無難
唯嫌揀擇 但莫憎愛 洞然明白 欲取一乘 勿惡六塵 六塵不惡 還同正覺
云云

제삼조 승찬대사는 어떠한 사람[何許人]인지 알 수가 없다. 혜가대사를 뵙고서 은밀하게 종지를 받은 후에는 서주 환공산에 숨어살았다. 북주의 폐교를 엮어서 승찬대사는 태호현의 사공산을 왕래하면서 정해진 처소가 없이 십여 년이 되도록 살았는데, 당시의 사람들 가운데 아무도 아는 자가 없었다.

도신이라는 사람이 있었는데, 나이 12세가 되어 홀연히 찾아와서 예배하고 여쭈었다.

"바라건대 화상께서는 자비로써 해탈법문을 베풀어 주십시오."

대사가 물었다.

"누가 그대를 속박하고 있는가."

도신이 말했다.

"속박하는 사람은 아무도 없습니다."

대사가 물었다.

"그러면 어째서 다시 해탈을 추구하는 것인가."

도신이 언하에 깨쳤다. 그리고 9년 동안 열심히 모셨다. 대사는 자주 현요하고 미묘한 법으로써 시험하였는데, 그 인연이 성숙했음을 알고서 이에 말했다.

"달마대사께서 가사와 정법안장으로써 점차 전승한 것이 나에게까지 부촉되었다. 나는 이제 그대한테 부촉한다. 그대도 장차 전승하여 부촉하여 단절되지 않도록 해야 한다. 다음과 같은 내 게송을 들어 보라.

꽃과 씨앗이 비록 땅을 말미암고   花種雖因地
땅을 인하여 꽃과 씨앗 생기지만   從地種花生
만약 씨앗 뿌리는 사람이 없으면   若無人下種
꽃과 씨앗 모두 생겨나지 않는다   花種盡無生"

대사는 다음과 같은 『信心銘』을 지었다.

"지극한 도는 어렵지 않다　至道無難

간택의 마음 꺼릴 뿐이다　唯嫌揀擇

미움과 사랑 내지 않으면　但莫憎愛

분명하게 확 트이게 된다　洞然明白

....

일승대도를 터득하려하면　欲取一乘

결코 육진을 도외시 말라　勿惡六塵

육진을 멀리 하지 않으면　六塵不惡

그것이 바로 정각과 같다　還同正覺

운운"

(31)

○ 四祖信大師 廣濟縣馬氏 生而超異 幼慕空宗諸解脫門 完如宿習 旣嗣
祖風 攝心無寐 脇不至席 僅六十年 因栽松道者來相見 語言相契 祖曰
汝年已老 改形而來可也 道者珍重下山 至濁港 見女浣衣云 我欲借汝家
一宿 女云 有父母在 道者曰 你肯麽 女云 去問父母 道者去不遠 於樹下坐
化 其女因此有孕 生一男子 被父母訶嘖 便將兒 抛於江中 去復廻 次日見
兒 逆流而去 不忍復收養之 乞食度日 至七歲 徃黃梅縣 見四祖 祖問童子
何姓 荅姓即有不是常姓 祖曰 是什麽姓 曰佛性 祖曰 雖有佛性 汝且不會
曰非但我不會 三世諸佛亦不會 祖曰 爲甚麽不會 曰性空故 祖識法器
即爲出家 號曰弘忍 乃傳衣付法云云

　제사조 도신대사는 광제현의 마씨였는데 태어날 때 특이하였다. 어려서
부터 불교[空宗]의 모든 해탈문을 흠모하였는데 완연히 전생의 습기와
같았다. 조사의 가풍을 계승한 후에는 마음을 가다듬고 졸지 않았으며
옆구리를 자리에 대지도 않았다. 거의 60의 나이가 되었을 때 재송도자(栽
松道者 : 홍인의 前身)가 찾아와서 상견하였는데, 주고받는 말이 서로
계합되었다. 이에 사조가 말했다.

"그대의 나이가 이미 늙었다. 몸을 바꾸어 오는 것이 좋을 것이다."

도자가 인사를 드리고 산을 내려갔다. 누추한 거리에 이르러 옷을 빨고 있는 여인을 보고 말했다.

"나는 그대의 집을 빌려서 일숙하고 싶소."

여인이 말했다.

"부모님이 계십니다."

도자가 말했다.

"그대는 좋은가."

여인이 말했다.

"집에 가서 부모님께 물어보겠습니다."

도자가 몇 걸음 가지 않더니 나무 아래 앉아서 입적하였다. 그런데 그 여인이 이로 인하여 잉태를 하여 사내아이를 낳자 부모로부터 꾸지람을 받았다. 이에 아이를 데려다 큰물에다 버렸지만 떠내려가다가 다시 되돌아 왔다.

다음 날에는 아이를 보자 역류하여 흘러갔다. 이에 참지 못하고 거두어서 그를 길렀는데 걸식을 하면서 세월을 보냈다.

나이가 7세가 되자 황매현으로 가서 사조대사를 뵈었다.

이에 사조가 동자에게 물었다.

"성이 무엇인가."

동자가 답했다.

"성은 곧 있기는 하지만 보통의 성이 아닙니다."

사조가 물었다.

"그게 어떤 성인가."

동자가 말했다.

"불성입니다."

사조가 말했다.

"비록 불성이 있기는 하지만 그대는 아직 모르고 있구나."

동자가 말했다.

"제가 알지 못할 뿐만 아니라 삼세제불도 또한 알지 못합니다."

사조가 물었다.

"어째서 알지 못한다는 것인가."

동자가 말했다.

"자성이 공하기 때문입니다."

사조는 그가 법기임을 알고 곧 출가시켜주고, 이름을 홍인이라 하였다. 이에 가사를 전승하고 정법안장을 부촉하였다. 운운.

太宗嚮其道德 欲瞻風彩 詔赴京師 上表遜謝 前後三返 竟以疾辭 第四度
命使曰 如果不赴 卽取首來 使至諭旨 師乃引頸就刃 神色儼然 使異之
廻以狀聞 帝彌加歎慕 就賜珍繒 以遂其志 師一日垂誡門人曰 一切諸法
悉皆解脫 汝等各自護持 流化未來 言訖安坐而逝 壽七十二 建塔後明年
塔戶無故自開 儀相如生 後不敢閉 代宗謚大醫禪師 慈雲之塔

태종황제가 그 도덕을 향하여 풍채를 우러러보고자 하여 조칙으로 경사에 불렀다. 그러나 표를 올려서 겸손하게 사양하기를 전후에 걸쳐 세 번이나 하였다. 그리고 끝내 병을 핑계로 사양하자, 네 번째는 사신에게 말했다.

"마찬가지로 끝내 경사에 오지 않으면 머리를 잘라가지고 오너라."

사신이 이르러 황제의 뜻을 전하자, 사조가 목을 내밀어 칼날에 대면서도 마음과 몸이 엄연하였다. 사신이 그것을 신이하게 여겨 돌아가서 상황을 말씀드리자 황제는 더욱더 경탄하고 흠모하였다. 이에 보배와 비단 등을 하사품으로 보내서 그 정성을 다하였다.

사조가 어느 날 문인들에게 다음과 같이 가르침을 내렸다.

"일체의 제법이 모두 다 해탈해 있다. 그대들은 각자 호지하여 미래의 중생을 流化하라."

말을 마치고 편안하게 앉아서 입적하였는데 세수가 72세였다. 탑을 건립한 이후 이듬해에 탑문이 저절로 열리더니 법체[法身]가 살아있는 듯하였다. 이후에 감히 탑문을 닫지 못하였다. 대종황제는 대의선사라는 시호를 내리고, 탑명은 자운탑(慈雲塔)이라 하였다.

(32)
○ 五祖忍大師 蘄州黃梅周氏 母初孕時 其室發光 常聞異香 月滿乃生
形貌端正 七歲遇信大師出家 自然聰敏 事不再問 得法之後 禪侶臻集

咸亨中 有盧居士 名慧能 大師一見 機緣符合 衣法齊傳 後經四載 忽告衆
曰 吾行矣 即安坐而逝 壽七十有四 云云 代宗諡大滿禪師 法雨之塔

　제오조 홍인대사는 기주 황매현 사람으로 주(周)씨이다. 어머니가 처음
잉태했을 때부터 그 방에서 발광을 하였고, 늘상 기이한 향기가 풍겼다.
달이 다 차서 태어났는데 형모가 단정하였다. 7세 때 도신대사를 만나
출가하였는데, 천연적으로 총민하여 어떤 문제에 대하여 재질문을 하지
않았다.
　정법안장을 계승한 이후에는 선자들이 가득 모여들었다. 함형 연간(당
고종의 연호 : 649-683)에 노(盧)씨 거사가 있었는데 이름은 혜능이었다.
대사가 한번 보고는 기연이 부합되어 가사와 정법안장을 함께 전승해주었
다.
　이후 4년이 지나서 홀연히 대중에게 말하였다.
"나는 간다."
　그리고는 편안하게 앉아서 입적하였다. 세수가 74세였고, 운운. 대종황
제는 대만선사라는 시호를 내렸다. 탑명은 법우탑(法雨塔)이다.

(33)
○ 六祖能大師 范陽盧氏 生時黎明 神人謂師之父曰 夜來生兒 全<專?>
爲安名上字慧 下字能也 父曰 云何名爲慧能耶 神曰慧者 以法惠施衆生
能者 能作佛事 言畢<而出+?>不知所止<之?> 左降南海 作新州百姓
師三歲喪父 其母守志鞠養 及長 家尤貧寠 樵採以給 一日負薪至市中
聞客誦經 悚然問其客曰 此何法也 得於何人 客曰 此名金剛經 得於黃梅
忍大師 能聞此語 僱積衣粮 安置老母 即徃彼禮 祖問 汝自何來 欲求何事
禮我 能曰 嶺南來 弟子唯求作佛 不求餘物 祖<祖?>曰 汝是南海人 又是
獦獠 若爲堪作佛 能曰 人誰有南北 佛法本無南北 獦獠色身 與和尙不同
佛性有何差別 祖曰 這獦獠根性大利 更欲與語 且見徒衆惣在左右 乃曰
著<槽+?>廠去 能禮謝退入碓坊 服勞於杵臼之間 晝夜不息 八箇餘月
(得法傳衣之事具載檀經) 會中有高僧七百 唯負舂居士一偈傳衣 南遁
一十五載 一日思之曰 自利利他 不說則無慈悲 天魔外道 時當洪法 不可

終遁 即出至於廣州法性寺 時以非風幡動之幾<機?> 觸開印宗淨<正>
眼 應跋陁羅懸記 由是說法三十七年 霑甘露味 行解相應 爲大善知識
名載傳燈三十三人 超凡入聖者 莫知其數 後人以宿命智 觀此大師曩劫
之事 乃稽首讚曰 稽首歸依第六祖 八十生爲善知識 雖言不知世文字 出
言成章萬卷書 師一日謂衆曰 吾欲歸新州 汝等速理舟檝 時大衆哀慕 乞
師且住 師曰 諸佛出世 猶示涅槃 有來必去 理亦當然 吾形骸歸必有所
問 從此去 早晚可廻 師曰 落葉歸根 來時無口 即徃新州國恩寺 沐浴跏趺
而化 時異香滿室 白虹屬地 時先天二年八月三日也 壽七十六 憲宗諡大
鑑禪師 塔曰元和靈照

　　제육조 혜능대사는 범양 노씨이다. 태어났던 날 새벽[꿈]에 신인이
대사의 아버지에게 말했다.
"어젯밤에 태어난 아이의 이름을 짓는데 반드시 윗 글자는 혜라 하고
아랫 글자는 능이라 하시오."
　　아버지가 물었다.
"어째서 이름을 혜능이라 해야 합니까."
　　신인이 말했다.
"혜라는 것은 불법의 은혜를 중생에게 베풀어준다는 것이고, 능이라는
것은 불사를 짓는다는 것입니다."
　　말을 마치고 밖으로 나갔는데, 가는 곳을 알 수가 없었다.
　　남해로 좌천되어 신주의 백성이 되었다. 대사는 3살 때 아버지를 여의었
다. 그 어머니는 지조를 지키면서 아이를 길렀다. 자라서도 가세가 더욱더
가난하여 나무를 하면서 살아갔다. 어느 날 나무를 짊어지고 시장에 이르렀
는데 나그네가 송경하는 소리를 듣고 송연하여 그 나그네에게 물었다.
"그것은 어떤 불법입니까. 그리고 누구한테 얻은 것입니까."
　　나그네가 말했다.
"이 경전의 명칭은 『금강경』입니다. 그리고 황매의 홍인대사에게 얻었습
니다."
　　혜능은 그 말을 듣고서 의복과 양식을 준비하여 노모를 안치시켜드리고
는 곧 홍인을 참례하러 떠났다.

홍인조사가 물었다.

"그대는 어디서 왔는가. 그리고 무엇을 추구하려고 나한테 참례를 하는가."

혜능이 말했다.

"영남에서 왔습니다. 제자는 오직 부처가 되는 것만 추구할 뿐이지 그 밖의 다른 것은 추구하지 않습니다."

홍인조사가 말했다.

"그대는 남해사람이고 또 오랑캐로구나. 그런데 어떻게 부처가 될 수 있겠는가."

혜능이 말했다.

"사람에게는 남과 북의 출신이 있지만, 불법에는 본래 남과 북의 차별이 없습니다. 오랑캐의 색신이 화상의 색신과 같지 않겠지만, 불성에 어찌 차별이 있겠습니까."

조사가 말했다.

"저 오랑캐의 근성이 참으로 뛰어나구나."

그리고는 다시 어떤 말을 해주려다가 문득 대중이 모두 좌우에 있다는 것을 알고서 이에 다음과 같이 말했다.

"조창(槽廠 : 지붕이 없이 한데에 마련된 작업장)으로 가거라."

혜능이 감사의 예배를 드리고 물러가서 방앗간으로 들어갔다. 방아를 찧는 사이에도 부지런히 수행하여 밤낮으로 쉬지 않았다. 팔 개월 남짓 되었다(정법안장을 얻고 가사를 전승한 내용은 『단경』에 자세하게 수록되어 있다)

홍인의 회상에는 칠백 명의 고승이 있었는데, 오직 부용거사[46] 한 사람에게만 한 게송을 통하여 가사를 전수되었다. 남방에서 십 오 년 동안 은둔생활을 하였는데, 어느 날 그 은둔생활에 대하여 다음과 같이 생각하였다.

'자리이타라는데 설법하지 않으면 곧 자비가 없는 천마외도일 것이다.

---

46) 홍인의 문하에 700명의 고승이 있었다는 기록은 『祖堂集』卷18 仰山章 및 『黃龍慧南禪師語錄』同安崇勝院 부분 참조. 혜능이 수계를 받기 이전의 행자 시절에 방앗간에서 8개월 동안 절구질하는 소임을 맡았던 적이 있었는데 負舂 이란 당시에 돌을 등에 짊어지고 방아를 찧었던 행위이다.

때가 당도했으니 불법을 펴야겠다. 끝내 은둔만 할 수는 없다.'

그리고는 나와서 광주 법성사에 이르렀다. 그때 바람이 움직이는 것도 아니고 깃발이 움직이는 것도 아니라는 계기로써 일화를 통하여 인종법사의 정안(正眼)을 열어주었다.47) 이것은 구나발타라(求那跋陀羅)의 현기(懸記)에 부응한 것이기도 하다.48) 이로 말미암아 37년 동안 설법을 하여 감로의 맛으로 적셔주었다.

실천과 이해가 상응하여 대선지식이 된 사람들은『전등록』에 33인으로 수록되어 있다. 그 밖에 범부위를 초월하여 성인위에 들어간 자들은 그 수효를 알 수 없을 정도이다. 후인이 숙명지(宿命智)로써 이 혜능대사의 낭겁사(曩劫事)를 관찰해보고 이에 머리를 숙여 다음과 같이 찬탄하였다.
"제육대조사에게 머리숙여 귀의합니다   稽首歸依第六祖
 팔십 번의 생애동안 대선지식 되었네   八十生爲善知識
 언설로는 세간의 문자를 알지 못해도   雖言不知世文字
 출세언사로 문장 및 만권 성취하였네   出言成章萬卷書"

대사는 어느 날 대중에게 말했다.
"나는 신주로 돌아가고자 한다. 그대들은 속히 배와 노를 준비하라.49)"
그때 대중이 슬피하고 그리워하면서 대사에게 더 머물리 주실 깃을 간곡하게 바랬다.50) 조사가 말했다.
"제불은 출세하였지만 또한 열반도 보여주었다.51) 왔으면 반드시 돌아가

---

47) 혜능은 16년의 도피생활을 마치고 廣州의 法性寺(制旨寺)에 나아가 風動幡動의 문답을 통하여 인종법사에게 자신의 신분을 밝히게 되었다.
48) 혜능의 나이 39세 때 비로소 法性寺의 戒壇에서 계를 받고 제육대 조사로 등극하였다. 이 戒壇은 일찍이 宋 文帝 元嘉 6년(429)에 중국에 도래한 求那跋陀羅(功德賢)가 戒壇을 창건하고 그 곳에서 미래에 육신보살이 출현할 땅이라는 未來記(懸記)를 돌에다 새겼다는 전설이 있었다.
49) 速理舟楫에서 速理는 지체하지 않고 빨리 무엇을 준비한다 내지 처리한다는 뜻이다.
50) 신주로 돌아가겠다는 것은 혜능 자신의 고향으로 돌아가는 것이면서 입멸하겠다는 의미이기도 하다. 이에 대중들은 세상에 좀더 오랫동안 머물러 주실 것을 간절하게 바란다는 내용이다.
51)『鎭州臨濟慧照禪師語錄』, (大正藏47, p.498中) "佛出于世 轉大法輪 卻入涅槃" 참조.

는 도리 또한 당연하다. 그러니 나의 이 육신이 돌아가는 경우에도 반드시 정해진 곳이 있다."

대중이 물었다.

"대사께서 지금 이 길로 떠나시면 언제쯤이나 돌아올 수 있습니까."[52]

대사가 말했다.

"나뭇잎은 떨어져 뿌리로 돌아간다. 그러나 올 때는 말이 없다."[53]

이에 신주 국은사로 가서 목욕을 하고 가부좌한 채로 천화하였다. 그때 기이한 향기가 방안에 가득하였고, 흰 무지개가 땅에서 뻗쳐올랐다.[54]

그때가 선천 28년(713) 8월 3일이었는데, 세수가 76세이다. 헌종황제는 대감선사라는 시호를 내리고, 탑명은 원화영조라 하였다.

通錄撮要 一卷終

『통록촬요』제일권을 마치다

---

52) 早晚은 언젠가, 멀지 않아, 작금, 요사이 등의 뜻이다. 질문의 형태이지만 실은 다시 환생하여 설법해달라는 悲願을 담고 있는 부탁의 내용이다.

53) 진여자성을 상징하는 혜능 자신은 여래의 경우처럼 法爾然하게 떠나가고 法爾然하게 돌아온다는 것을 뜻한다. 때문에 떠나간다고 해서 죽는 것이 아니고 온다고 해서 태어나는 것이 아니다. 다만 진여의 입장에서 여법하게 오고 여법하게 갈 뿐이다. 진여자성의 不生不滅을 보여준 대목이다. 鳩摩羅什 譯, 『金剛般若波羅蜜經』, (大正藏8, p.752中) "若有人言 如來若來若去若坐若臥 是人不解我所說義 何以故 如來者無所從來 亦無所去 故名如來";『信心銘』, (大正藏48, p.376下) "근본 찾으면 종지를 얻고/ 반연 따르면 종지를 잃네/ 歸根得旨 隨照失宗";『黃檗斷際禪師宛陵錄』, (大正藏48, p.387上) "眞佛無口 不解說法 眞聽無耳 其誰聞乎" 참조.

54)『禮記』에 "군자의 덕은 玉과 같고 氣는 白虹과 같다."는 말이 있다. 이 말이 王維가 쓴「六祖能禪師碑銘」에 기록되어 있다.

61

2.

通錄撮要 第二卷
『통록촬요』제이권

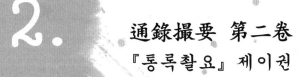

通錄撮要 第二卷

2. 『통록촬요』 제이권

互顯品 第三(一百餘則至四卷中)

III. 제삼 호현품(일백여 칙이 제사권까지 이른다[55])

　[귀경게]
不唯直下秖單傳 爭奈旁人皆有分

직하에 단전한 조사 뿐만 아니라
그 밖의 사람도 모두 그러합니다[56]

III.-1 중화의 조사

(1)

○ 牛頭山法融禪師(四祖旁出) 閏丹延陵韋氏 年十九 學通經史 尋閱大部般若 頗有所趣 乃歎曰 儒道世典 非究竟法 般若正觀 出世舟航 便投師落髮受戒 而後入牛頭山 幽棲巖室 終日宴坐 向壁觀心 見人不起 亦不合掌 時有百鳥嘲花之異 信大師遙觀氣象 知彼山必有異人 躬自訪尋見融端坐自若 曾無所顧 乃問在此作什麼 曰觀心 信曰 觀是何人 心是何物融無語 便起作禮 乃曰大德高棲何所 信曰 貧道 不決所止 或東或西 曰還識信大師否 信曰何以問他 曰嚮德滋久 冀一禮謁 信曰 若欲道信 貧道是

55) 실제로는 중국의 선사 59명과 한국의 조사 34명 총 93칙이다.
56) [석가모니의 대자비에 경례합니다/ 불립문자로써 직접 지시해주시니/ 稽首釋迦大慈悲 不立文字直指示]의 대목은 종안품의 [귀경게]에 해당하므로 여기 제3 호현품에서는 생략한다.

也 融遂引大師至菴所 繞菴唯見虎狼之類 信擧手作怖勢 融曰 猶有這箇
在信曰 適來見箇什麼 融無語 信良久於融宴坐石上 書一佛字 融覩之悚
然 信曰 猶有這箇在 融未曉悟

    우두산 법융선사(사조의 방출)는 윤란(閏丹) 연릉위씨이다. 9세 때 널리
경서와 사기를 배웠고, 『대반야경』도 연구하며 열람하여 자못 진척이
있었다. 그러나 다음과 같이 한탄하였다.
"유교와 도교는 세간의 전적으로 구경의 가르침이 아니다. 반야의 정관(正
觀)이야말로 세간을 벗어나는 항해이다."
    그리고는 스님에게 귀의하여 머리를 깎고 수계하였다. 이후 우두산에
들어가 유서사의 바위굴에 들어가 종일토록 좌선을 하였다. 벽을 향해
마음을 관찰하면서 사람을 보고도 일어나지 않고, 또 합장하지도 않았다.
그러나 때가 되면 온갖 새들이 꽃을 물어오는 신이를 보였다.
    그때 도신대사가 멀리 기상(氣象)을 관찰하고는 그 산에는 반드시 기이
한 사람이 있다는 것을 알고는 몸소 찾아갔다. 그러나 법융은 단정하게
앉아서 태연자약하여 돌아보지도 않았다.
    이에 도신이 물었다.
"여기에서 무엇을 합니까."
    법융이 말했다.
"마음을 관찰합니다."
    도신이 물었다.
"관찰하는 것은 누구이고, 또 마음은 어떤 것입니까."
    법융이 말을 하지 못하고 벌떡 일어나서 예배를 드렸다. 그리고는 물었
다.
"대덕께서는 어디에 주석하십니까."
    도신이 말했다.
"빈도는 결코 한 곳에 머물지 않고 동쪽으로 또 서쪽으로 떠돌아다닙니다."
    법융이 물었다.
"그러면 도신대사라는 분을 아십니까."
    도신이 말했다.
"어째서 그에 대하여 묻습니까."

법융이 말했다.

"오랫동안 덕을 추앙하여 한번 뵙기를 바라고 있습니다."

도신이 말했다.

"도신대사라면 빈도가 바로 그 사람입니다."

그러자 마침내 법융은 대사를 안내하여 암자에 이르니, 암자 주위에는 호랑이들 뿐이었다. 도신이 손을 들어 무서워하는 시늉을 하였다. 그러자 법융이 말했다.

"아직도 두려움[這箇]이 남아 있습니까."

도신이 말했다.

"그러면 아까전에 내가 본 것은 무엇입니까."

법융이 답변하지 못했다. 도신이 양구하고 법융이 좌선을 하는 바위에 불자(佛字)를 하나 썼다. 법융이 그것을 보고 당황하였다. 이에 도신이 물었다.

"아직도 모르는 것이 남아 있습니까."

법융은 그 뜻을 알아차리지 못하였다.

乃稽首請說眞要 信曰 百千法門 同歸方寸 河沙妙德 總在心源 乃至神通
變化 悉自具足 不離汝心 一切煩惱業障 本來空寂 一切因果 皆如夢幻
無三界可出 無菩提可求 人與非人 性相平等 大道虛廣 絕思絕慮 如是之
法 汝今已得 更無闕少 與佛何殊 更無別法 汝但任心自在 莫作觀行 亦莫
澄心 莫起貪嗔 莫懷愁慮 蕩蕩無礙 任意縱橫 不作諸善 不作諸惡 行住坐
臥 觸目遇緣 總是佛之妙用 快樂無憂 故名爲佛 融曰 心旣具足 何者是佛
何者是心 信曰 非心不問佛 問佛非不心 融曰 旣不許作觀行 於境起時
如何對治 信曰 境緣無好醜 好醜起於心 心若不强名 妄情從何起 妄情旣
不起 眞心任徧知 汝但隨心自在 無復對治 即名常住法身 無有變異 吾受
璨大師頓教法門 今付於汝 向後當有五人 達法紹汝玄化(云云) 師因衆
乏粮 乞於丹陽 自負米斛八斗 行八十里 朝去暮歸 率以爲常 隆化一日
付法上首智巖 令以次傳授 將下山謂衆曰 吾不復此矣 時鳥獸哀号 踰月
不止 菴前有四大桐樹 仲夏之月 忽自凋落 明年正月二十三日終 壽六十
有四建塔

이에 법융은 머리를 숙여 참다운 가르침에 대하여 설해줄 것을 청했다. 그러자 도신이 다음과 같이 말했다.

"백천 가지 법문이 모두 마음[方寸]으로 돌아가고, 항하의 모래 수처럼 많은 묘덕이 모두 심원(心源)에 들어 있다. 내지57) 신통과 변화가 모두 본래부터 구족되어 있어 그대의 마음을 벗어나지 않는다. 이에 일체의 번뇌업장은 본래부터 공적하고, 일체의 인·과도 모두 꿈과 같고 허깨비와 같다. 그래서 삼계를 벗어날 것도 없고, 보리를 추구할 것도 없다. 인(人)과 비인(非人)이 자성과 형상이 모두 평등하고, 대도는 텅 비고 드넓어서 분별과 숙려[思慮]를 단절해 있다.

이와 같은 가르침을 그대는 이제 터득하였다. 그것은 조금도 부족하거니 모자람이 없으니 부처와 어찌 다르겠고, 그 밖에 다른 가르침이 없으니 그대는 무릇 마음가는대로 자재하게 하라. 특별히 관행58)을 일으키려고도 말고 또 마음을 맑히려고도 말며, 탐욕과 성냄을 일으키지도 말고 근심과 걱정을 품지도 말라. 탕탕하고 걸림이 없이 마음대로 종횡하라. 모든 선을 일으키지도 말고 모든 악을 일으키지도 말라. 걷고 머물며 앉고 누움에 눈에 보이는 것과 부딪치는 것이 모두 부처의 묘용이다. 쾌락하고 근심이 없는 까닭에 그것을 부처라 말한다."

법융이 물었다.

"마음에 이미 그렇게 구족되어 있다면, 어떤 것이 그 부처이고 어떤 것이 그 마음입니까."

도신이 말했다.

"마음이 없다면 부처에 대하여 물을 수가 없고, 부처에 대하여 묻는다면 그것은 마음 아닌 것이 없다."

법융이 물었다.

"이미 관행을 일으키지 말라고 하셨는데, 만약 경계가 일어나는 경우에는 그것을 어떻게 대치해야 합니까."

도신이 말했다.

"경계의 반연에는 좋고 나쁨이 없지만 마음에서 좋고 나쁨이 일어난다.

---

57) 乃至에 해당하는 대목은 "一切戒門定門慧門"이다.
58) 여기에서 觀行은 번뇌 및 경계가 발생하는 경우 그것을 의도적으로 대치하여 없애려는 관찰행위를 가리킨다.

그러나 만약 마음이 억지로 분별하지[名] 않는다면 망정인들 어디에서 일어나겠는가. 일어난 망정이 없으므로 진심은 편지(偏知)에 자유롭다. 그대는 무릇 마음이 가는대로 자재하면 다시는 대치할 것이 없다. 그것을 곧 상주법신이라 말하는데 그것은 결코 변이가 없다. 내가 승찬대사로부터 받은 돈교법문을 이제 그대한테 부촉한다. 향후에 장차 다섯 사람이 나타나서 불법에 통달하여 그대의 현묘한 덕화를 계승할 것이다. 운운."

대중들에게 식량이 부족하자 법융대사는 단양에 가서 화주하여 몸소 쌀 한 섬 여덟 말을 짊어지고 팔십 리를 걸어왔다. 아침에 떠났다가 저녁에 돌아오는 것으로써 일과를 삼았다.

크게 교화를 펼치다가 어느 날 상수제자인 지암에게 정법안장을 부촉하고, 그것으로써 차례차례로 전승해 나아가도록 하였다. 그리고 하산하려고 할 때 대중에게 말했다.

"나는 다시는 이 산에 돌아오지 않을 것이다."

그때 새와 짐승들이 슬피 울었는데, 달이 넘도록 그치지 않았다. 그리고 암자 앞에 있던 네 그루의 큰 오동나무는 한여름인데도 불구하고 홀연히 잎을 떨구더니 말라버렸다. 이듬해 정월 23일에 입적하였다. 세수는 64세였고, 탑을 건립히였다.

(2)
○ 北宗秀大師(五祖旁出) 開封李氏 小親儒業博綜多聞 俄然捨愛出家 尋師訪道 遇忍大師 以坐禪爲務 師乃歎曰 此眞吾師也 誓心苦節 以樵汲 自役而求其道 忍默而識之 深加器重 謂之曰 吾度人多矣 至於解悟 無及 汝者 師身長八尺 三帝門<國?>師 二京法主 勢力連天 四衆雲集 請說法 要 師示偈曰 一切佛法 自心本有 將心外求 捨父逃走 師神龍二年入滅 僧臘八十 謚大通禪師

북종의 신수대사(오조의 방출)는 개봉 이씨이다. 어려서부터 유업을 가까이 하고 널리 섭렵하고 많이 공부하였다. 그러더니 갑자기 속세의 애정을 버리고 출가하여 스승을 찾고 불도를 물었다. 홍인대사를 만나서는 좌선으로 업을 삼았다. 신수가 이에 다음과 같이 찬탄하였다.

"이 분이야말로 진정으로 나의 스승이다."

그리고는 마음으로 굳게 정진할 것을 맹세하고 나무를 하고 물을 긷는 것으로써 자신의 임무를 삼고 그 불도를 추구하였다.

홍인은 남몰래 신수를 알아보고는 확실히 법기가 될 것을 알고 더욱 소중히 여겼다. 이에 다음과 같이 말하곤 했다.

"내가 제도한 사람이 많았다. 그러나 해오(解悟)에 이른 자로서 신수를 능가할 사람은 없다."

신수는 신장이 8척이었고, 세 황제의 국사가 되었으며, 장안과 낙양의 법주였고, 세력은 하늘에 닿는 듯하였다. 사부대중이 운집하여 법요를 설해줄 것을 청하자, 신수가 다음과 같이 게송으로 말했다.

"부처님께서 가르친 일체의 법은　一切佛法

　자심에 본래부터 갖추어져 있다　自心本有

　마음을 가지고 밖에서 추구하면　將心外求

　아비를 버리고 도망가는 것이다　捨父逃走"

신룡 2년(706)에 입멸하였다. 세수는 101세이고, 승랍은 80이며, 시호는 대통선사이다.

(3)

○ 嵩嶽慧安國師(五祖旁出) 荊州支江衛氏 煬帝徵師不赴 行頭陁行 至忍大師 遂得心要 後又高宗嘗召 師不奉詔 徧歷名迹 至嵩少 乃云是吾終身之地 自爾禪者輻湊 有然讓二人來叅 乃問 如何是祖師意 師曰何不問自己意 問 如何是自己意 師曰當須<觀?>密作用 問 如何是密作用 師閉目了開目 坦然言下知歸 更不他適 讓歸曹溪 師一日謂徒曰 吾死已將屍向林中 待野火焚之 閉戶 偃身而寂 春秋一百二十八 門人遵旨 舁置林間 果野火自然闍維 得舍利八十粒 留傳宮中

숭악혜안 국사(오조의 방출)는 형주 지강의 위씨이다. 양제가 혜안스님을 불렀지만 황궁에 나아가지 않고 두타행[59]을 실천하였다. 홍인대사에게

---

59) 頭陁(dhūta) : 직역은 杜多, 杜茶, 投多, 偸多, 抖擻, 斗藪, 抖揀, 洮汏, 沙汏이고,

이르러 마침내 심요를 터득하였다. 이후에 다시 일찍이 고종이 불렀지만 혜안스님은 뜻을 받들지 않고 명적(名迹)을 편력하였다. 그러다가 숭산에 이르더니, 이에 말했다.

"여기가 내 몸을 마칠 곳이다."

그로부터 선자들이 폭주하였다. 그 가운데 탄연과 회양의 두 사람이 내참하고는 이에 물었다.

"달마조사께서 서쪽에서 오신 뜻이 무엇입니까."

혜안이 말했다.

"어째서 자기가 온 뜻에 대해서는 묻지 않는가."

그러자 다시 물었다.

"제 자신이 온 뜻은 무엇입니까."

혜안이 말했다.

"반드시 은밀한 작용을 관찰해야 한다."

다시 물었다.

"은밀한 작용이란 무엇입니까."

혜안이 눈을 감았다가 이윽고 눈을 떠보였다. 탄연은 언하에 지귀(旨歸)를 알고서 다시는 다른 곳으로 가지 않았다. 그러나 회양은 조계로 돌아갔다.

혜안이 어느 날 제자들에게 말했다.

"내가 죽고나면 시체를 숲속에다 두어 들불에 타도록 하라."

그리고는 문을 닫고는 몸을 누이더니 입적하였는데 춘추가 128세였다. 문인들이 유언에 따라서 시체를 들어다 숲속에 두니, 과연 들불에 자연히 다비가 되었다. 사리 80과를 얻었는데 궁중으로 보내서 모셨다.

의역은 浣洗, 修治, 棄除, 除遣이다. 身心을 修治하여 탐욕 등의 번뇌를 棄捨·除遣·摧破하는 것이다. 주로 비구가 의·식·주에 대하여 엄격하고 간소한 생활을 꾸려가는 것이다. 十二頭陀行에서 의복의 경우는 1) 納衣(糞掃衣), 2) 三衣(僧伽梨 鬱多羅 安陀會)이고, 공양의 경우는 1) 常行乞食(自行乞食), 2) 次第乞食, 3) 一坐食, 4) 一揣食(節量食이며, 주처의 경우는 1) 住阿蘭若處, 2) 塚間坐, 3) 樹下坐, 4) 露地坐, 5) 隨坐(草地住), 6) 常坐不臥이다. 頭陀十八物은 楊枝, 澡豆, 三衣, 瓶, 鉢(應量器), 坐具, 錫杖, 香爐, 奩(香桶), 漉水囊, 手巾, 刀子(小刀), 火燧, 鑷子, 繩床, 經律, 佛像, 菩薩像이다.

(4)

○ 蒙山明禪師(五祖旁出) 陳宣帝之裔孫 七國喪亡 流落民間 以其王孫
嘗受署 因有將軍之號 少於永昌寺出家 慕道頗切 往依忍大師法會 極意
研尋 初無解悟 及聞忍師密付衣法與盧行者 率數十人 逐至大庾嶺 明最
先及 行者即擲衣鉢於石上曰 此衣表信 可力爭乎 任君將去 明遂擧之
如山不動 乃曰 我來求法 非爲衣鉢也 願行者爲我開示 盧曰不思善不思
惡 良久曰 正當恁麽時 那箇是明尚座<座=>本來面目 明當下有省 徧體
汗<汗?>流曰 上來所擧密意外 還更有諸佛密意否 盧曰 我與汝說者 即
非密意 汝若返照自己 密在汝邊 明曰某甲 雖在黃梅 悉<實?>未省自己
面目 今蒙指示 如人飮水 冷暖自知 今即行者 某甲師也 作禮而後 往蒙山
大昌玄化

　　몽산도명 선사(오조 방출)는 진선제(陳宣帝 : 南朝 陳宣帝)의 후손이다.
칠국(七國 : 어지러운 남북조시대를 상징함)이 망하고 평민으로 영락하여
타향을 떠돌았다. 그러나 왕가였기 때문에 일찍이 장군이라는 호칭으로
직위를 받았다. 어려서 영창사에 출가하였다. 지극히 간절하게 불도를
따랐기 때문에 홍인대사의 법회에 참여하여 지극한 마음으로 궁구하였다.
　　처음에는 해오하지 못했지만 홍인대사가 은밀하게 의법을 노행자에게
전승했다는 말을 듣고는 수십 명을 거느리고 뒤를 쫓아갔다. 마침내 대유령
에 도착하여 혜명이 최선봉에서 따라잡았다. 이에 노행자가 의발을 바위에
던져두고 말했다.
"이 가사는 믿음을 표시한다. 힘으로 다툴 수 있겠는가. 마음대로 가져가
보라."
　　마침내 혜명이 의발을 들어보았지만 산처럼 움직이지 않자, 이에 말했
다.
"저는 불법을 구하려고 왔지 의발을 위해서 온 것이 아닙니다. 바라건대
행자께서는 저한테 개시해주십시오."
　　노행자가 말했다.
"선을 생각하지 말라. 악도 생각하지 말라."
　　양구하고 말했다.

"바로 이러한 때에 어느 것이 혜명상좌의 본래면목인가."

혜명이 곧바로 깨쳤는데, 온 몸에 땀을 흘리면서 말했다.

"조금 전에 말씀하신 밀의(密意) 이외에 또다른 제불의 밀의가 있습니까."

노행자가 말했다.

"내가 그대한테 설해준 것은 곧 밀의가 아니다. 만약 그대가 자기를 반조한다면 밀의는 그대 곁에 잇을 것이다."

혜명이 말했다.

"제가 비록 황매에 있었지만 실로 자기면목을 깨치지 못했습니다. 그러나 지금 지시를 받고보니 마치 사람이 물을 마셔보고 차갑고 따뜻함을 아는 것과 같습니다. 이제 행자께서는 제 스승입니다."

그리고는 예배를 드린 후에 몽산으로 가서 현묘한 교화를 크게 드날렸다.

(5)

○ 南嶽懷讓禪師(嗣能大師) 京兆杜氏 年十五 徃荊州玉泉弘京律師處 出家之後 習毗尼藏 一日歎曰 夫出家者 爲無爲法 時同學坦然 知師志氣 高邁 勸謁嵩山安國師 讓來謁不契 安發旨<之?>曹溪 師稟命徃謁曹溪 祖曰什麼處來 曰嵩山來 祖曰什麼物恁麼來 師無語 後經八年 忽然有省 遽白祖曰 某甲今日道得也 祖曰作麼生是道 曰說似一物即不中 祖曰還 可修證否 曰修證即不無 汙染即不得 祖曰即此不汙染 是諸佛之所護念 汝旣如是 吾亦如是 據西天般若多羅讖 汝足下出一馬駒 蹋殺天下人 應 在汝心 不須速說 師自此執侍左右一十五載 日益玄悟 師因問如鏡鑄像 像成後 <鏡+?>明向甚處去 曰 大德爲童子時 相貌何在 問祇如像成後 爲什麼不鑒照 曰 雖然不鑑照 謾他一點也不得 師天寳三年圓寂 敕大慧 禪師 最勝輪之塔

남악회양선사(혜능대사의 법사)는 경조의 두(杜)씨이다. 나이 15세가 되어 형주 옥천사의 홍경율사의 처소를 찾아가서 출가한 이후에 율장을 익혔다. 어느 날 다음과 같이 탄식하였다.

"대저 출가자라면 무위법을 배워야 한다."

그때 동학인 탄연이 회양의 지기가 고매한 줄을 알고서 숭산의 혜안국사를 찾아보라고 권유하였다. 회양이 찾아와서 뵈었으나 계합되지 못하자 혜안은 회양을 조계로 보냈다. 회양은 명을 받고 가서 조계를 뵈었다. 혜능조사가 물었다.

"어디에서 왔는가."

　회양이 말했다.

"숭산에서 왔습니다."

　조사가 물었다.

"어떤 것이 이렇게 왔는가."

　회양은 답변을 하지 못했다. 이후로 8년이 지나서 홀연히 깨쳤다. 이에 곧바로 조사에게 사뢰어 말씀드렸다.

"제가 오늘에야 답변할 수 있게 되었습니다."

　조사가 물었다.

"그 말이라는 것이 무엇인가."

　회양이 말했다.

"일물이라고 말씀하신 것도 곧 적중한 것은 아닙니다."

　조사가 물었다.

"수행과 깨침이 가능했던가."

　회양이 말했다.

"수행과 깨침이 없지 않은데 그것을 오염시킨다면 불가능합니다."

　조사가 말했다.

"그와 같이 오염되지 않는 것에 즉하는 것이야말로 곧 제불이 호념하는 바이다. 그대가 이미 그러하고, 나도 또한 그러하다. 서천 반야다라의 예언에 의거하면, 그대의 발밑에서 망아지 한 마리가 출현하여 천하의 사람을 짓밟아버린다고 하였다. 반드시 그대 마음에만 담아 두어야지 급히 발설해서는 안된다."

　회양은 이로부터 15년 동안 곁에서 모셨다. 날이 갈수록 깨침이 깊어졌다. 회양에게 어떤 사람이 물었다.

"거울을 물상을 만드는 경우처럼 물상이 만들어진 후에 거울의 밝음은 어디로 갑니까."

　회양이 말했다.

"대덕이 동자였을 때 동자의 모습은 지금 어디에 있는가."

다시 물었다.

"마침 저 물상이 만들어진 이후에는 어째서 비추지 못하는 것입니까."

회양이 말했다.

"비록 비추지는 못할지라도 그것을 조금이라도 속일 수는 없는 노릇이다."

회양은 천보 3년(744)에 원적하였다. 칙으로 시호를 대혜선사라 하고, 최승륜탑이라 하였다.

(6)

○ 玄覺大師(嗣能) 永嘉戴氏 丱歲出家 徧探三藏 於四威儀中 常冥禪觀 玄策相訪 極談出言 暗合諸祖 乃曰 仁者得法師誰 曰 我聽方等經論各有 師 然後看維磨經 悟佛心宗 未有證明者 策云 <威音王已前卽得 威音王 已後 無師自悟 盡是天然外道 曰 願仁者爲我證據 策云 我言輕 曹溪有六 祖大師 四方雲集 並是受法者 若去 則與偕行 覺+?>遂同策來參 師遂同 策來<參+?> 繞師三匝 振錫而立 祖曰夫沙門者 具三千威儀八萬細行 大德自何方來 生我我慢 曰 生死大事<事大?> 無常迅速 祖曰 何不體取 無生 了本無速 曰體卽無生 了本無速 祖曰如是如是 師方具威儀叅禮 須臾告辭 祖曰返太速乎 曰 本自非動 豈有速耶 祖曰誰知非動 曰 仁者自 生分別 祖曰 汝甚得無生之意 曰 無生豈有意耶 祖曰無意誰當分別 曰 分別亦非意 祖歎曰善哉 少留一宿 時謂一宿覺 師先天二年安坐示滅 諡 無相大師 塔曰淨光

현각대사(혜능의 법사)는 영가현 대(戴)씨이다. 어린 나이에 출가하여 널리 삼장을 탐구하고, 일상의 행·주·좌·와에 늘상 조용히 선관에 힘썼다. 동양현책과 왕래하면서 극담을 논하는데 제조사의 본의에 부합되었다.

이에 현책이 말했다.

"그대가 불법을 배운 스승은 누구인가."

현책이 말했다.

"위음왕불 이전에는 그럴 수 있었겠지만 위음왕불 이후에는 스승이 없이 홀로 깨쳤다는 자는 모두 곧 천연외도라네."[60]

---

60) 威音王은 威音王佛로서 『妙法法華經』 卷6, (大正藏9, p.50中-下) "往古昔 過

현각이 말했다.

"그렇다면 그대가 내 깨침을 증명해주길 바라네."

현책이 말했다.

"내 말은 아직 미진하다네. 그러나 조계에는 육조대사가 있는데 사방에서 몰려들어 거기에서 법을 받는 자들이 많다네. 만약 조계로 가겠다면 나와 함께 가지 않겠는가."

현각은 마침내 현책과 더불어 조계를 내참하였다. 조계대사를 우요삼잡(右遶三匝)[61]하고나서 석장[62]을 흔들고는 그 앞에 우뚝 섰다.

조사가 말했다.

"대저 사문이라면 삼천 가지 위의와 팔만 가지 세행[63]을 갖추어야 한다.

無量無邊不可思議阿僧祇劫 有佛名 威音王如來 應供 正遍知 明行足 善逝 世間解 無上士 調御丈夫 天人師 佛世尊. 劫名離衰 國名大成"에 보이는데 시간적으로 맨 처음을 가리킨다. 때문에 위음왕불 이전은 空劫已前으로서 天地未分 이전의 무분별한 상태 및 修證 이전의 본래성을 의미한다. 『祖庭事苑』卷5, (卍新纂續藏經64, p.383中) "威音王佛 禪宗不立文字 謂之敎外別傳 今宗匠引經 所以明道 非循躡也 且威音王佛已前 蓋明實際理地 威音已]後 卽佛事門中此借喩以顯道 庶知不從人得 後人謂音王實有此緣 蓋由看閱乘閱之不審 各本師承 沿襲而爲此言 今觀威王之問 豈不然乎" 참조. 무분별의 상태에서는 깨친 자가 따로 없고 증명해주는 사람도 따로 없기 때문에 홀로 깨쳤다 하더라고 무방하지만 분별심이 형성된 위음왕불 이후에는 깨친 사람과 그것을 증명해주는 사람이 없어서는 안된다는 것이다. 이것은 선의 목적이 깨침이지만 반드시 印可 곧 證明이 필요하다는 것을 말한다. 印可를 받은 후에는 다시 傳法이 중요하다. 따라서 發心 - 修行 - 悟道 - 印可 - 傳法 - 敎化의 전통이 전승되어 왔다. 天然外道는 自然外道라고도 하는데 만물의 성품은 자연이 정해준다는 학설로서 六派外道의 하나이다.

61) 遶師三匝은 조계대사를 右遶三匝하는 행위이다. 三尊을 공경한다 내지 三毒을 소멸한다는 뜻으로 問佛과 問法의 경우에 하는 예법이다.

62) 錫杖은 범어 Khakkhara로서 隙棄羅·喫吉羅·喫棄羅라 음역하고 德杖·智藏·成長鳴杖이라 의역한다. 비구가 소유하는 18物 가운데 하나로서 僧侶나 受驗者 등이 휴대하는 지팡이이다. 上部는 주석 등의 금속, 中部는 나무, 下部는 상아 또는 뿔로 만든다. 머리를 塔婆 형태로 만들어 大鐶을 걸고 大鐶에 다시 여러 개의 小鐶을 건다. 소환은 보통 6개를 거는데 육바라밀을 상징한다. 길을 가면서 땅을 짚고 딸랑딸랑 소리를 내어 禽獸 및 蟲類를 경각시켜 물러가게 함으로써 不殺生을 실천하고, 탁발의 경우 석장을 흔들어서 신호를 보내 시주물을 받기도 한다. 또한 나이가 많거나 기력이 없는 경우에 의지하기도 하고, 개울을 건너는 경우에는 물의 깊이를 재는 도구로 활용하기도 한다.

그런데 대덕은 어디에서 왔길래 대아만을 내는가."

현각이 말했다.

"생사사대(生死事大)인데 무상신속(無常迅速)입니다.64)"

조사가 말했다.

"어찌 무생을 체득하여 본래 신속조차 없다는 도리를 요달하지 않는 것인가."

현각이 말했다.

"이제야 본체가 곧 무생으로서 본래 신속조차 없음을 요달하였습니다."

조사가 말했다.

"그래, 바로 그렇다."

현각은 그제서야 위의를 갖추고 예배를 드렸다. 그리고는 곧바로 하직인사를 드렸다. 그러자 조사가 말했다.

"이대로 돌아간다니 너무 서두르는 것 아닌가."

현각이 말했다.

"본래 움직임조차 없는데 어찌 서두름이 있겠습니까."

조사가 말했다.

"그렇다면 움직임조차 없다는 도리를 아는 주체는 누구란 말인가."

현각이 말했다.

"지금 화상께서 괜시리 분별을 내시고 있는 것 아닙니까."

조사가 말했다.

---

63) 三千威儀 八萬細行은 비구가 지니는 계율을 말한다. 三千威儀는 250戒 ×
4威儀 × 三世가 三千威儀로서 곧 小乘比丘의 생활을 상징한다. 八萬細行은
八萬四千行으로서 三千威儀에다 殺·盜·婬·妄의 身業과 兩舌·惡口·綺語의 口
業 등 7가지를 곱하여 2만 천 가지에다 身·受·心·法의 네 가지를 곱하여 8萬4千
으로서 대승보살의 생활방식을 상징한다. 나아가서 일상의 모든 행위를 三千
威儀 八萬細行이라 한다.

64) 生死事大는 生事大이고 死事大로서 생과 사의 문제가 지극히 중대하여 윤회를
초월하는 것이 가장 중요하다는 말이다. 五祖弘忍이 제자들을 접화할 때에
활용한 말로부터 유래한다. 生과 死가 呼吸之間에 달려 있기 때문에 속히
생사의 문제를 해결해야 한다는 뜻이다. 『雪巖祖欽禪師語錄』 卷2, (卍新纂續
藏經70, p.610中) "死不知去處 生不知來處 所謂生死事大 無常迅速 … 豈不是
死不知去處 謂之死大 即今眼眨眨地 在這裡 問簡父母未生前面目 開口不得 豈
不是生不知來處 謂之生大 灼然生死事大 須是把當一件無大至大底大事" 참조.

"그대는 진정으로 무생의 뜻을 깨우쳤구나."

현각이 말했다.

"무생이라는데 어찌 뜻인들 있겠습니까."[65]

조사가 말했다.

"뜻 자체가 없거늘 누가 분별을 내겠는가."

현각이 말했다.

"분별한다해도 또한 뜻이 없습니다."[66]

조사가 칭찬하며 말했다. "훌륭하구나. 좀 머물렀다 일숙(一宿)하고 가거라."

이런 까닭에 일숙각(一宿覺)이라 불리웠다. 현각선사는 선천 2년(713)에 편안하게 앉아서 시멸하였다. 시호는 무상대사이고 탑명은 정광이다.

(7)

○ 淸源<靑原=>行思禪師(嗣能) 安城劉氏 幼歲出家 每群居論道 師唯默然 乃徃曹谿叅問 當何所務 卽不落階級 祖曰 汝曾作什麼來 曰 聖諦亦不爲 祖曰 落何階級 曰 聖諦尙不爲落何階級 祖曰 如是如是 汝善護持 師卽禮謝 時會下學徒雖衆 師爲上首 亦猶可大師不言 少林謂之得髓矣 祖一日爲師曰 從上衣法雙行 師資遞授 衣以表信 法乃印心 吾今得人 何患不信 吾受衣以來 遭此多難 況乎後代 爭競必多 衣卽留鎭山門 汝當分化一方 無令斷絶 師禮而退 後住淸源<靑原=>山大闡玄化 云云 師因問如何是佛法大意 曰 盧陵米作麼價 神會來叅 師曰 什麼處來 曰 曺溪來 師曰 將得什麼物來 會振身而立 師曰 猶持瓦礫在 曰 和尙莫有眞金與人否 師曰 設有汝向什麼處著 會卽禮拜 師唐開元中 告衆而逝 僖宗諡弘濟 號歸眞之塔

청원행사 선사(혜능의 법사)는 안성 유씨이다. 어린 나이에 출가하였는

---

65) 본래 무생이라면 어찌 무생이라는 분별적인 뜻인들 필요하겠는가 하는 것이다. 그저 그대로 내버려두는 것이야말로 무생의 도리에 합당하다는 말이다.

66) 늘상 분별하면서도 분별한다는 것에 집착이 없는 것을 가리킨다. 鳩摩羅什 譯, 『維摩詰所說經』卷中, (大正藏14, p.544下) "問 空可分別耶 答曰 分別亦空" 참조.

데, 여러 사람이 모여서 불도를 논의하는 자리에 있을 때마다 선사는 오직 침묵을 지킬 뿐이었다. 이에 조계로 가서 참례하고 물었다.

"저는 어떤 수행에 힘써야 분별계급에 떨어지지 않겠습니까."67)

조사가 말했다.

"그대는 일찍이 어떤 수행을 해왔던가."

행사가 말했다.

"성제(聖諦)조차 수행한 적이 없습니다."68)

조사가 말했다.

"그렇다면 계급에 떨어지고 만 꼴이다."69)

행사가 말했다.

"성제도 추구하지 않았는데 저한테 어떤 계급이 있단 말입니까."

조사가 말했다.

"그래, 바로 그렇다. 그대는 그와 같은 마음을 잘 호지하라."

행사가 곧 감사의 예배를 드렸다. 그때 혜능의 회상에는 학도자가 대중을 이루고 있었는데, 그 가운데서 행사가 상수제자였다. 그 또한 마치 혜가대사가 아무런 말도 하지 않았지만 소림에서 그를 일컬어 골수를 얻었다고 말한 것과 같았다.

어느 날 조사기 행사에게 말했다.

"예로부터 가사와 정법안장이 함께 유행되어 스승과 제자에게 번갈아 전수되었다. 가사로는 믿음을 표시하고, 정법안장은 이에 인가해주는 마음[印心]이다. 나는 이제 제자를 얻었으니 어찌 믿음이 없을 것을 염려하겠는가.

내가 가사를 전수한 이래로 지금까지도 많은 법난을 만났다. 하물며 후대에는 반드시 많은 다툼이 일어날 것이다. 그러므로 가사는 진산문(鎭山門)에 보관해 두거라. 그대는 한 지역을 담당하여 교화하거라.70) 그리하

---

67) 보살의 수행지위에 해당하는 十信·十住·十行·十廻向·十地·等覺·妙覺과 같은 수
행의 단계에 집착하는 것으로부터 벗어나려면 어찌해야 하는가를 묻고 있다.
68) 범부위의 속제와 성인위의 성제를 분별하여 성인위의 聖諦 및 第一義諦를
추구하는 수행조차 하지 않았다는 것으로 수행에 대한 일체의 분별과 집착을
초월했다는 것을 나타낸다. 곧 깨침조차도 추구하지 않았음을 가리킨다.
69) 어떤 수행계위 및 깨침조차도 추구하지 않았다는 바로 그 집착에 빠져 있음을
지적한다.

여 법이 단절되지 않도록 하거라.”

행사는 예배를 드리고 물러갔다. 이후에 청원산에 주석하면서 현묘한 교화를 크게 천명하였다. 운운.

어떤 사람이 행사에게 물었다.

“불법의 대의란 무엇입니까.”

행사가 말했다.

“여릉의 쌀값은 어떻던가.”

신회가 찾아와서 참례하자 행사가 물었다.

“어디에서 왔는가.”

신회가 말했다.

“조계에서 왔습니다.”

행사가 물었다.

“무엇을 가지고 왔는가.”

신회가 몸을 떨더니 그대로 서 있었다.

행사가 말했다.

“아직도 쓸데없는 것만 가지고 있구나.”

신회가 물었다.

“화상께서는 진금이라도 지니고 있으면서 사람들에게 주시는 것입니까.”

행사가 말했다.

“설령 나한테 진금이 있다한들 그대가 어찌하겠는가.”

그러자 신회가 곧 예배를 드렸다.

행사선사는 당 개원연간에 대중에게 말하고는 입적하였다. 희종황제는 홍제라는 시호를 내렸고, 탑호는 귀진탑이라 하였다.

(8)

○ 荷澤神會禪師(嗣能) 襄陽高氏 年十四爲沙彌 禮六祖 祖曰知識遠來
艱辛 還將得本來否 若有本 卽合識主 試道看 曰 以無住爲本 見卽是主
祖曰 這沙彌 爭合取次語 便＜以杖+?＞打 師卽曰 大善知識 歷劫難逢

---

70) 分化一方은 세존과 마하가섭 사이의 일화로 전해지는 多子塔前分半座와 같이
    스승과 제자 사이에 이루어지는 以心傳心의 전법을 가리킨다.

今旣得遇 豈惜身命 自此侍奉 祖一日示衆曰 吾有一物 無頭無尾 無名無
字 上柱<拄?>天下柱<拄?>地 明如日黑似漆 常在動用中 動用中收不
得 諸人還知否 師出衆曰 是諸佛之本源 亦是神會之佛性 祖便打 乃曰
我喚作一物 早<尙?>是不中也 汝更喚作本源佛性 已後設有箇住處 也
祇是箇知解宗徒 師禮拜而退 能大師滅後二十年中 曹溪頓旨 沉廢於荊
吳 嵩嶽漸門 盛行於秦洛 師乃入京天寶四年 方定兩宗(南頓北漸) 師一
日鄕信至 報二親亡 師集衆入堂白槌曰 父母俱喪 請大衆念摩訶般若波
羅密 衆擬念次 師却白槌曰 勞煩大衆即散去 師上元 元年五月十三日
奄然而化 壽七十五 賜般若大師之塔

하택신회 선사(혜능의 법사)는 양양의 고씨이다. 나이 14세71) 때 사미
가 되어 육조에게 참례하였다. 그러자 조사가 물었다.
"그대는 멀리서 오느라고 수고가 많았다. 그런데 근본72)은 터득하고 왔는
가. 만약 근본을 터득했다면 곧 도리[主]73)를 알았을 것이다. 자, 한번
설명해 보라."
    신회가 말했다.
"무주로써 근본을 삼는데74) 그것을 보는 것이 곧 도리[主]입니다."
    조사가 말했다.
"어린 사미75) 주제에 어찌 그렇게 손쉽게 지껄이는가."76)
    그리고는 조사가 주장자로 신회를 때렸다. 이에 신회가 곧 물었다.

---

71) 『단경』의 기록에는 13세이다.
72) 還將得本來否의 本은 本有의 靈覺을 가리킨다. 이하에 나오는 無住爲本의
    本과 같은 의미이다.
73) 主는 本有한 靈覺의 핵심적인 도리 및 주요한 원리를 가리킨다.
74) 無住는 일체의 경계에 집착이 없는 것을 말한다. 鳩摩羅什 譯, 『維摩詰所說經』
    卷中, (大正藏14, p.547下) "又問 顚倒想孰爲本 答曰 無住爲本 又問 無住孰爲
    本 答曰 無住則無本 文殊師利 從無住本立一切法" 참조.
75) 沙彌는 범어 室羅末尼羅로서 勤策男 또는 息慈라고 의역한다. 스승으로부터
    부지런히 책려받는 사람, 또는 세간의 染淨을 息하고 중생교화의 慈心을 일으
    키는 사람이라는 뜻이다. 十戒를 받아 불도를 수행하는 사람으로서 여기에
    3종이 있다. 7세부터 13세까지는 驅烏沙彌, 14세부터 19세까지는 應法沙彌,
    20세 이상은 名字沙彌이다.
76) 取次는 草次, 急遽라고도 하는데 손쉽게 말하는 모습을 가리킨다.

"대선지식이시여, 역겁동안 어려움을 만났지만 이제야 기회를 만났으니 어찌 신명을 아끼겠습니까."

이로부터 시봉을 하였다. 조사가 어느 날 시중설법에서 말했다.

"우리 모두가 지니고 있는 일물(一物)77)은 머리[頭]도 없고 꼬리[尾]도 없으며, 명칭[名]도 없고 문자[字]도 없다. 위로는 하늘을 떠받치고 아래로는 땅을 버티고 있으며, 밝기로는 태양과 같고 검기로는 칠과 같으며, 늘상 움직이며 작용하고 있지만 움직이며 작용하고 있는 가운데서도 收容하지 못하고 있다.78) 그대들은 그것을 알겠는가."

신회가 대중가운데 있다가 나서서 말했다.

"그것은 제불의 본원(本源)이고,79) 또한 저 신회의 불성이기도 합니다."

조사가 문득 때려주고 말했다.

"내가 일물이라고 말한 것도 아직 적중한 것이 아닌데, 그대는 다시 본원이니 불성이니 하고 들먹이는구나. 그대는 이후로80) 머물만한 거처나 지어놓고 단지 지해종도(知解宗徒)의 노릇은 하겠구나."81)

신회가 예배를 드리고 물러갔다. 혜능대사가 입멸한 이후 20년 무렵에 조계의 돈오종지가 강남의 형과 오에서 침폐되고, 숭악의 점문은 강북의 장안과 낙양에서 성행하였다. 이에 신회는 장안에 들어가서 천보 4년(745)

---

77) 一物은 깨침, 열반, 진여, 본래면목 등을 가리키는 말로서 那一物, 這箇, 此事, 渠, 一圓相, 一著子라고도 한다.『祖堂集』卷18, (高麗大藏經45, p.349中) "汝不聞 六祖在曹溪說法時 我有一物 本來無字 無頭無尾 無彼無此 (無內外) 無方圓大小 不是佛 不是物 反問衆僧 此是何物 衆僧(無對) …." 참조.

78) "위로는 하늘을 떠받치고 아래로는 땅을 버티고 있으며, 밝기로는 태양과 같고 검기로는 칠과 같으며, 늘상 움직이며 작용하고 있지만 움직이며 작용하고 있는 가운데서도 收容하지 못하고 있다."는 대목은 동산양개의 법어에 보인다. 혜능과 동산의 말이 혼재되어 있다.

79) 鳩摩羅什 譯,『梵網經盧舍那佛說菩薩心地戒品』第十卷下, (大正藏24, p.1003下) "金剛寶戒是一切佛本源 一切菩薩本源 佛性種子 一切衆生皆有佛性 一切意識色心是情是心皆入佛性戒中 當當常有因故 有當當常住法身" 참조.

80) 汝向去에서 向去는 속어로서 向後, 今後, 以後 등의 시간을 가리킨다.

81) 把茆蓋頭의 把茆는 작은 초막을 가리키고, 蓋頭는 한 사람이 겨우 들어가 살 수 있는 좁은 집을 가리킨다. 따라서 협소하고 보잘 것 없는 암자나 소박하고 겸손한 모습을 비유한 말이다. 知解宗徒는 郭凝之 編集,『金陵淸涼院文益禪師語錄』, (大正藏47, p.592下) "古人受記人終不錯 如今立知解爲宗 卽荷澤是也" 참조.

에 바야흐로 양종(남종의 돈오종지와 북종의 점수종지)을 정하였다.

신회는 어느 날 고향소식을 들었는데 양친이 돌아가셨다는 소식이었다. 신회는 대중을 모아서 법당에 들어가서 백추를 하고 말했다.

"부모님께서는 모두 돌아가셨다. 청하건대 대중들은 마하반야바라밀을 송념해주시기 바랍니다."

대중이 막 송념을 하려는데 신회가 그만 하지 못하게 백추를 하고 말했다.

"대중을 번거롭게 해드렸습니다. 그만 돌아들 가십시오."

신회는 상원 원년(760) 5월 13일 엄연하게 천화하였다. 세수는 75세이고, 반야대사탑이라는 탑호를 하사받았다.

(9)

○ 西京光宅寺慧忠國師(嗣能) 越州冉氏 受曹谿心印 後居白崖山 四十年不下 道行普聞 唐肅宗詔赴上京 待以師禮 乃問見性了 還用布施作福否 師曰 且如諸佛菩薩 皆具福惠兩嚴 豈可撥無因果 今若見性了 凡作一切善因 布施持戒 造像度僧 施貧濟苦拔難 皆是諸佛菩薩作用不可思議 良因 並廻助道 圓滿性海 方契修道 合得眞理 然雖作善 不可望報 永嘉云 住相布施生天福 猶如仰箭射虛空 勢力盡箭還墜 招得來生不如意 爭似無爲實相門 一招直入如來地 陛下但向無功處脩 且諸佛無不從此門而得道 又因問敎中但見有情作佛 不見無情受記 且賢劫千佛 誰是無情佛耶 荅如皇太子未受位時 唯一身耳 受位之後 國土盡屬於王 寧有國土別受位乎 今但有情受記作佛之時 十方國土 悉是這那佛身 那得更有無情受記耶 洞山良价問 如何是古佛心 國師曰 墻壁瓦礫是 曰 墻壁瓦礫豈不是無情 曰 是無情 曰 無情還解說法也無 師曰 常說熾然說無間歇 曰 無情說法 什麼人得聞 師曰 諸聖得聞 曰 和尚還聞否 <國師曰 我不聞 僧云 和尚旣不聞 爭知無情解說法+?> 師曰 賴我不聞 我若聞 卽齊於諸聖 汝卽不得聞我說 曰 怎麼則衆生無分去也 師曰 我爲衆生說 <不爲諸聖說+?> 曰 衆生聞後如何 師曰 卽非衆生 山未悟 後擧前因緣 問潙山祐和尚 良价不會 祐擧柱杖卓云 我這裏也有些些 祇是罕遇奇<其?>人 曰告和尚爲良价說 祐曰 父母所生口 終不爲子說 山又到雲巖 遂擧前問兩

尊因緣之事 云 良价不會 告和尚決破前疑 巖曰 從頭問將來 价問 如何是
古佛心 乃至荅即非衆生(雖前問荅不別) 良价言下有省 乃成一偈 也大
奇也大奇 無情說法不思議 若將耳聽聲不現 眼處觀時<聞聲?>方得<可
=>知 巖曰 然之 价嗣雲巖

　　서경 광택사 혜충국사(혜능의 법사)는 월주의 염(冉)씨이다. 조계의
심인을 받은 이후에 백애산에 주석하면서 40년 동안 하산하지 않았다.
도행이 널리 퍼져 당 숙종황제는 조칙을 내려서 경사로 불러올리고 국사의
예로써 대접하였다.
　　이에 물었다.
"견성을 마치고도 보시를 통하여 복덕을 지을 필요가 있습니까."
　　혜충이 말했다.
"저 제불보살이 모두 복덕과 지혜의 두 가지를 갖추어 장엄했는데 어찌
인과를 부정할 수 있겠습니까. 지금 만약 견성을 바쳤다면 무릇 일체의
선인을 일으켜야 합니다. 보시하고 지계하며, 불상을 조성하고 스님을
배출하며, 가난한 사람에게 베풀어서 고통을 제거하고 어려움을 없애주어
야 합니다. 이 모두가 곧 제불보살의 작용으로서 불가사의 좋은 인입니
다. 아울러 조도에 회향하고 자성의 바다를 원만하게 해야만 바야흐로
수도에 계합하고 진리에 합치됩니다. 그러나 비록 선업을 짓더라도 그
과보를 기대하면 안됩니다. 영가스님은 다음과 같이 말했습니다.
[형상에 집착하는 보시 하늘에 태어나니　住相布施生天福
　허공을 향하여 화살을 쏘아대는 택이다　猶如仰箭射虛空
　세력이 없어지면 화살은 도로 떨어지듯　勢力盡箭還墜
　다음 생의 유위 과보 마음대로 안 된다　招得來生不如意
　그러니 어찌 무위의 실상법문 터득하여　爭似無爲實相門
　곧바로 여래의 깨침에 들어감과 같으랴　一招直入如來地]
　　폐하께서는 무릇 무공덕의 도리를 향해서 수행하십시오. 또 제불의
경우에도 무공덕문을 통해서 득도하지 않음이 없었습니다."
　　황제가 다시 물었다.
"경전에서는 단지 유정이 부처가 된다는 것만 볼 수가 있을 뿐이고 무정이

수기했다는 것은 볼 수가 없습니다. 그리고 현겁의 천 부처님 가운데는 누가 무정불입니까.”

혜충이 답했다.

“황태자가 아직 황제의 지위를 받기 이전에는 오직 개인일 뿐이지만 황제 위를 받은 이후에는 국토가 모두 황제에게 귀속되는 것과 같습니다. 어찌 국토와 별도로 황제위를 받을 수 있겠습니까. 지금은 단지 유정만이 수기하 여 부처가 되었을 때에도 시방국토가 모두 그 불신이 되는 것인데, 어찌 다시 무정수기가 있겠습니까.”

동산양개가 물었다.

“고불의 마음이란 어떤 것입니까.”

혜충국사가 말했다.

“장·벽·와·력이 모두 고불의 마음이다.”

동산이 물었다.

“장·벽·와·력이야말로 어찌 무정물이 아니겠습니까.”

국사가 말했다.

“그런 것들은 무정물이다.”

동산이 물었다.

“무정물이 실법을 이해할 수 있겠습니까.”

국사가 말했다.

“늘상 치연하게 설하면서 잠시도 쉬지 않는다.”

동산이 물었다.

“그러면 무정물의 설법은 어떤 사람이 듣는 것입니까.”

국사가 말했다.

“모든 현성이 듣는다.”

동산이 물었다.

“화상께서도 듣습니까.”

국사가 말했다.

“나는 듣지 못한다.”

동산이 물었다.

“화상께서는 이미 듣지 못한다면서 무정이 해설하는 법을 어떻게 알 수가 있는 것입니까.”

국사가 말했다.

"내가 듣지 못한 까닭이다. 만약 내가 듣는다고 하면 곧 제성인과 똑같을 것이므로 그대는 내 설법을 듣지 못할 것이다."

동산이 말했다.

"그렇다면 중생은 들을 수가 없겠습니다."

국사가 말했다.

"나는 중생을 위해 설법을 하지 제성을 위해 설법하지는 않는다."

동산이 물었다.

"중생이 듣고나면 어찌 되는 것입니까."

국사가 말했다.

"그러면 곧 중생이 아니다."

그러나 동산은 아직 깨치지 못하였다.

이후에 이전의 인연을 들어서 위산영우 화상에게 물었지만 그래도 양개는 이해하지 못했다. 이에 영우가 주장자를 들어 세우고는 말했다.

"나한테도 또한 조금은 있다. 그러나 다만 그런 사람을 만나기가 드물 뿐이다."

동산이 말했다.

"화상께서는 저 양개를 위해 그것에 대하여 설명해 주십시오."

영우가 말했다.

"부모가 낳아주신 입으로는 끝내 그대한테 설명해줄 수가 없다."

동산이 다시 운암에 이르렀다. 마침내 이전에 질문받았던 두 가지 경우의 인연에 대하여 말했다. "저 양개는 모르겠습니다. 말씀드리건대 화상께서 이전의 의문에 대하여 해결해주십시오."

운암이 말했다.

"처음부터 물어보라."

양개가 '고불의 마음이란 어떤 것입니까.'부터 '그러면 곧 중생이 아니다.'까지의 내용에 대하여 여쭈었다.(비록 운암의 답변은 이전의 문답과 다르지 않았지만) 양개는 언하에 깨쳤다. 이에 다음과 같은 게송을 지었다.

"참으로 기이하구나 참으로 기이하구나　也大奇也大奇
　무정물의 설법이여 참으로 부사의로다　無情說法不思議
　귀로 듣는다면 끝내 들을 수조차 없네　若將耳聽聲不現

눈으로 소리를 들어야만 알 수 있으리　眼處聞聲方得知"[82]

이에 운암이 말했다.

"그래, 바로 그렇다."

동산양개는 운암의 법사이다.

國師化緣將畢 乃辭代宗皇帝 <代宗曰 師滅度後弟子將何所記 師曰 告
檀越 造取一所無縫塔+?> 宗曰就師請取塔樣子 師良久 召曰 會麼 曰
不會 師曰 貧道去後 有侍者應眞 却知此事 師右脇長往 建塔 敕謚大證禪
師 宗後詔應眞入內 擧前語問應眞 <眞+?>良久曰 聖上會否 曰 不會
應眞乃上一偈 湘之南澤<潭?>之北 中有黃金充一國 無影樹下合同舡
瑠璃殿上無知識

혜충국사는 장차 교화의 인연이 다하자 이에 대종황제에게 사의를 표하
였다. 대종황제가 말했다.

"국사께서 멸도하신 후에 제자(황제)는 어찌하면 기억할 수 있겠습니까."

국사가 말했다.

"단월에게 말씀드리건대 무봉탑(無縫塔 : 卵塔 또는 蘭搭으로서 대좌
위에 달걀 모양의 탑신을 세운 탑으로서 한 덩이의 돌로 墓標를 만든
부도를 가리킨다)을 하나 만들어주십시오."

황제가 물었다.

"국사께서 무봉탑의 본형을 말씀해주십시오."

국사가 양구하고나서 황제를 부르더니 말했다.

"아시겠습니까."

황제가 말했다.

"모르겠습니다."

국사가 말했다.

"빈도가 떠난 후에는 응진이라는 시자가 그 도리를 알고 있을 것입니다."

국사가 오른쪽 옆구리를 대고 누워서 길이 떠났다. 조칙으로 대증선사라

---

82) 무장설법의 대화가 『전등록』에서는 운암과 동산 사이의 문답이고, 『동산어록』
에서는 혜충국사와 동산의 문답으로 기록되어 있다.

는 호를 내렸다. 대종황제가 이후에 조칙으로 응진을 궁궐로 불러서 이전의
말씀을 듣고는 응진에게 물었다. 그러자 응진은 양구하고 물었다.

"성상께서는 아시겠습니까."

　황제가 말했다.

"모르겠습니다."

　이에 응진은 게송 하나를 바쳤다.[83]

---

83) 『굉지송고』 제85칙 國師塔樣 참조. 숙종은 당나라 7대 황제이다. 그런데 숙종
은 혜충국사보다 12년 먼저 붕어하였으므로 여기에 등장하는 황제는 제8대
대종황제이어야 옳다. 혜충국사는 南陽府 白崖山 黨子谷에서 40년 동안 두
문불출 수행을 하였다. 이에 숙종황제가 궁전으로 초청하여 千福寺 西禪院
에 주석케 하였다. 대종은 즉위하여 혜충국사를 光宅寺에 주석케 하였다.
'백년 후'란 입적한 이후를 말한다. 탐원은 吉州 耽源山 應眞禪師로서 혜충국
사의 法嗣이다. '상의 남쪽이요 담의 북쪽이라(相之南譚之北)'이란 본래 그
자리를 말한다. 곧 湘(相)과 潭(譚)은 각각 북쪽과 남쪽에 마주하고 있는
물[水] 이름이다. 따라서 相의 남쪽은 곧 譚의 북쪽에 해당된다. 또한 相은
形相이고 譚은 談論으로서 각각 色과 聲을 의미한다. 無影樹는 어둠속에
묻혀있는 나무로서 『열반경』에 나오는 말이다. 合同舡은 『반야경』의 '모든
보살은 진정한 선지식으로서 내 도반이다. 그래서 함께 같은 배를 타고서
배우는 때가 같고 배우는 곳이 같으며 배우는 바가 다르지 않다.'는 부분에
나오는 말이다. 瑠璃殿은 위나라 때 대월씨국에서 온 상인이 유리를 주조하
여 궁전을 만들었는데 그것이 너무나 유명하여 이후로 西國의 유리가 그다
지 중요시되지 못했다는 고사에서 나오는 말이다. 대종황제가 혜충국사에게
입적한 후에 국사를 위해서 무얼 보답하고 싶다고 하였다. 그러자 국사는
無縫塔을 주문하였다. 황제가 무봉탑의 형상을 묻자 국사는 良久하고서 말
했다. '그러면 탐원이라는 제자에게 하문하십시오.' 그러자 황제는 국사가
입적한 후에 탐원에게 무봉탑의 형상을 물었다. 탐원은 무봉탑의 형상을
게송으로 답하였다. 이것을 산문으로 풀어보면 다음과 같다. [색상과 형상으
로는 남면을 장식하고 언구와 음성으로는 북면을 장식한다. 여기에서 남과
북은 사방·팔방·상하의 모든 방위를 의미한다. 결국 색상으로도 음성으로도
묘사할 수 없고 凡聖과 時空의 분별로도 어찌할 수 없는 불생불멸의 경지를
터득해야 한다. 그 경지에 도달하고보면 색상으로 보고 음성으로 듣는 것의
일상의 모든 행위가 다 깨침의 보배 아님이 없다. 그리하여 그림자조차 찾아
볼 수 없는 어둠속의 나무처럼 눈꼽만치도 분별상이 없이 부처와 중생과
인간과 축생과 하늘과 땅과 함께 절차탁마하여 同身共命의 반야용선에 올라
탄다. 그런 청정하고 평등한 깨침의 세계를 자각하고보면 더 이상 스승과
제자가 따로 없고, 황제와 백성이 따로 없으며, 부처와 중생이 따로 없고,
생과 사가 따로 없는 세상이 열린다.] 곧 무봉탑의 형상이란 바로 이와 같은

"상강의 남쪽이고 담강의 북쪽이니 湘之南潭之北
　가운데 황금이 나라에 가득하다네 中有黄金充一國
　무영수 아래는 합동강을 띄웠는데 無影樹下合同舡
　유리전에는 아무도 선지식이 없네 瑠璃殿上無知識"

(10)
○ 信州智常禪師(嗣能) 髫年出家 志求見性 叅六祖 祖曰 汝從何來 曰
近徔白峯山 禮大通和尚 蒙示見性成佛之義 未決狐疑 願師決疑 祖曰
彼有何言 曰 到彼三月 未蒙開示 以爲法切故 於中夜獨入方丈哀請 彼乃
曰 汝見虛空否 對曰 見 彼曰 汝見虛空有相貌否 對曰 虛空無形 有何相貌
彼曰汝之本性 猶如虛空 返觀自性 了無一物可見 是名正見 無一物可知

대자대비가 넘치는 경지를 드러내는 것이기 때문에 황제께서는 분별심이
없는 평등정치를 베풀어 모든 백성과 함께 더불어 태평성대를 누리시는 것
이 바로 국사의 願望이라는 뜻이다. 탐원은 곧 국사의 그와 같은 의도를
황제에게 일러드렸다. 탐원이 표현한 무봉탑이야말로 허공에 가득 넘치고
마음에 항상 살아있어 모든 사람에게 골고루 혜택이 미치는 대보살심 그것
이었다. 곧 일체중생에게는 본래부터 能見과 所見의 반연을 끊어버리고 둥
글둥글게 원만하여 오행의 기운이 조화를 이루어가는 도리가 갖추어져
있다. 그러므로 인위적으로 분별심을 내어 조작하면서 바늘로 꿰맬래야 꿰
맬 곳이 전혀 없는 완전무결한 대자대비의 불심이 우주법계에 두루하여 터
럭 끝만치도 감추어짐이 없는 깨침의 작용 그대로가 무봉탑이다. 우리네는
모두 각기 하나씩 자신만의 무봉탑을 간직하고 있어서 그것을 설치할 장소
가 따로 없고 이름붙일 모양이 따로 없으며 빌려주고 빌려받거나 전해주고
전해받는 그와 같은 대상과 명분이 따로 없이 있는 그대로의 존재이다. 이와
같은 무봉탑의 모양을 제대로 터득하고나면 일거수일투족·행주좌와·어묵동
정·견문각지·착의끽반하는 일체의 행위가 모두 무봉탑을 벗어나지 않는다.
낱낱의 개인이 구비하고 있는 불성을 드러내어 황제는 황제답게 신하는 신
하답게 백성은 백성답게 어버이는 어버이답게 진리를 작용시켜 살아가는
것이야말로 진정 국사가 황제에게 주문한 무봉탑의 건립이다. 정해진 색상
과 형상이 없어 눈으로 볼 수가 없고, 소리와 음성을 초월하여 귀로 들을
수도 없으며, 빛과 소리와 냄새와 촉감을 탈락한 무봉탑은 方所가 없고 時間
이 없으며 소유자가 없고 만드는 자도 없다. 따라서 온갖 곳에 온갖 때에
누구에게나 어느 상황에서나 작용하고 있는 이와 같은 무봉탑에 대하여 공
능으로 말하면 八面에 玲瓏하고 十方에 通暢하며, 그 성격으로 말하면 千聖
도 不傳이요 萬法도 無載이다.

是名眞知 無有靑黃長短 但見本源淸淨 覺體圓明 即名見性成佛 亦名極
樂世界 亦名如來知見 某甲雖聞此說 猶未決了 乞師破疑 祖曰彼說猶存
知見 令汝未了 吾今示汝一偈 不見一法存無見 大似浮雲遮日面 不知一
法守空知 還如大虛生閃電 此之知見瞥然興 錯認何曾解方便 汝當一念
自知非 自己靈光常顯現 師聞已 心意豁然 乃上一偈 無端起知見 著相求
菩楑<提?> 情存一念悟 寧越昔時迷 自性覺圓<源?>體 隨照枉遷流 不
入祖師室 茫然取兩頭

　신주의 지상선사(혜능의 법사)는 더벅머리 시절에 출가하여 견성을
추구하는데 뜻을 두었다. 육조를 참문하자 육조가 물었다.
"그대는 어디에서 왔는가."
　지상이 말했다.
"근래에 백봉산으로 가서 대통화상에게 참례하여 견성성불의 뜻에 대하여
가르침을 받았습니다. 그러나 아직 의심을 해결하지 못했습니다. 바라건
대 조사께서 의심을 해결해 주십시오."
　육조가 말했다.
"대통화상은 어떤 말을 하던가."
　지상이 말했다.
"그곳에 도착한 지 삼 개월 동안은 아무런 개시(開示)도 받지 못했습니다.
그러나 구법하려는 마음이 간절했기 때문에 밤중에 홀로 방장실에 들어가
서 애청하자, 방장이 말했습니다.
'그대는 허공을 보았는가.'
　제가 말했습니다.
'보았습니다.'
　방장이 말했습니다.
'그대가 본 허공에 형상과 모습이 있던가.'
　제가 말했습니다.
'허공에는 형상도 없는데 어떤 모습이 있겠습니까.'
　방장이 말했습니다.
'그대의 본성도 마치 허공과 같다. 그래서 돌이켜서 자성을 관찰해 보면

끝내 일물도 볼 수가 없는데 그것을 정견(正見)이라 말하고, 일물도 알 수가 없는데 그것을 진지(眞知)라 말한다. 청·황·장·단도 없지만 무릇 본원이 청정하고 각체가 원명한 줄을 보면 곧 그것을 견성성불이라 말하고 또한 극락세계라 말하며, 또한 여래지견이라 말한다.'

그러나 저는 비록 그 설법을 들었지만 아직도 해결하지 못하였습니다. 바라건대 조사께서 의심을 타파해주십시오."

육조가 말했다.

"대통의 설법에는 아직 지견이 남아있다.84) 때문에 그대를 깨우쳐주지 못한 것이다. 내가 이제 그대한테 게송을 하나 보여주겠다. 내가 이제 그대한테 게송을 하나 보여주겠다.

일법도 없다고 보지만 없다는 견해가 있어	不見一法存無見85)
마치 뜬구름이 태양을 가리는 것과 같다네	大似浮雲遮日面
일법도 없다고 알지만 비었다는 앎이 있어	不知一法守空知86)
마치 태허에서 번개가 번쩍이는 것과 같네	還如大虛生閃電
그와 같은 무견과 무지 불러일으킨 것으로	此之知見瞥然興
어떻게 중생교화의 선교방편인들 알겠는가	錯認何曾解方便87)
그대가 찰나에 그런 잘못인 줄 알아차리면	汝當一念自知非
그대 자신의 신통과 광명 늘상 드러나리라	自己靈光常顯現"

지상이 게송을 듣고나서 마음이 활짝 열렸다. 이에 다음과 같은 게송 하나를 바쳤다.

"무단히 지와 견을 불러일으켜서	無端起知見
형상에 집착하여 보리 추구했네	著相求菩提
맘에 찰나라도 깨침 남아있다면	情存一念悟

---

84) 완전한 無一物이 되지 못하고 아직 正見과 眞知라는 분별심이 남아 있음을 가리킨다. 소위 북종의 가르침에 대한 비판이다.

85) 일법도 없다고 말하지만 오히려 그 없다는 견해가 남아 있다는 것으로 대통화상의 正見이라는 견해를 비판한 것이다.

86) 이것은 '일법을 제대로 모르고 없다는 지만 지킨다'는 의미이다. 곧 일법도 없다고 알지만 오히려 그 안다는 견해가 남아 있는 것으로 대통화상의 眞知를 비판한 것이다.

87) 일물도 아는 바가 없고 일물도 보는 바가 없다는 것은 고인의 방편인데 그것을 액면 그대로 받아들여 이해한다면 그나마 그 방편마저도 상실하고야 만다.

어찌 옛날의 번뇌 초월하겠는가 　寧越昔時迷[88]
자성은 자각의 근원적 바탕인데 　自性覺源體
경계를 따라 쓸데없이 헤맸다네 　隨照枉遷流
조사의 가르침 받들지 못했다면 　不入祖師室
망연히 분별세계에 빠져 있겠지 　茫然取兩頭"[89]

(11)

○ 司空山本淨禪師(嗣能) 絳州張氏 幼歲披緇 於曹溪得法之後唐天寶
三年 玄宗詔師到京 明年召兩街名僧碩學 赴內道場 與師闡揚佛理 時有
遠師抗聲 曰 今對聖上 校量宗旨 應須直問直答 不假繁辭云云 今請禪師
於相上說無相 師曰淨名經云 四大無主 身亦無我 無我所見 與道相應
若以四大有主 是我 若有我見 窮劫不會道也 偈曰 四大無主復如水 遇曲
逢直無彼此 淨穢兩處不生心 壅決何曾有二意 觸境但似水無心 在世縱
橫有何事

　사공산의 본정선사[90](혜능의 법사)는 강주의 장씨이다. 어린 나이에
출가하여 조계에서 불법을 터득하였다. 그 후 당 천보 3년(744)에 현종의
조칙을 받고 본정선사는 서울에 도착하였다. 이듬해 현종은 양가[91]의
명승 및 석학들에게 알려서 내도량으로 불러놓고 본정산사에게 불법의
도리를 천양토록 하였다.
　그때 자리에 있던 원법사[遠師]가 소리를 높여서 말했다.
"지금은 성상 앞에서 선의 종지를 교량하는 자리입니다. 그러므로 반드시
직문직답해야 번거롭게 말해서는 안됩니다. 운운. 이제 선사에게 청합
니다. 형상의 입장에서 무상을 설해주십시오."
　본정선사가 말했다.
"정명경에서는 '사대에는 주인공이 없다. 그처럼 몸에도 또한 我가 없고

---

88) 일념이라도 깨쳤다는 知와 見이 남아 있으면 아직 완전한 無一物이 되지 못함
　　을 비판한 것이다.
89) 僧璨 述, 『信心銘』, (大正藏48, p.376中) "唯滯兩邊 寧知一種" 참조.
90) 기타 『五燈全書』, (卍續藏81, pp.441中-442中) 참조.

아소(我所)라는 견해가 없어야만 깨침에 상응한다.'고 말했다. 만약 사대에 주인공이 있다면 그것은 아(我)이다. 만약 아견(我見)이 있다면 궁겁토록 깨침을 모른다."

이에 다음과 같이 게송으로 말했다.

"사대에는 주인공이 없어 물과 같으니 四大無主復如水
굽거나 곧거나 피차의 분별이 없다네 遇曲逢直無彼此
청정과 더러움에 분별심 내지 않으니 淨穢兩處不生心
막히고 트임에 어찌 분별생각 있으랴 壅決何曾有二意
경계 맞이하여 무릇 물처럼 무심하면 觸境但似水無心
세상을 종횡한들 무슨 일이 있겠는가 在世縱橫有何事"

又志明問 若言無心是道 瓦礫無心 亦合是道 又道身心本來是道 四生十類 皆有身心 亦應是道 師曰 大德若作見聞覺知之解 與道懸殊 即是求見聞覺知之者 非是求道之人 經曰無眼耳鼻舌身意 六根尚無 見聞覺知憑何而立 窮本不有 何處存心 焉得不同 草木瓦礫 明杜口而退 師有偈曰 見聞覺知無障礙 聲香味觸常三昧 如鳥空中秪麼飛 無取無捨無憎愛 若會應處本無心 始得名爲觀自在

또한 지명선사가 물었다.

"만약 무심을 깨침이라 말한다면 와력(瓦礫)도 무심이므로 또한 깨침에 합치된 것이어야 할 것입니다. 또 몸과 마음이 본래 깨침이라고 말한다면 사생과 십류의 경우도 모두 몸과 마음이 있기 때문에 그 또한 깨침이어야 할 것입니다."

본정선사가 말했다.

"대덕이 만약 보고 들으며 느끼고 안다는 이해를 일으키면 그것은 깨침과 아득히 멀어지고 만다. 곧 보고 들으면 느끼고 아는 것을 추구하는 자는 깨침을 추구하는 사람이 아니다. 경전에서 '눈·귀·코·혀·몸·생각이 없다.'고 하였듯이 육근도 오히려 없는데, 보고 들으며 느끼고 아는 것이 어떤 것에 의지하여 성립되겠는가. 궁극의 근본조차 없는데 어디에 마음이 있겠는가. 그러니 어찌 초목과 와력과 동일하지 않겠는가."

그러자 지명선사는 더 이상 말을 못하고 물러갔다. 본정선사에게는
다음과 같은 게송이 있다.

"보고 듣고 느끼고 아는 데 장애가 없고　見聞覺知無障礙
　소리 향기 맛 접촉이 늘 삼매 상태라네　聲香味觸常三昧
　새들이 허공을 그렇게 자유롭게 날듯이　如鳥空中秖應飛
　얻고 버림 또 사랑과 미움이 다 없다네　無取無捨無憎愛
　만약 일상이 본래 무심인줄 알아차리면　若會應處本無心
　그런 경지를 곧 관자재라 말할 수 있네　始得名爲觀自在"

有近臣問 此身從何而來 百年之後 復歸何處 師曰如人夢時 從何而來
睡覺時 從何而去 曰夢時不可言無 旣覺不可言有 雖有有無 來徃無所
師曰 貧道此身 亦如其夢 乃有偈曰 視生如在夢 夢裡實是鬧 忽覺萬事休
還同夢裡<時?>悟 智者會悟夢 迷人信夢鬧 會夢無兩般 一悟無別悟 富
貴與貧賤 更亦無別路<更無分別路?> 師上元二年五月五日歸寂 敕諡
大曉禪師

어떤 근신이 물었다.
"이 몸은 어디에서 왔고, 죽은 후에는 또 어디로 돌아가는 것입니까."
　본정선사가 말했다.
"가령 사람이 꿈을 꿀 경우에 그것이 어디에서 왔고, 꿈에서 깨어날 경우에
는 그것이 어디로 갑니까."
　근신이 말했다.
"꿈을 꿀 때는 없다고 말할 수가 없고, 깨어나서는 있다고 말할 수가
없습니다. 비록 있다는 상태와 없다는 상태가 있을지라도 오고 가는 곳이
없습니다."
　본정선사가 말했다.
"빈도의 이 몸도 또한 그 꿈과 같습니다."
　그리고 이에 다음과 같은 게송을 말했다.
"생시를 꿈과 같다고 간주하는데　視生如在夢
　꿈에서는 진실로 곧 시끄러워도　夢裡實是鬧

홀연히 깨어나면 만사가 끝나니　忽覺萬事休
도로 꿈과 깨어있음 같아진다네　還同夢時悟
智者는 꿈 깨는 법 알고 있지만　智者會悟夢
迷人은 꿈속의 시끄러움을 믿네　迷人信夢鬧
꿈을 알면 두 가지 분별이 없어　會夢無兩般
한 번 깨치면 달리 깨침이 없네　一悟無別悟
부귀한 경우와 빈천한 경우에도　富貴與貧賤
다시는 분별의 길이 없어진다네　更無分別路"

본정선사는 숙종 상원 2년(761) 5월 5일에 귀적하였는데, 조칙으로
대효선사라는 시호를 내렸다.

(12)

○ 江西道一大師(嗣讓和尙) 漢州馬氏 容貌奇異 牛行虎視 引舌過鼻
足有二輪文 幼歲出家92) 習禪定 一日讓師 往見乃問 大德在這裏 作什麼
曰坐禪 師曰 圖箇什麼 曰圖作佛 師乃取一塼 於石上磨 曰作什麼 師曰磨
作鏡 曰磨塼豈得成鏡 師曰坐禪豈得成佛耶 曰 如何卽是 師曰如人駕車
車若不行 打車卽是 打牛卽是 彼無對 師曰 汝學坐禪 爲學坐佛 若學坐禪
禪非坐臥 若學坐佛 佛非定相 於無住法 不應取捨 汝若坐佛 卽是殺佛
若執坐相 非達其理云云 師蒙開示 心意超然 侍奉十秋 日益奧旨 讓師會
下 同條九人 唯師密授<受?>心印 讓之一猶思之遷也 同源而異派故 禪
法之盛 始于二師 劉軻云 江西主大寂 湖南主石頭 往來憧憧 不見二大師
爲無知矣 西天般若多羅記<達磨+?>曰 震旦雖闊無別路 要假姪孫脚下
行 金雞解嚙一粒<顆=>米 供養十方羅漢僧

　강서 도일대사(회양화상의 법사)는 한주 마(馬)씨이다. 용모가 기이하
였고, 소처럼 걷고 호랑이처럼 보았으며, 혀를 뽑으면 코를 덮었고 발바닥
에는 이륜의 문양이 있었다. 어린 나이에 출가하여 선정을 익혔다.

---

92) 出家와 관련하여 『전등록』의 대목은 다음과 같다. "依資州唐和尙落髮 受具於
　　渝州圓律師"

어느 늘 회양화상이 그곳에 갔는데, 이에 도일을 보고 물었다.

"대덕은 여기에서 무엇을 하는가."

도일이 말했다.

"좌선을 합니다."

회양이 물었다.

"좌선을 도모해서 무엇을 하려는가."

도일이 말했다.

"좌선을 도모해서 부처가 될 것입니다."

회양은 이에 벽돌 하나를 가져와서 돌에다 갈아댔다.

도일이 물었다.

"무엇을 하십니까."

회양이 말했다.

"갈아서 거울을 만드는 중이다."

도일이 말했다.

"벽돌을 간다고 어찌 거울이 되겠습니까."

회양이 말했다.

"좌선을 한다고 어찌 부처가 되겠는가."

도일이 물었다.

"그러면 어찌해야 부처가 됩니까."

회양이 말했다.

"사람이 수레를 타고 갈 때 만약 수레가 가지 않는다면 수레를 때려야 옳겠는가, 아니면 소를 때려야 옳겠는가."

도일이 대꾸하지 못하자 회양이 말했다.

"그대가 닦고 있는 좌선은 좌불을 닦는 것일 뿐이다. 만약 좌선을 닦는다고 해도 선은 앉고 눕는 자세가 아니다. 만약 좌불을 닦는다고 해도 부처는 선정하는 형상이 아니다. 대저 집착이 없는 가르침으로 결코 취·사하지 말아야 한다. 그대가 만약 좌불을 한다면 그것은 곧 부처를 죽이는 것이고, 만약 좌상에 집착한다면 그것은 곧 부처의 도리에 통달하지 못한다. 운운"

도일은 회양의 개시를 받고는 마음이 초연해졌다. 이에 십년 동안 시봉하면서 날이 갈수록 불도의 종지[奧旨]가 증가하였다. 회양의 문하에는 아홉 명이 함께 참문하였지만 오직 도일만 그 심인을 밀수(密受)하였다.

회양에게서 배출된 도일은 마치 행사에게서 배출된 희천의 경우와 같다. 근원은 같지만 파가 다를 뿐이다. 때문에 선법의 번성은 도일과 희천의 두 대사로부터 비롯되었다. 유가(劉軻)[93]는 다음과 같이 말했다.

"강서의 선주(禪主)는 대적이고 호남의 선주(禪主)는 석두이다. 서로 왕래가 끊이지 않아서 두 대사를 친견하지 않고서는 무지한 사람으로 간주되었다."

서천의 반야다라가 달마에게 다음과 같이 수기하여 말했다.

"진단이 비록 넓지만 다른 길은 없다   震旦雖闊無別路
 후손들의 발밑에 의지하여 실천하라   要假姪孫脚下行
 금닭이 한 톨의 쌀 물어다가 놓고서   金雞解啣一粒米
 시방의 아라한들에게 공양을 한다네   供養十方羅漢僧"

又能大師謂讓曰 多羅讖云 汝足下生一馬駒 踏殺天下人 後江西法 布天下時 謂馬祖焉 由是學徒雲集坐下 上堂 龐居士問 不昧本來身 請師高著眼 師直上<下?>覷 士曰 一等<種=>勿<沒?>絃琴 唯師彈得妙 師直下<上?>覷 士禮拜 師便歸方丈 士隨後道 弄巧成拙 一夕師翫月次 謂侍僧曰 正恁麼時如何 智藏曰 正好供養 懷海曰正好脩行 普願拂袖出去 師曰經入藏禪入海 唯有普願 獨超物外 僧問和尚 什麼說即心即佛 師曰 爲止兒啼 問止啼後如何 師曰非心非佛 問除此二種人來 如何指示 師曰向伊道不是物 問 忽遇其中人來時如何 師曰且教伊體會大道 問如何是西來意 師曰即今是什麼意 鄧隱峯辭去 師曰什麼處去 曰石頭去 師曰 石頭路滑 曰竿<竿?>木隨身 逢場作戲 到彼繞禪床一币 振錫一下 乃問是何宗旨 頭曰蒼天蒼天 峯無語 却廻舉似 師曰汝更去見他道蒼天時 汝便長噓一聲 峯再去 依前問是何宗旨 頭長噓一聲 峯又無語 復歸舉似 師曰向汝道石頭路滑

또한 혜능대사는 남악회양에게 다음과 같이 말했다.

"반야다라가 달마에게 참언으로 '그대의 후손 가운데 한 마리의 망아지가

---

93) 당나라 시대 高士로서 16년 동안 逸士로 살았다. 후에 國子博士 및 膳部員外郞을 지내면서 많은 글과 저술을 남겼다.

출생하여 천하의 사람들을 짓밟을 것이다.'고 말했다."

후에 강서 마조도일의 선법이 천하에 널리 퍼졌을 때를 말한 것으로 곧 마조를 가리킨 것이었다. 이로 말미암아 학도들이 마조의 문하에 운집하였다.

마조도일이 상당하자 방거사가 물었다.

"본분[本來身]에는 어둡지 않습니다. 그러니 청하건대 선사께서는 제 안목을 드높여주시기 바랍니다."

마조가 곧바로 방거사를 향해 눈을 내리떴다. 그러자 방거사가 말했다.

"일종의 줄이 없는 거문고를 가지고 오직 선사의 연주만이 묘음을 냅니다."

마조가 방거사를 향해 눈을 치켜떴다. 그러자 방거사가 예배를 드렸다. 마조가 곧장 방장으로 돌아가자 방거사는 뒤를 따라가며 말했다.

"재주를 부리려다 일을 망쳤습니다."

어느 날 저녁에 마조는 달을 감상하던 차에 시승들에게 일러 말했다.

"지금과 같은 때면 그대들은 무엇을 하겠는가."

서당지장이 말했다.

"대중공양을 하기에 딱 좋습니다."

백장회해가 말했다.

"좌선수행을 하기에 딱 좋습니다."

남전보원은 소매를 떨치고는 그 자리를 떠나버렸다.

마조가 말했다.

"경장은 지장에게 흘러들어갔고, 선법은 회해로 흘러들어갔다. 오직 보원만이 홀로 물외에 벗어나 있구나."

어떤 승이 마조에게 물었다.

"어떤 경우에 즉심즉불을 설하는 것입니까."

마조가 말했다.

"어린이의 울음을 그치게 하려는 때이다."

다시 물었다.

"울음이 그친 후에는 어떻게 되는 것입니까."

마조가 말했다.

"그때는 비심비불을 설한다."

다시 물었다.

"그와 같은 두 가지 경우의 사람을 제외하면 기타 사람에게는 뭐라고 지시해주는 것입니까."

마조가 말했다.

"그런 사람에게는 중생도 아니라고 말해주겠다."

다시 물었다.

"홀연히 그와 같은 사람을 만났을 경우에는 어떻게 하실 작정입니까."

마조가 말했다.

"그런 사람에게는 대도를 직접 가르쳐줘야겠지."

다시 물었다.

"달마조사께서 서쪽에서 오셨다는데 그게 무슨 뜻입니까."

마조가 말했다.

"지금 그대가 그와 같이 묻고 있는 뜻은 무엇인가."

등은봉이 떠나겠다고 하자 마조가 물었다.

"어디로 가겠는가."

등은봉이 말했다.

"석두로 갈 것입니다."

마조가 밀했다.

"석두로 가는 길은 미끄럽다네."

등은봉이 말했다.

"꼭두각시가 되어 한바탕 놀다 가렵니다."94)

석두에 도착해서는 선상을 한 바퀴 돌고나서 석장을 한번 휘두르고는 이에 물었다.

"화상의 종지는 무엇입니까."

석두가 말했다.

"아이고 맙소사!"

등은봉이 아무런 말도 하지 못하고 바로 마조에게 돌아와서는 그 사실을 말씀드리자 마조가 말했다.

---

94) 竿木은 나무로 만든 인형의 골격이고, 隨身은 속심으로 삼고 있다는 것을 가리킨다. 따라서 꼭두각시 인형극 패거리들이 어디에서나 아무런 무대가 없어도 바로 그자리에서 그대로 공연을 하는 모습을 비유한 것이다.

"그대는 곧장 그리로 가서 그가 '아이고!' 라고 말하는 것을 보거든, 그대가 당장 길게 '어험!' 하고 한마디 말해 보라."

등은봉이 다시 석두로 가서 이전과 마찬가지로 다음과 같이 물었다. "화상의 종지는 무엇입니까."

그러자 석두가 길게 '어험!' 하고 한마디 말해버리자, 등은봉은 또 아무런 말도 하지 못하고 다시 마조에게 돌아와서는 그 사실을 말씀드렸다.

이에 마조가 말했다.

"그러니까 그대한테 석두로 가는 길은 미끄럽다고 했지 않은가."

上堂曰 夫求法者 應無所求 心外無別佛 佛外無別心 不取善不捨惡 淨穢 兩邊 俱不依怙 達罪福性空 念念不可得 無自性故 三界唯心 森羅萬像一 法之所印 凡所見色 皆是見心 心不自心 因色故有 汝但隨時言說 卽事卽 理 都無滯礙 菩提道果 亦復如是 於心所生 卽名爲色 知色空故 生卽不生 若了此意 乃可隨時 著衣喫飯 長養聖胎 任運過時 更有何事 汝受吾敎 不造諸惡 隨分過生 一鉢一衲 起坐相隨 戒行增熏 積於淨業 但能如是 何慮不通 久立諸人珍重 師入室弟子一百三十九人 各爲一方 師轉化無 窮 師於貞元四年正月 林中經行次 見洞壑平坦 乃謂侍僧曰 吾之朽質 當於來月歸玆矣 果至二月四<一?>日 沐浴跏趺入滅 謚大寂禪師 塔曰 大莊嚴

상당하여 다음과 같이 말했다.

"대저 불법을 추구하는 자는 반드시 추구한다는 집착이 없어야 한다. 마음을 벗어나서 별도의 부처가 없고 부처를 벗어나서 별도의 마음이 없다. 선을 취하지도 말고 악을 버리지도 말라. 깨끗함과 더러움의 양변에 모두 의지하지 않으면 죄와 복의 자성이 공하여 찰나도 존재하지 않은 줄 통달할 것이다.

자성이 없는 까닭에 삼계는 유심이고, 삼라만상은 일법이 만들어낸 것이다. 무릇 눈에 보이는 물질은 모두가 곧 보는 마음이다. 그러나 마음은 자체의 마음이 아니라 물질을 인하는 까닭에 존재한다. 그대들이 무릇 수시로 하는 말들이 사(事)에 즉하고 이(理)에 즉하여 모두 걸림이 없듯이 보리의 도과도 또한 그와 마찬가지이다. 마음에서 발생한 것을 곧 물질이라 말하지만 물질이 공한 줄을 알기 때문에 발생해도 그것은 곧 발생이 아니다.

만약 이런 뜻을 알아차리면 이에 수시로 옷을 입고 밥을 먹으면서 부처님의 태를 길러서 마음대로 세월을 보낼 수가 있을 것인데, 다시 무슨 할일이 있겠는가. 그대들은 내 가르침을 받들어서 모든 악을 일으키지 말고 분수에 맞게 살아가라. 늘상 발우 하나와 옷 한 벌로 생활하면 계행이 증장하고 정업(淨業)이 쌓인다. 무릇 이와 같이만 한다면 어찌 깨치지 못할 것을 걱정하겠는가.

그대들을 너무 오랫동안 세워두었다. 잘들 돌아가라."

마조의 입실제자는 139명이었는데 각자 한 지역의 스승이 되었으므로 그 전화(轉化)가 무궁하였다. 마조는 정원 4년(788) 정월에 숲속을 경행하던 차에 평평한 골짜기를 보고 시자에게 말했다.

"내 늙은 육신은 장차 다음 달에 이곳으로 돌아갈 것이다."

과연 2월 1일95)이 되자 목욕하고 가부좌하여 입멸하였다. 시호는 대적 선사이고 탑명은 대장엄이다.

(13)
○ 南嶽石頭遷禪師(嗣思和尚) 端州高安陳氏 直造曹谿 度爲弟子 未具戒一日問 和尚百年後 希遷依附何人 能曰待吾逝 尋思去 師後每於靜處端坐 寂若忘生 時第一座見 乃曰汝師已逝 空坐奚爲 師即徃謁思和尚 問子何方而來 曰曹谿來 思曰將得什麼來 曰未到曹谿亦不失 思曰恁麼則用到曹谿 作什麼 曰若不到曹谿 爭知不失 思曰子親到曹谿來 師便禮拜 異日問曹谿大師 還識和尚否 思曰汝還識吾否 曰識 又爭能識 思曰衆角雖多 一麟足矣 師即禮拜

남악의 석두희천 선사(행사의 법사)는 단주 고안의 진씨이다. 곧장 조계로 가서 출가하여 제자가 되었다. 아직 구족계를 받기 이전의 어느 날에

95) 2월 1일의 기록은 『馬祖語錄』 본에 의거한다.

물었다.

"화상께서 입적하신 후에는 제가 누구에게 의지해야 합니까."

혜능이 말했다.

"내가 세상을 떠날 때까지 기다렸다가 이후에 사(思)를 찾거라."

희천은 이후에 매양 한정처에서 단정하게 앉아 고요하기가 생을 잊은 듯하였다. 그때 제일좌가 그것을 보고 물었다.

"그대의 스승은 이미 세상을 떠났는데 공연히 앉아서 무엇을 하는가."

희천이 곧 그리로 가서 행사화상을 뵈니, 행사가 물었다.

"그대는 어디에서 왔는가."

희천이 말했다.

"조계에서 왔습니다."

행사가 물었다.

"무엇을 얻으려고 왔는가."

희천이 말했다.

"조계에 도착하기 전에도 또한 잃은 것은 없습니다."

행사가 물었다.

"그렇다면 조계에 도착하여 무엇을 하려는 것이었는가."

희천이 말했다.

"만약 조계에 도착하지 않았다면 잃은 것이 없다는 것을 어찌 알았겠습니까."

행사가 말했다.

"그대는 친히 조계에 도착했구나."

그러자 희천이 바로 예배를 드렸다.

다른 날에 행사에게 물었다.

"조계대사께서는 화상을 알고 계셨습니까."

행사가 말했다.

"그대는 나를 아는가."

희천이 말했다.

"예, 이미 알고 있습니다. 그런데 또 어떻게 알아본다는 것입니까."

행사가 말했다.

"여러 짐승의 뿔이 비록 많을지라도 기린의 뿔 하나면 충족하다."
　희천이 바로 예배를 드렸다.

師因道悟問 如何是佛法大意 曰不得不知 曰向上更有轉處也無 師曰 長
空不礙白雲飛 問如何是禪 師曰碌塼 曰如何是道 師曰 木<石?>頭疊同
契 竺土大僊心 東西密相付 人根有利鈍 道無南北祖 靈源明皎潔 枝派暗
流注 執事元是迷 契理亦非悟 門門一切境 廻互不廻互 廻而更相涉 不爾
依位住 色本殊質象 聲元異樂苦 暗合上中言 明明清濁句 四大性自復
如子得其母 火熱風動搖 水濕地堅固 眼色耳音聲 鼻香舌鹹醋 然於一一
法 依根葉分布 本末須歸宗 尊卑用其語 當明中有暗 勿以暗相遇 當暗中
有明 勿以明相覩 明暗各相對 比如前後步 萬物自有功 當言用及處 事存
函蓋合 理應箭鋒柱 承言須會宗 勿自立規矩 觸目不會道 運足焉知路
進步非遠近 迷隔山河爾 謹白叅玄人 光陰莫虛度

　희천에게 천황도오가 물었다.
"불법의 대의가 무엇입니까."
　희천이 말했다.
"반드시 알지 않으면 안되는 바로 그것이다."
　도오가 물었다.
"불향상사에도 다시 초월할 도리가 있습니까."
　희천이 말했다.
"끝없는 허공은 흰구름이 나는 것을 방해하지 않는다."
　도오가 물었다.
"선이란 무엇입니까."
　희천이 말했다.
"자갈벽돌이다."
　도오가 물었다.
"깨침이란 무엇입니까."
　희천이 말했다.
"나무조각이다."

石頭參同契
석두희천의 『참동계』

천축나라 부처님의 마음 법은	竺土大仙心
동과 서로 은밀히 부촉되었다	東西密相付
사람의 근기는 비록 다양해도	人根有利鈍
깨침에는 남북의 돈점이 없다	道無南北祖
신령스런 근원은 밝고 맑은데	靈源明皎潔
지말의 현상은 그윽히 흐른다	枝派暗流注
현상에 집착하는 것 미혹이고	執事元是迷
도리에 계합해도 깨침 아니다	契理亦非悟
눈 귀 코 혀 몸의 바깥경계는	門門一切境
회호도 하고 불회호도 한다네	回互不回互
회호할 경우엔 다시 섭하지만	回而更相涉
그렇지 않으면 제자리 머문다	不爾依位住
색상은 본래 형질모양 달라도	色本殊質象
소리는 원래 고락을 떠나있다	聲元異樂苦
어둠은 상언과 중언 합치되고	暗合上中言
밝음은 청구 탁구로 분별된다	明明淸濁句
사대의 성품 자체로 돌아감이	四大性自復
아이가 엄마를 찾는 격이라네	如子得其母
불은 뜨겁고 바람은 움직이며	火熱風動搖
물은 촉촉하고 땅은 단단하며	水濕地堅固
눈은 색 보고 귀는 소리 듣고	眼色耳音聲
코는 냄새 맡고 혀는 맛 본다	鼻香舌鹹醋
그러면서도 낱낱 일체의 법은	然於一一法
근본과 지엽에 두루 의존한다	依根葉分布
근본과 지말도 응당 궁극으로	本末須歸宗
귀천을 가리지 않고 돌아간다	尊卑用其語
밝음에 본래부터 어둠 있으니	當明中有暗
어둠의 상으로 헤아리지 말라	勿以暗相遇

어둠에도 본래 밝음이 있기에	當暗中有明
밝음의 형상으로 찾으려 말라	勿以明相覩
밝음과 어둠 서로간의 관계는	明暗各相對
걸음걸이와 같아 앞뒤가 없다	比如前後步
만물은 애초부터 공능이 있어	萬物自有功
본래 작용과 용처가 있으려니	當言用及處
상자와 뚜껑이 들어맞듯 하고	事存函蓋合
화살끝이 서로 부딪치듯 하다	理應箭鋒拄
언어를 통해서 종지 얻어야지	承言須會宗
말이나 규범을 따르지 말아라	勿自立規矩
눈으로 보고도 도를 모른다면	觸目不會道
걸음이 어찌 목적지 알겠는가	運足焉知路
무심히 나아가니 원근 없지만	進步非近遠
미혹하면 앞뒤가 막히고 만다	迷隔山河固
이에 그대들 참학인에 권하니	謹白參玄人
부디 열심히 정진하기 바라네	光陰莫虛度

草庵歌
『초암가』

띠 풀로 엮어 만든 움막은 치장하지도 않는다	吾結草庵無寶貝
여기에서 밥 먹고 잠을 자니 참으로 가뿐하네	飯了從容圖睡快
지어놓고 보니 지붕의 띠 풀이 새롭게 보여도	成時初見茆草新
낡아 흐트러지면 지붕에 새로 띠를 얹어 두네	破後還將茆草蓋
초암에 깃들어 사는 사람 영원을 딛고 살면서	住庵人 鎭常在
중간이나 안팎의 어디에도 소속하지 않는다네	不屬中間與內外
이처럼 세인들이 사는 곳에 나는 깃들지 않고	世人住處我不住
세상 사람들 좋아하는 것 나는 좋아하지 않네	世人愛處我不愛
초암이 비록 좁디좁지만 온법계를 머금었기에	庵雖小 含法界
방장 큰스님이 거동하기에는 조금도 불편없고	方丈老人相體解
최상승 보살도 전혀 옹색하지 않은 줄을 믿네	上乘菩薩信無疑

그러나 중하근기는 그것을 이해하지도 못하고　中下聞之必生怪
초막 암자 언제 무너질지 몰라 궁금하여 묻네　問此庵 壞不壞
무너지건 말건 주인은 본래 그 자리에 있으며　壞與不壞主元在
남북 및 동서에 치우쳐 따로 머물지 않는다네　不居南北與東西
초막이 건립되는 자리는 견고함이 최상이라네　基址堅牢以爲最
푸른 소나무 그늘 아래 밝은 창하나 뿐이어도　靑松下 明窓內
화려한 궁전과 멋진 누각에 비할 바 아니라네　玉殿朱樓未爲對
몸에 걸친 것과 머리에 두른 것을 던져버리니　衲被蒙頭萬事休
바로 이때는 내사 모든 것에 관심하나 없다네　此時山僧都不會
초암에는 갖가지 분별심조차 일어나지 않으니　住此庵 休作解
그 누가 법석을 펴서 납자를 제접한다 하리요　誰誇鋪席圖人買
회광반조하여 본래의 근본도리를 깨닫고 보면　廻光返照便歸來
신령한 근원 통달하여 긍정 및 부정 초월하네　廓達靈根非向背
눈 밝은 조사를 참문하여 친히 가르침 받아서　遇祖師 親訓誨
홀로 암자 지어놓고 퇴굴심 없이 잘 지내면서　結草爲庵莫生退
한평생 살지 않는 셈 치고 수행하여 깨쳤으니　百年抛却任縱橫
손을 놓고 일이 없어도 전혀 거스름이 없다네　擺手便行且無罪
천 가지 언설장구와 만 가지의 모든 분별심은　千種言 萬般解
참학인을 가르치기 위한 임시방편일 뿐이라네　只要敎君長不昧
초암에 살고 있는 깨친 사람을 알고자 한다면　欲識庵中不死人
어찌 지금의 육신을 떠나 다른 곳에서 찾으랴　豈離而今這皮袋

師貞元六年順世壽九十一 臘六十三 諡無際大師 塔曰見相

희천은 정원 6년(780)에 순세하였다. 세수는 91세이고, 법랍은 63세이다. 시호는 무제대사이고, 탑명은 견상이다.

(14)

○ 鄧州丹霞山天然禪師(嗣頭和尚) 不知何許人 初習儒學 將入長安 應擧 宿於旅邸 忽夢白光滿室 占曰解空之祥也 後<偶?>遇 一禪客 問曰仁

者何性 曰選官去 客曰選官何如選佛 問選佛當徃何所 客曰今江西馬大
師出世 此是選佛塲 仁者可徃 師遂直造 纔見馬大師 便以兩手托幞頭
祖顧視之曰 南嶽石頭 是汝之師 師遽徃彼見石頭 亦以前意投之 頭曰著
槽廠去 師禮拜退 入行者堂 隨次執爨役 凡三年 忽一日頭 告衆曰 來日剗
却佛殿前草 至來日衆人各備鍬钁剗草 獨師以盆盛水<淨頭+?> 執剃刀
胡跪於頭前 頭微笑接刀 剃髮與說戒法 師掩耳而出 後却徃謁馬大師 未
叅禮 便入僧堂 騎却聖僧頸 時衆驚愕遽報 大師躬入見之 乃曰我子天然
師便下禮拜曰 謝賜法號 因此名天然 後至慧林寺 天寒取木佛 焚而向之
或譏之 師曰吾燒取舍利 曰木佛何有舍利 師曰若爾 何責我乎 又謁忠國
師 先見侍者 乃問國師在否 曰在即在 祇是不見客 師曰太深遠生 曰佛眼
覷不見 師曰龍生龍子 鳳生鳳兒 便出 國師睡起 侍者以前因緣告 國師便
打侍者 遣出院 師聞得 却謁國師 纔見便展坐具 國師曰不用不用 師退步
國師曰如是如是 師却進前 國師曰不是不是 師繞國師一匝 便出去 國師
曰去聖時遙 人多懈怠 三十年後 覓此人也難得 又訪龐居士 及門先見女
子提籃 取菜次 便問居士在否 女放下籃子 歛手而立 師曰畢竟 居士在否
女提籃子便行 師便廻去 女告其父 父曰寃家之子 喪我門風 其母聞乃曰
赤土茶<塗?>牛犅 師長麼<慶?>四年 告衆曰 吾欲行矣 浴訖 戴笠策杖
授<受?>屨 垂一足 未及地而化 壽八十六云云

　　등주 단하산 천연선사(석두화상 법사)는 어떠한 사람[何許人]인지 알
수가 없다. 처음에 유학을 배웠다. 장차 장안에 들어가서 과거에 응시하려
고 가는 길이었다. 여곽에서 잠을 자다가 홀연히 흰 광명이 방안에 가득한
꿈을 꾸었다. 점쟁이는 공을 이해하게 되는 상서라고 말했다. 우연히
어떤 선객을 만났는데 그가 물었다.
"그대는 뭣하러 가는 길입니까."
　　천연이 말했다.
"관리가 되는 과거시험을 보러 갑니다."
　　선객이 물었다.
"관리가 되는 과거시험이 어찌 부처가 되는 과거시험만 하겠습니까."
　　그러자 천연이 물었다.

"부처가 되는 과거시험을 보려면 장차 어디로 가야 합니까."

선객이 말했다.

"요즈음 강서에는 마조대사가 출세하였는데, 그곳이 선불장입니다. 그대는 그리로 가십시오."

이에 천연은 곧장 그리로 갔다. 마조대사를 친견하자마자 두 손으로 복두건을 쓴 이마를 치자, 마조는 그 모습을 돌아보더니 말했다.

"남악산의 석두라면 그대의 스승이 되겠구나."

천연이 곧장 남악으로 가서 석두를 친견하고는, 다시 마조의 경우와 같은 마음으로 그에게 나아갔다.

그러자 석두가 말했다.

"조창(槽廠)96)으로 가거라."

천연이 예배를 드리고 물러갔다. 행자당에 들어가서 차제를 따라 공양일을 하며 3년을 보냈다. 어느 날 갑자기 석두가 대중에게 말했다.

"내일은 불전 앞마당의 풀을 멜 것이다."

다음 날이 되자 대중은 각자 가래와 괭이 등을 준비하여 풀을 멨다. 그러나 오직 천연만은 동이에 물을 가득 담아서 머리를 감고는 체도를 들고서 석두 앞에 무릎을 꿇었다. 석두가 미소를 지으면서 칼을 잡고서 삭발을 해주고는 계법을 설해주자 천연은 귀를 막고는 그 자리를 떠나버렸다. 후에 다시 마조대사에게 돌아갔는데 예배를 드리기도 전에 곧바로 승당에 들어가더니 성승의 목에 올라탔다.

그때 대중이 경악하여 얼른 소식을 알리자 마조대사가 몸소 승당에 들어가서 그 모습을 보고는 이에 말했다.

"내 아들아, 참으로 천연스럽구나."

천연이 바로 내려와서 예배를 드리고 말했다.

"법호를 지어주심에 감사드립니다."

이로 인하여 천연이라는 말하였다.

후에 혜림사에 이르렀다. 날이 추워서 목불을 가져다 불을 지폈다. 그것을 두고 어떤 사람이 비난하자 천연이 말했다.

"나는 목불을 태워서 사리를 찾으려고 했다."

---

96) 槽廠은 후원의 일하는 곳으로 벽이 없는 露舍를 가리킨다.

그 사람이 말했다.

"목불에 무슨 사리가 있겠는가."

천연이 말했다.

"만약 그렇다면 어째서 나를 꾸짖는 것인가."

또한 혜충국사를 뵈러 갔는데, 먼저 시자를 만나서 물었다.

"국사께서 계십니까."

시자가 말했다.

"지금 계시기는 합니다. 다만 객을 만날 수가 없습니다."

천연이 말했다.

"너무나 깊고도 멀리 계시는군요."[97]

시자가 말했다.

"부처님의 안목으로 보아도 보이지 않습니다."

천연이 말했다.

"용은 용 새끼를 낳고 봉은 봉 새끼를 낳는 법입니다."

그리고는 곧장 나가버렸다. 국사가 잠에서 깨어나자 시자가 이전의 인연에 대하여 말씀드렸다. 그러자 국사는 곧 시자를 때려주고는 절에서 쫓아버렸다.

나중에 천연이 그 소문을 듣고는 다시 찾아가서 국사를 뵈었다. 그 자리에서 천연이 국사에게 좌구를 펴드리려고 하자 그 모습을 보고는 곧 국사가 말했다.

"좌구까지 펼 필요가 없다."

천연이 뒤로 물러나자 국사가 말했다.

"그래, 그래야지."

천연이 다시 앞으로 절을 하려고 다가서자 국사가 말했다.

"아니다. 그게 아니다."

그러자 천연은 국사를 한 바퀴 돌고서 곧바로 나가버렸다.

이에 국사가 말했다.

"부처님께서 가신 지 오래되니 사람들이 대부분 게을러졌구나. 다음 세대

---

97) 이것은 두 가지 의미가 있다. 첫째는 국사께서 너무나 지존하다는 관념에 얽매여있다는 것을 비판의 의미이고, 둘째는 일반 범부의 안목으로는 짐작조차 할 수가 없는 높은 경지로서 존숭의 의미이다.

에는 천연 같은 사람도 찾아보기가 어렵겠구나."

천연이 다시 방거사를 찾아갔는데, 문 앞에서 그 딸이 바구니를 매고 나물을 캐고 있었다. 이에 물었다.

"거사께서는 지금 계시느냐."

딸이 바구니를 내려놓더니 손을 모으고 서 있었다.

천연이 물었다.

"필경에 거사께서 지금 계시는지 묻는 것이다."

그러자 딸은 바구니를 들고는 횅하니 가버렸다. 이에 천연은 바로 돌아가 버렸다. 딸이 그 아버지에게 사실을 말씀드리자, 아버지가 말했다.

"원수놈의 아들이 우리문중을 망치는구나."

그 어머니가 듣고는 이에 말했다.

"황토를 우유에 타먹는 꼴입니다."

천연은 장경 4년(824)에 대중에게 말했다.

"나는 이제 떠나고자 한다."

목욕을 마치고는 삿갓을 머리에 쓰고 지팡이를 짚고 신발을 신고 한 걸음 내딛는데 발이 땅에 닫기도 전에 그대로 입적하였다. 세수가 86세이다. 운운.

(15)

○ 藥山惟儼禪師(嗣頭) 南康韓氏 十七出家 徃謁頭和尚 密領玄旨 一日師坐次 頭覩之 乃曰汝在遮裏作什麼 曰一物不違(他本作爲) 頭曰恁麼則閑坐去也 曰閑坐則違<爲?>也 頭曰汝道不違<爲?> 不違<爲?>箇什麼 曰千聖亦不識 頭曰如是如是 聽吾一偈 從來共住不知名 任運相將秖麼行 自古上賢猶不識 造次凡流豈可明 師便禮拜 後住藥山 海衆雲集 上堂曰第一不得棄這箇 這箇是不易得 須是向高高峯頂立 深深海底行 始得 此處不易得 若能如是 方有少分相應 如今出頭來 盡是多事人 覓箇癡鈍人不可得 莫秖記冊字上言語 以爲自己知見 見他不解 便生輕慢 又莫在衲衣下空過 到遮裏更微細在 莫將作等閑 須知須知 珍重

약산유엄 선사(석두의 법사)는 남강의 한씨이다. 17세 때 출가하여 석두화상을 찾아가 뵙고 은밀하게 선의 종지[玄旨]를 터득하였다.

　어느 날 유엄이 좌선을 하고 있는데 석두화상이 그를 보고 물었다.
"그대는 거기에서 무엇을 하는가."

　유엄이 말했다.
"아무것도 하지 않습니다."[98]

　석두가 말했다.
"그렇다면 하릴없이 앉아만 있는 꼴이구나."

　유엄이 말했다.
"하릴없이 앉아만 있다는 것도 곧 무엇인가를 하고 있다는 것입니다."

　석두가 물었다.
"그대는 아무것도 하지 않는다고 말했는데, 아무것도 하지 않는다는 것은
무엇인가."

　유엄이 말했다.
"천 명의 부처님도 그것은 모릅니다."

　석두가 말했다.
"그래, 바로 그렇다. 다음과 같은 내 게송을 들어 보라.

이전부터 함께 있었건만 이름조차 모르는데　從來共住不知名
제멋대로 인실과 형상으로 무잇을 어찌하랴　任運相將祗麼行
예로부터 성현들조차 알지 못하는 도리인데　自古上賢猶不識
수행경력이 미천한 무리들이 어찌 알겠는가　造次凡流豈可明"

　그러자 유엄이 바로 예배를 드렸다. 후에 약산에 주석하였는데 수많은
대중이 운집하였다. 이에 상당하여 다음과 같이 말했다.
"먼저 거시기[這箇][99]를 저버려서는 안된다. 거시기는 쉽게 얻을 수 있는
것이 아니다. 모름지기 높디높은 산봉우리에 설 줄 알아야하고 깊디깊은
바다 밑을 걸어갈 줄 알아야 가능하다. 이처럼 그 도리는 쉽게 얻을 수
있는 것이 아니다.

　만약 이와 같이 할 수가 있다면 바야흐로 조금이라도 거시기에 상응했다

---

98) 다른 곳에서는 一物不違, 一切不爲, 一物不爲 등 다양하게 기록되어 전한다.
　　여기에서는 一物不爲의 뜻으로 해석한다.
99) 這箇는 깨침, 열반, 진여, 본래면목 등을 가리키는 말로서 那一物, 一物, 此事,
　　渠, 一圓相, 一著子라고도 한다.

고 말할 수가 있다. 지금 앞에 나서는 자는 모두가 반연이 많은 사람들이다. 그것을 찾는 어리석은 사람은 불가능하다. 단지 책자의 언어를 기억하는 것으로 자기의 지견을 삼지 말고, 남이 이해하지 못한 것으로 보고서 막상 경만심을 내서도 안되며, 또한 납의를 걸치고서 헛되게 세월을 보내서도 안된다.

이와 같은 경지에 도달했어도 다시 미세하게나마 그것이 남아 있다면 결코 그것을 등한히 간주해서는 안된다. 모름지기 자세히 알고 살펴야 한다. 그럼 잘들 돌아가시오."

刺史李翶 嚮師道風 屢請不赴 乃入山相謁 值師看經 侍者遂告太守在此 師不顧 翶性偏急 乃曰見面不如聞名 師召太守<曰+?> 何得貴耳而賤 目 翶拱手謝之 乃問如何是道 師良久曰 會麼 曰不會 師曰雲在靑天水在 缾 翶忻所惬 述偈上師 練得身形似鶴形 千株松下一函經 我來問<問 師?>道無餘說 雲在靑天水在缾 師一夜登山 忽覩月現 乃長嘯一聲 應九 十餘里 居民盡謂隣家 遞相推問 徒衆曰 昨夜和尙登山 長嘯一聲 師將順 世 乃叫 法堂倒也 法堂倒也 衆皆持柱撑之 師擧手曰 子不會我意 遂告寂 壽八十有四 諡弘道大師 塔曰化成

자사 이고가 일찍부터 유엄선사의 도풍을 듣고서 여러 차례에 걸쳐서 청했지만 응해주지 않자 약산을 방문하여 직접 찾아뵈었는데 선사는 경전만 읽고 있었다. 시자는 마침내 태수께서 지금 찾아와 계신다고 말씀드렸지만 유엄선사는 돌아보지도 않았다. 성질이 무척 성급한 이고가 물었다.
"얼굴을 보니 듣던 명성만은 못하군요."
유엄선사가 태수를 부르더니 말했다.
"어째서 귀만 소중하고 눈은 천박합니까."
이고가 손을 모으고는 그에 대하여 사죄하고는 이에 물었다.
"깨침이란 무엇입니까."
유엄선사가 양구하고 말했다.
"알겠습니까."
이고가 말했다.

"모르겠습니다."

유엄선가가 말했다.

"구름은 푸른 하늘에 떠 있고, 물은 물병에 들어 있습니다."

이고는 마음이 열려 흡족하여, 유엄선사에게 다음과 같은 게송을 지어 바쳤다.

"수행으로 다진 몸은 학처럼 고상하고　練得身形似鶴形

천 그루 솔밭에는 몇 권의 경 뿐이네　千株松下一函經

스님께 도를 물으니 별말씀 없으시고　我問師道無餘說

구름은 청천하늘 물은 물병이라 하네　雲在靑天水在缾"

유엄선사가 어느 날 밤에 산에 올랐는데 홀연히 달이 구름속에서 나오는 것을 보았다. 이에 크게 고함을 한 차례 질러대니 90여 리까지 울렸다. 마을주민들은 모두 이웃집에서 났던 소리로 간주하여 서로 번갈아가면서 따져 물었다. 이에 약산의 대중들이 말했다.[100]

"어젯밤에 화상께서 산에 올라가 크게 고함을 한 차례 질러댔습니다."

유엄선사가 장차 세상을 떠나려는 무렵에 다음과 같이 말했다.

"법당이 무너진다. 법당이 무너지려고 한다."

대중이 모두 기둥을 붙들고서 무너지시 않게 시뱅하는 것을 보고 유엄선사가 손을 들어 말했다.

"그대들은 내 마음을 모르는구나."

그리고는 마침내 입적하였다. 세수가 84세이고, 시호는 홍도대사이며, 탑명은 화성이다.

(16)

○ 大顚和尙(嗣頭) 初到石頭 問阿那箇是汝心 曰言語者是 頭喝出去 師便出 經于旬日 却問前者旣不是 除此外 何者是心 頭曰除却揚眉動目 將心來 曰無心可將來 頭曰汝元來有心 何言無心 無心盡同於謗 師言下 有省 異日侍立次 頭問汝是叅禪僧 是州縣白蹋僧 曰叅禪僧 頭曰何者是

_____

100) 이에 이웃에서 이웃으로 묻다보니 약산까지 이르렀다. 이에 약산의 대중에게 물어보니, 약산의 대중이 말했다.

禪 曰揚眉動目是 頭曰除却揚眉動目外 將汝本來面目呈我看 曰請和尚
除却揚眉動目外 鑑某甲 頭曰我除竟 曰呈和尚了也 頭曰汝旣將呈我心
如何 曰不異和尚 頭曰不關汝事 曰本來無物 頭曰汝亦無物 曰旣無物即
眞物 頭曰眞物不可得 汝心見量意旨如此 也大須護持 師即禮拜 上堂曰
夫學道之人 須識自家本心 將心相示 方可見道 多見時輩 只認揚眉動目
一語一默 蟇頭印可 以爲心要 此實未了 吾今爲汝 分明說出 各須聽受
但除却一切妄運想念見量 即汝眞心 云云

    대전화상(석두의 법사)이 처음에 석두에 도착하자, 석두가 물었다.
"어떤 것이 그대의 마음인가."
    대전이 말했다.
"지금 말하고 있는 그것이 바로 제 마음입니다."
    이에 석두가 할을 하고는 쫓아내자 대전은 곧장 나가버렸다.
    열흘이 지났을 때 다시 물었다.
"이전의 답변이 맞지 않았다면 그것을 제외하고 그 밖에 어떤 것이 마음이
란 말입니까."
    석두가 말했다.
"눈썹을 치켜올리고 눈동자를 굴리는 그런 것을 제외한 그런 마음을 가져
오너라."
    대전이 말했다.
"가져올 마음이 없습니다."
    석주가 말했다.
"그대는 원래 유심인데 어째서 무심이라고 말하는가. 무심이라고 말하면
그것은 모두 비방하는 것과 같은 꼴이다."
    대전이 언하에 깨쳤다.
    다른 어느 날에는 시봉하면서 곁에 서 있는데 석두가 물었다.
"그대는 참선하는 승인가, 고을을 유행하는 승인가."
    대전이 말했다.
"참선하는 승입니다."
    석두가 물었다.

"그러면 선이란 무엇인가."

대전이 말했다.

"눈썹을 치켜올리고 눈동자를 굴리는 그런 것이 선입니다."

석두가 말했다.

"눈썹을 치켜올리고 눈동자를 굴리는 그런 것을 제외하고 그대의 본래면목을 내 앞에 내보이거라."

대전이 말했다.

"청하건대 화상께서는 눈썹을 치켜올리고 눈동자를 굴리는 그런 것을 제외하고 저한테 보여주십시오."

석두가 말했다.

"나는 눈썹을 치켜올리고 눈동자를 굴리는 그런 것을 이미 떠나 있다."

대전이 말했다.

"저도 눈썹을 치켜올리고 눈동자를 굴리는 그런 것을 떠나서 이미 바쳤습니다."

석두가 물었다.

"그대가 이미 나한테 바쳤다는 그 마음은 어떤 것인가."

대전이 말했다.

"화상의 마음과 다르지 않습니다."

석두가 말했다.

"그대와는 상관이 없다."101)

대전이 말했다.

"본래부터 무물의 상태입니다."102)

석두가 말했다.

"그대의 마음도 또한 무물이다."

대전이 말했다.

"이미 무물의 상태라면 그것이 곧 진물입니다."

석두가 말했다.

"진물이란 없다. 그대 마음의 작용[現量]과 의미[意旨]가 바로 그와 같다.

---

101) '내 마음은 그대의 마음과 아무런 상관도 없다.'는 것을 가리킨다.
102) 無物은 내 마음과 상대의 마음이라는 분별 내지 집착이 전혀 없는 상황을 가리킨 표현이다.

그러므로 모름지기 참으로 잘 호지하라."

그러자 대전이 곧 예배를 드렸다.

상당하여 다음과 같이 말했다.
"대저 수행하는 사람이라면 모름지기 자기의 본심을 알아서 마음으로
자세하게 제시해야만 바야흐로 견도한 것이다. 오늘날에는 수행하는 대부
분의 사람들을 보건대 단지 눈썹을 치켜올리고 눈동자를 굴리며 한 마디
해대고 침묵을 지키는 것을 그대로 인가라고 인정하여 심요로 간주하는데,
그것은 신실로 깨달은 것이 아니다.

내가 이제 그대들을 위하여 분명하게 말해주겠다. 각자 잘들 들거라.
무릇 일체의 망운(妄運)과 상념(想念)과 견량(見量)이 그대로 그대의 진심
이다. 운운"

(17)
○ 無住禪師(嗣無相和尙後) 居白崖山 專務宴坐經累歲 唐相國杜<丘+
鳥><鴻?>漸來 問答次 鵝<鴉?>鳴 杜公問還聞否 師曰聞鵝<鴉?>去
已 公又問聞否 曰聞 公曰鴉去無聲 安得言聞 師乃普告大衆 佛母<世?>
難値 正法難聞 各各諦聽 無聞有聞 非關聞性 本來不生 何曾有滅 有聲之
時 是聲塵自生 無聲之時 是聲塵自滅 而此聞性 不隨聲生 不隨聲滅 悟此
聞性 則免聲塵之所轉 當知聞無生滅 聞無去來 公與大衆 稽首作禮

무주선사(무상화상의 법사) 후에 백애산에 주석하면서 오로지 좌선에
힘쓰기를 수년 동안 하였다. 당 상국 두홍점이 찾아와서 더불어 문답을
하는 도중에 까마귀 울음소리가 들렸다.

이에 두공이 물었다.
"저 소리가 들립니까."

무주가 말했다.
"들립니다."

까마귀가 날아간 후에 두공이 다시 물었다.
"지금도 소리가 들립니까."

무주가 말했다.

"여전히 들립니다."

두공이 물었다.

"까마귀가 날아가버려 울음소리가 나지 않는데 어찌 들린다고 말하는 것입니까."

이에 무주가 널리 대중에게 말했다.

"부처님 세상은 만나기 어렵고 정법은 듣기가 어렵다. 각각 잘 듣거라. 정법을 듣는다든가 또는 듣지 못한다든가 하는 것은 문(聞)의 자성과는 상관이 없다. 본래 불생인데 어찌 일찍이 소멸이 있겠는가. 까마귀 울음소리가 있을 때는 그 성진이 그대로 발생하고 까마귀 울음소리가 없을 때는 그 성진이 그대로 소멸한다.

그러나 문(聞)의 자성은 소리의 발생도 따르지 않고 소리의 소멸도 따르지 않는다. 그 문(聞)의 자성을 깨치면 곧 성진의 변전(變轉)을 벗어난다. 문(聞)의 자성에는 발생과 소멸이 없고 문(聞)의 자성에는 가고 옴이 없는 줄을 반드시 알아야 한다."

두공과 대중이 머리를 조아려 예배를 드렸다.

(18)

○ 大珠慧海禪師(嗣馬祖) 達州朱氏 初条馬祖 祖曰從何處來 曰大雲寺來 祖曰 來此擬須何事 曰來求佛法 祖曰自家寶藏不顧 抛家散走 作什麼 我這裏一物也無 求甚麼佛法 師便禮拜問 阿那箇是慧海自家寶藏 祖曰即今問我者 是汝寶藏 一切具足 更無欠少 使用自在 何假外求 師言下有省 自識<識自?>本心不由知覺 踊躍禮謝 奉養六載 維摩座主問 經云彼外道六師<富蘭那迦葉 末伽梨拘賖梨子 刪闍夜毘羅胝子 阿耆多翅舍欽婆羅 迦羅鳩馱迦旃延 尼犍陀若提子+?>等 是汝之師 因其出家 彼師所墮 汝亦隨墮 其施汝者 不名福田 供養汝者 墮三惡道 謗於佛毀於法 不入衆數 終不得滅度 汝若如是 乃可取食 於此未了 願爲解說 師曰迷隨六根者 號之爲六師 心外求佛 名爲外道 有物可施 不名福田 生心受供 墮三惡道 汝若能謗佛者 是不著佛求 毀於法者 是不著法求 不入衆數者 是不著僧求 不得滅度 智用現前 若能如是解者 便得法喜禪悅之食 華嚴志座主

問 何故師不許 青青翠竹 盡是法身 鬱鬱黃花 無非般若 師曰法身無像
應翠竹以成形 般若無知 對黃花而顯相 非彼黃花翠竹 而有般若法身 故
經云 佛眞法身 猶若虛空 應物現形 如水中月 黃花若是般若 般若即同無
情 翠竹若是法身 翠竹還能應用 座主會麼 曰不了 師曰若見性人 道是亦
得 道不是亦得 隨用而說 不滯是非 若不見性人 說翠竹著翠竹 乃至說般
若 不識般若 所以皆成爭論 主禮拜而退

　　대주혜해선사(마조의 법사)는 달주의 주씨이다. 처음에 마조를 참문하
자 마조가 물었다.
"어디에서 왔는가."
　　혜해가 말했다.
"대운사에서 왔습니다."
　　마조가 물었다.
"여기에 와서 장차 어떤 수행을 하려는가."
　　혜해가 말했다.
"불법을 추구하러 왔습니다."
　　마조가 말했다.
"자기의 보배창고는 돌아보지도 않고 집에다 던져놓고 사방으로 돌아다니
면서 무엇을 하는가. 내 보배창고에는 일물도 없거늘 무슨 불법을 추구하겠
다는 것인가."
　　혜해가 곧장 예배를 드리고 물었다.
"어떤 것이 혜해 저 자신의 보배창고입니까."
　　마조가 말했다.
"지금 나한테 묻고 있는 그것이 바로 그대의 보배창고로서 일체가 구족되
어 있어 결코 모자라거나 부족함이 없어서 자유롭게 사용할 수가 있다.
그런데 어찌 밖에 의지해서 추구하는가."
　　혜해가 언하에 깨쳤다. 곧 자기의 본심은 지각을 말미암지 않는 줄을
알고서 뛸 듯이 기뻐하였다. 이에 예배하여 감사드리고 6년 동안 봉양하였
다.
　　유마좌주가 물었다.

"경전에서 다음과 같이 말했습니다.
'(유마힐은 저 수보리에게 말했습니다.) 수보리여, 그대가 만약 부처를 친견하지도 못하고 법을 듣지도 못한 까닭에 저 외도의 여섯 스승인 부란나가섭, 말가리구사리자, 산사야비라지자, 아기다시사흠바라, 가라구타가전연, 니건타야제자 등이 그대의 스승이라 한다면 그들을 따라 출가하여 그 스승들이 떨어진 곳에 그대도 또한 따라 떨어져야만 (마침내 음식을 먹을 수 있을 것입니다.

수보리여, 만약 모든 삿된 견해에 빠져 피안에 이르지 못하고, 팔난(八難)에 머물러 무난(無難)을 얻지 못하며, 번뇌와 함께하여 청정한 법을 떠나며, 그대가 얻은 다툼없는 삼매를 모든 중생이 다 얻더라도 그대에게 베푼 그 사람은) 복전이라 할 수 없을 것입니다. 그대에게 공양하는 사람은 삼악도에 떨어져서 여러 마군과 함께 손을 맞잡고 온갖 업을 함께 짓게 될 것입니다. 그대는 모든 마군이나 진로(塵勞)와 다를 바가 없을 것이며, 모든 중생들에게 망하는 마음으로 모든 부처님을 비방하고 법을 헐뜯으며, 여러 이치에 들어가지 못하여 끝내 멸도를 얻지 못할 것입니다. 그대가 그와 같아야만 음식을 먹을 수 있을 것입니다.'[103)]

이 내용을 이해하지 못하겠습니다. 바라건대 해설해주십시오."

혜헤기 말했디.

"미혹하여 육근을 따르는 자를 일컬어 육사라 말하고, 마음 밖에서 부처를 추구하는 자를 외도라 말한다. 보시하는 물건이 있다면 복전이라 말할 수가 없다. 그리고 공양을 받았다는 마음이 발생하면 삼악도에 떨어진다.

그대가 만약 부처님을 비방하는 자라면 그것은 부처를 추구하는데 집착하지 않는 것이고, 불법을 훼손하는 자라면 그것은 불법을 추구함에 집착하지 않는 것이며, 중수(衆數)[104)]에 들어가지 않는 자는 곧 승(僧)을 추구하

---

103)『維摩詰所說經』卷上, (大正藏14, p.540中-下) "若須菩提不見佛, 不聞法, 彼外道六師：富蘭那迦葉、末伽梨拘賒梨子、刪闍夜毘羅胝子、阿耆多翅舍欽婆羅、迦羅鳩馱迦旃延、尼犍陀若提子等, 是汝之師 因其出家, 彼師所墮, 汝亦隨墮, 乃可取食 若須菩提入諸邪見, 不到彼岸；住於八難, 不得無難；同於煩惱, 離清淨法；汝得無諍三昧, 一切眾生亦得是定；其施汝者, 不名福田；供養汝者, 墮三惡道；為與眾魔共一手作諸勞侶, 汝與眾魔, 及諸塵勞, 等無有異；於一切眾生而有怨心, 謗諸佛、毀於法, 不入眾數, 終不得滅度 汝若如是, 乃可取食" 참조.

는데 집착하지 않는 것이다. 그런 경우라면 굳이 멸도를 터득하지 못했더라도 지혜의 작용이 현전한다. 만약 이와 같이 이해하는 자는 곧 법희식과 선열식을 획득한다."

華嚴志座主問 何故師不許 青青翠竹 盡是法身 鬱鬱黃花 無非般若 師曰 法身無像 應翠竹以成形 般若無知 對黃花而顯相 非彼黃花翠竹 而有般 若法身 故經云 佛眞法身 猶若虛空 應物現形 如水中月 黃花若是般若 般若卽同無情 翠竹若是法身 翠竹還能應用 座主會麼 曰不了 師曰若見 性人 道是亦得 道不是亦得 隨用而說 不滯是非 若不見性人 說翠竹著翠 竹 乃至[105]說般若 不識般若 所以皆成爭論 主禮拜而退

『화엄경』을 강의해 오던 지좌주(志座主)가 물었다.
"선사께서는 무슨 까닭에 '칙칙하게 널려 있는 푸른 대나무는 모두 법신이고 지천으로 피어 있는 노란 꽃은 반야 아님이 없다'는 말을 인정하지 않는 겁니까."
혜해선사가 말했다.
"법신이란 형상이 없지만 푸른 대나무에 상응하여 형상을 드러내고, 반야는 분별지가 없지만 노란 꽃에 응대하여 모습을 나타냅니다. 그러나 저 노란 꽃과 푸른 대나무가 아니더라도 반야와 법신은 있습니다. 때문에 경전에서는 '부처님의 진실한 법신은 마치 허공과 같아서 중생에 상응하여 형상을 드러내는 것이 마치 물속에 달과 같다.'고 말합니다. 노란 꽃은 이와 같이 반야이므로 반야는 그대로 무정과 동일하고, 푸른 대나무는 이와 같이 법신이므로 푸른 대나무는 또다시 응용합니다. 좌주는 알겠습니까."
좌주가 말했다.
"그 뜻을 잘 모르겠습니다."
혜해선사가 말했다.
"만약 견성한 사람이라면 그렇다 말해도 알아들을 것이고 그렇지 않다고

---

104) 衆數 : 補特伽羅 pudgala의 음사로서 人, 數取者, 衆數者라 번역된다.
105) 來至에 해당하는 구절은 "說黃花着黃花 說法身滯法身"이다.

말해도 알아들을 것입니다. 왜냐하면 그때그때의 형편에 따라서 설명하는 것일 뿐 시비에 구애되지 않기 때문입니다. 그러나 만약 견성하지 못한 사람이라면 푸른 대나무라고 말하면 푸른 대나무에 집착하고 노란 꽃이라 말하면 노란 꽃에 집착하며, 법신을 말해도 법신에 막히고 반야를 말해도 반야를 알지 못합니다. 때문에 모두가 논쟁만 불러일으키고 맙니다."

이에 좌주가 예를 드리고 물러갔다.

又三藏法師問 眞如有變易否 師曰有變易 曰禪師錯也 師却問 三藏有眞
如否 曰有 師曰若無變易 決定是凡僧也 〈豈不聞 善知識者 能廻三毒
爲三聚淨戒 廻六識 爲六神通 眞如若無變易 三藏眞是自然外道也〉 曰
若爾者 眞如卽有變易否 師曰若執眞如有變易 亦是外道 曰禪師適來 說
眞如有變易 如今又道不變易 如何卽是 師曰若見性者 如摩尼珠現色 說
變亦得 說不變亦得 若不見性人 聞說眞如變 便作變解 聞說不變 便作不
變解 藏曰南宗實不可測

어떤 삼장법사가 물었다.
"진여에 변역이 있는 겁니까."
혜해선사가 말했다.
"변역이 있습니다."
삼장법사가 말했다.
"선사께서는 틀리셨습니다."
그러자 혜해선사가 물었다.
"삼장법사께서는 진여가 있습니까."
삼장법사가 말했다.
"있습니다."
혜해선사가 말했다.
"만약 변역이 없다면 삼장법사께서는 결정코 범부승일 것입니다. 선지식이란 삼독을 돌이켜서 삼취정계로 만들고, 육식을 돌이켜서 육신통으로 만든다는 것을 어찌 들어보지 못했겠습니까. 그러므로 만약 진여에 변역이 없다면 삼장법사께서는 외도일 것입니다."

삼장법사가 말했다.

"그렇다면 진여에도 변역이 있다는 것입니까."

혜해선사가 말했다.

"그러나 만약 진여에 변역이 있다고 집착하면 그것은 또 외도가 됩니다."

삼장법사가 말했다.

"선사께서는 아까전에 진여에 변역이 있다고 말했으면서, 지금은 또 변역이 없다고 말합니다. 도대체 어떤 것이 맞는 겁니까."

혜해선사가 말했다.

"만약 분명하게 견성한 경우라면 마니주의 색깔이 나타나는 것과 같습니다. 그래서 변역이 있다고 해도 맞고 변역이 없다고 해도 맞습니다. 그러나 만약 견성하지 못한 사람의 경우라면 진여에 변역이 있다는 말을 들으면 변역한다는 견해를 일으키고 진여에 변역하지 않는다는 말을 들으면 변역하지 않는다는 견해를 일으킵니다."

삼장법사가 말했다.

"이런 까닭에 남종에 대해서는 실로 헤아릴 수가 없는 것이군요."

又源律師問 和尚修道 還用功否 師曰用功 曰如何用功 師曰飢<饑=>來
喫食 因來即眼 曰 一切人揔如是同 師用功否 師曰不同 曰何故不同 師曰
他喫飯時不肯喫<飯+?> 百種須索 睡時不肯睡 千般計較 所以不同<也
+?> 律師杜口

또 원율사가 물었다.

"화상께서도 수도를 하는데 있어 공능을 활용합니까."

혜해가 말했다.

"공능을 활용합니다."

율사가 물었다.

"어떤 공능을 활용합니까."

혜해가 말했다.

"배가 고프면 밥을 먹고 피곤하면 곧 잠을 잡니다."

율사가 물었다.

"모든 사람들도 다 그와 같이 화상이 활용하는 공능과 같지 않습니까."
　혜해가 말했다.
"같지 않습니다."
　율사가 물었다.
"무슨 까닭에 같지 않다는 것입니까."
　혜해가 말했다.
"다른 사람들은 밥을 먹는 경우에도 밥만 먹는 것이 아니라 온갖 것을 찾아다니고 잠을 자는 경우에도 잠만 자는 것이 아니라 갖가지로 비교하고 헤아립니다. 때문에 같지 않습니다."
　율사는 그만 말문이 막혔다.

又律師法明 謂師曰 禪師家多落空 師曰却是座主家<多+?>落空 <法+?>明<大+?>驚曰 何得落空 師曰經論是紙墨文字 <紙墨文字者俱空設+?>於聲上建立名句等法 無非是空 座主執滯敎體 豈不落空 <法+?>明曰 禪師落空否 師曰不落空 況<況-? 曰何却不落空 師曰+?>文字<等+?>皆從智慧而生 大用現前 那得落空 <法+?>明禮謝<讚嘆+?>而退

　법명이라는 율사가 대주선사에게 말했다.
"선사들은 대부분 공에 떨어져 있더군요."
　혜해선사가 말했다.
"도리어 좌주들이 대부분 공에 떨어져 있습니다."
　법명이 크게 놀라서 물었다.
"어째서 좌주들이 도리어 공에 떨어진다고 하는 겁니까."
　혜해선사가 말했다.
"경론은 종이와 먹으로 이루어진 문자입니다. 종이와 먹의 문자는 모두 공합니다. 왜냐하면 소리로 건립된 명칭과 구절106) 등의 법은 공 아닌

---

106) 명칭과 구절은 구체적으로는 名身과 味身과 句身을 가리킨다. 문장을 구성하고 있는 단위로서 각각 단어, 어절, 구절을 표현한 것이다. 곧 교법의 體를 구성하고 있는 요소로서 十二部經 일체를 가리킨다.

것이 없기 때문입니다. 그런데 좌주들은 그와 같은 명칭과 구절에 집착하고 있으니, 어찌 공에 떨어지지 않겠습니까."

법명이 물었다.

"그러면 선사들은 공에 떨어지지 않는다는 겁니까."

혜해선사가 말했다.

"공에 떨어지지 않습니다."

법명이 물었다.

"어째서 공에 떨어지지 않습니까."

혜해선사가 말했다.

"문자 등은 모두 지혜로부터 발생한다면 대용이 현전하는데 그것이 어찌 공에 떨어지겠습니까."[107]

이에 법명은 감사의 예배를 드리고나서 찬탄하고 물러갔다.

(19)

○ 石鞏山慧藏禪師(嗣馬) 本戈獵爲務 惡見沙門 因逐鹿從馬祖庵前過 問祖曰 還見鹿過否 祖曰汝是何人 曰獵人 祖曰一箭射幾箇 曰一箭射一箇 祖曰 汝射不善 曰和尚解射否 祖曰解射 曰和尚一箭射幾箇 祖曰一箭射一群 曰彼此生命何得射一群 祖曰汝知如此 何不自射 曰若教某甲自射 直是無下手處 祖曰這漢廣<曠?>劫無明 今日頓息 鞏當時 擲下弓箭投祖出家 一日作務次 祖問汝在這裏作什麼 曰牧牛 祖曰如何牧牛 曰一廻落草去 把鼻拽將來 祖曰如是如是

석공산 혜장선사(마조의 법사)는 본래 사냥으로 업을 삼았는데 사문들에 대하여 악견을 지니고 있었다. 어느 날 사슴을 쫓다가 마조의 암자를 지나게 되었을 때 마조에게 물었다.

---

107) 이 대목에 이어서 『선문보장록』에는 다음과 같은 내용이 부연되어 있다. [법명은 자신의 과오를 느꼈지만 아직도 마음이 풀리지 않아서 다시 물었다. "대저 경장과 율장과 논장은 모두 부처님의 말씀입니다. 그래서 독송하면서 교학에 의지하여 받들어 행하는데 무슨 까닭에 견성하지 못하는 겁니까." 혜해선사가 말했다. "그것은 마치 미친개는 흙덩이를 쫓아가지만 사자는 흙덩이를 던지는 사람을 물어뜯는 것과 같습니다."]

"사슴이 지나가는 것을 보았습니까."
　　마조가 물었다.
"그대는 누구입니까."
　　혜장이 말했다.
"사냥을 하는 사람입니다."
　　마조가 물었다.
"화살 하나로 몇 마리나 잡습니까."
　　혜장이 말했다.
"화살 하나로 한 마리를 잡습니다."
　　마조가 말했다.
"그대는 활솜씨가 좋지 못하군요."
　　혜장이 물었다.
"화상께서는 활이나 쏠 줄 아십니까."
　　마조가 말했다.
"활 정도는 쏠 줄 압니다."
　　혜장이 물었다.
"화상은 화살 하나로 몇 마리나 잡습니까."
　　마조가 말헀다.
"화살 하나로 한 떼를 잡습니다."
　　혜장이 말했다.
"피차간에 생명이 있는데 어찌 한 떼씩이나 쏘는 것입니까."
　　마조가 물었다.
"그대가 그와 같은 도리를 안다면서 어찌 직접 쏘아보지 않는 것인가."
　　혜장이 말했다.
"만약 저한테 스스로 쏘아보라고 시킨다해도 저는 쏠 수가 없습니다."
　　마조가 말했다.
"그대가 광겁토록 지녀온 무명이 오늘에야 깡그리 스러져버렸군요."
　　석공혜장은 즉시 활과 화살을 버리고, 마조에게 출가하였다.

　　어느 날 작무를 하고 있는데 마조가 물었다.
"그대는 거기에서 무엇을 하는가."

혜장이 말했다.

"소를 돌보고 있습니다."

마조가 물었다.

"소를 어떻게 돌보고 있는가."

혜장이 말했다.

"일단 풀밭으로 들어가면 고삐를 당겨서 끌어냅니다."

마조가 말했다.

"그래, 그래야지."

(20)

○ 盤山寶積禪師(嗣馬) 因於市肆 見一客買猪肉 語屠家曰 精底割一斤來 屠家放下刀叉手云 長史那箇是不精底 師言下有省 又見人舁喪 謌郎振鈴云 紅輪決定沉西去 未委靈魂徃那方 幕下孝子哭云 哀哀 師忽身心踊躍 歸擧似馬祖 祖印可 師示衆曰 心若無事 萬法不生 意絶玄微<機?>纖塵何立 道本無體 因道而立名 道本無名 因名而立號 若言即心即佛<今時+?>未入玄微 若言非心非佛 猶是指蹤之極則 向上一路 千聖不傳 學者勞形 如猿捉影 大道無中 復誰先後 長空絶際 何用稱量 空旣如斯道復何說 心月孤圓 光吞萬像 光非照境 境亦非存 光境俱亡 復是何物禪德 譬如擲釰揮空 莫論及與不及 斯乃空輪無迹 釰刃無虧 若能如是心心無知 全心即佛 全佛即人 人佛無異 始爲道矣 禪德 可中學道 似地擎山 不知山之孤峻 如石含玉 不知玉之無瑕 若得如是 是名出家 故導師曰法本不相礙 三際亦復然 無爲無事人 猶是金鎖難 所以靈源獨耀 道絶無生 大智非明 眞空無迹 眞如凡聖 皆是夢言 佛及涅槃 並爲增語 禪德且須自看 無人替代 三界無法 何處求心 四大本空 佛依何住 璿璣不動寂爾無言 覿面相呈 更無餘事 珎重 師將順世謂衆曰 還有人邈<貌?>得吾眞否 衆皆將寫眞呈 師並打<之+?> 唯普化便打 斤<筋?>斗而出去108) 師曰遮僧 向後風狂接人去在 旣奄化後 謚凝寂大師眞際之塔

---

108) "唯普化便打 斤<筋?>斗而出去"에 해당하는 대목은 다음과 같다. [제자 진주보화가 나서서 말했다. "제가 그려보겠습니다." 그러자 보적선사가 말했다. "그런데 그대는 어째서 그림을 노승에게 바치지 않는 것인가." 이에 보화는

반산보적 선사(마조의 법사)는 시장에서 한 손님이 돼지고기를 사려고 정육점 주인에게 다음과 같이 말하는 것을 보았다.

"좋은 것으로 한 근 베어주십시오."

정육점 주인은 칼을 내려놓더니 차수하고 말했다.

"장사(長史 : 군대의 관료 명칭)이시여, 어떤 것인들 좋지 않은 것이 있겠습니까."

그 모습을 보고 보적선사는 언하에 깨쳤다.

또 어느 날에는 상여를 매고 가는 사람들을 보았는데 만가를 부르는 요령잡이가 방울을 흔들면서 말했다.

"붉은 태양도 끝내 서쪽으로 가라앉는데

영혼은 어디로 가는 지 알 수가 없구나"

상여 아래서 상주가 곡을 하였다.

"아이고! 아이고나!"

보적선사는 홀연히 몸과 마음으로 무척 기뻐하였다. 돌아와서는 마조에게 말씀드리니 마조가 인가를 해주었다.

보적선사가 다음과 같이 시중설법하였다.

"만약 마음에 번뇌가 없으면 만법이 발생하지 않고, 생각이 심오한 도리를 초월하면 미세한 티끌인들 어디에 나타나겠는가. 깨침에는 본래 바탕이 없는데 깨침을 인하여 깨침이라는 이름을 내세우고, 깨침에는 본래 이름도 없는데 이름을 인하여 이름이라는 호칭을 내세운다. 만약 즉심즉불이라고 말한다면 그것은 수행납자가 아직 심오한 도리에 들어가지 못한 것이고, 만약 비심비불이라 말한다면 그것도 또한 종적의 극치만 가리킬 뿐이다.

향상일로(向上一路 :깨침을 추구하는 길이면서 그 깨침에도 안주하지 않고 지속적으로 수행하는 모습)는 천 명의 부처님도 전승할 수 없는 도리로서 마치 잔나비가 물에 비친 달모습을 잡으려는 것과 같다.

대도는 중간도 없는데 또 어떤 것이 앞이고 어떤 것이 뒤인가. 장공은 끝이 없는데 무엇으로 칭량할 수 있겠는가. 허공이 이미 그와 같은데

곧 물구나무를 선 채로 그대로 나가버렸다. 弟子普化出曰 某甲貌得 師曰 何不呈似老僧 普化乃打筋斗而出]

깨침인들 또 어떻게 설명하겠는가. 마음의 달이 훤칠하게 둥글어 광명이 만상을 삼키는데, 광명은 경계를 비추지 않고 경계도 또한 존재하지 않는다. 이에 광명과 경계가 모두 없거늘 다시 무엇이 남아있겠는가.

선덕들이여, 비유하면 칼을 들어서 허공을 휘두르는 것과 같을 뿐이다. 그러므로 깨침에 이르는가 혹은 깨침에 이르지 못하는가를 논하지 말라. 깨침은 이에 허공처럼 흔적이 없고 칼날처럼 줄어듦도 없다. 만약 이와 같은 상황이 되면, 마음은 서로 지해가 없이 전체의 마음이 그대로 부처이고 전체의 부처가 그대로 중생이며 중생과 부처가 다르지 않는데 그것이 바로 깨침이다.

선덕들이여,

이와 같은 분위기속에서 도를 닦는다면 그것은 마치 땅이 산을 떠받들고 있지만 산의 고준함을 모르는 것과 같고, 그것은 마치 돌이 옥을 머금고 있지만 그 옥에 티가 없는 것을 모르는 것과 같다. 만약 이와 같이 할 수가 있다면 그것을 출가라 말한다. 때문에 부처님께서는 '제법은 본래 서로 장애되지 않고 삼제도 또한 그와 마찬가지이다.'고 말했지만 무위(無爲)하고 무사(無事)한 사람에게는 그것마저도 오히려 쇠고랑의 환난과 같을 뿐이다. 때문에 깨침의 근원[靈源]이 우뚝 빛나고 깨침은 무생법인조차 초절하였으며, 대지(大智)는 언설의 설명을 벗어나 있고, 진공은 흔적조차 없으니, 진여니 범부니 부처니 하고 분별하는 것은 모두가 잠꼬대와 같을 뿐이고, 부처와 열반도 아울러 중언부언일 뿐이다.

선덕들이여,

또 자세히들 살펴보라. 그대들을 대신할 사람은 아무도 없다. 삼계에 제법이 없는데 어디에서 마음을 추구할 것이고, 사대가 본래 공인데 부처인들 어디에 의지하여 머물러 있겠는가. 본분자리[璿璣]는 움직이지 않고 고요하여 말이 없어서 그대로 드러나서 보여주는 것 이외에 다시 그 어떤 것이 있겠는가. 안녕."

보적선사가 장차 세상을 떠나려는 즈음에 대중에게 말했다.
"그 누가 내 진영을 그려줄 수 있겠는가."
모두가 진영을 그려서 바치자 보적선사는 죄다 퇴짜를 놓았다. 오직 진주보화만 물구나무를 서서 나가버렸다.

그러자 보적선사가 말했다.

"저 납자는 이후에 돌개바람처럼 사람들을 제접할 것이다."

그러더니 이미 엄연하게 천화하였다. 후에 내린 시호는 응적대사이고 탑명은 진제탑이다.

(21)

○ 五洩山靈默禪師(嗣馬) 毗陵宣氏 初謁馬祖 遂得披剃具戒後 即受心印 遠謁石頭 乃問一言 相契即住 不相契即去 頭據坐 師便出 頭召曰 闍梨 師廻首頭曰 從生至老祇遮箇 更莫別求 師遂挂錫 師因問如何得無心去 曰傾山覆海晏然靜 地動安眠豈采伊 師元和中 沐浴焚香 端坐告衆曰 法身圓寂 示有去來 千聖同源 萬靈歸一 吾今漚散 胡假興哀 無自勞神 須存正念 若遵此命 眞報吾恩 儻固違言 非吾之子 時僧問 和尚向什麼處去 師曰 無處去 曰某甲何不見 師曰非眼所覩 言訖奄然順化 壽七十有二 臘四十一

오설산 영묵선사(마조의 법사)는 비릉의 선씨이다. 처음에 마조를 뵙고는 마침내 마조로부터 머리를 깎고 구족계를 받았다. 후에 심인을 받고는 멀리 석두를 참배하였다. 그리고는 여쭈었다.

"한마디에 서로 계합된다면 곧 머물 것이지만 서로 계합되지 못한다면 떠날 것입니다."

석두가 자세를 고쳐 앉자 영묵선사가 곧 밖으로 나가버렸다.

이에 석두가 불러서 말했다.

"여보게!"

영묵선사가 고개를 돌리자 석두가 말했다.

"태어나서부터 죽을 때까지 다만 그것 뿐이다. 그러므로 다시는 딴 데서 추구하지 말라."

영묵이 마침내 석장을 멈추었다.109)

어떤 승이 영묵에게 물었다.

---

109) 挂錫이란 석장을 걸어둔다는 것으로 행각을 그만두고 그 자리에 주석한다는 뜻이다.

"어찌해야 무심의 경지를 터득합니까."

영묵이 말했다.

"산이 무너지고 바다가 뒤집혀도 편안하게 고요하고 땅이 흔들려도 편안하게 잠을 자는데 어찌 거시기를 변별하겠는가."

영묵은 원화 연간(806-820)에 목욕을 하고 향을 사루고서 단정하게 앉아서 대중에게 말했다.

"법신은 원만하고 적멸[圓寂 : 諸德이 圓滿하고 諸惡이 寂滅하다는 뜻]이지만 거·래를 보여주고, 모든 부처님은 같은 근원이고 뭇 중생도 하나로 돌아간다. 그러니 내가 지금 물거품으로 흩어진다고 한들 어찌 슬픔이 일어나겠는가. 공연히 마음에 걱정하지 말고 모름지기 정념을 유지하라. 만약 내 말을 따르면 진정으로 나한테 은혜를 갚는 것이지만, 만약 내 말을 굳이 어긴다면 내 제자가 아니다."

그때 어떤 승이 물었다.

"화상께서는 어디로 가십니까."

영묵선사가 말했다.

"무(無)라는 곳으로 간다."

승이 물었다.

"저한테는 어째서 보이지 않습니까."

영묵선사가 말했다.

"육안으로는 보이지 않는다."

말을 마치고 엄연하게 순화하였다. 세수는 72세이고, 법랍은 41세이다.

(22)

○ 惟寬禪師(嗣馬) 衢州祝氏 年十三見殺生 盡然不食 乃求出家 初習毗尼 修止觀後 条大寂 乃得心要 師因問如何是道 曰大好山 曰學人問道何言好山 師曰汝祇識好山 何曾達道 白居易問 曰 旣曰禪師 何以說法 師曰無上菩提者 被於身爲律 說於口爲法 行於心爲禪 應用者三 其致一也 譬如江湖淮漢 在處立名 名雖不一 水性無二 律卽是法 法不離禪 云何於中 妄起分別

흥선유관 선사(마조의 법사)는 구주의 축(祝)씨이다. 13세의 나이 때 살생을 목격하고는 측은하여 고기를 먹지 못하더니, 이에 출가하였다. 처음에 율을 배웠고, 지관(止觀)을 닦은 연후에는 대적선사를 참문하여 그 심요를 터득하였다.

어떤 승이 물었다.

"깨침이란 무엇입니까."

유관선사가 말했다.

"참 아름다운 산이다."

승이 물었다.

"저는 깨침에 대하여 물었는데 어째서 아름다운 산이라고 말하는 것입니까."

유관선사가 말했다.

"그대는 단지 아름다운 산이란 것만 알고 있으니 어찌 깨침에 통달하겠는가."

백거이가 물었다.

"선사이면서 어찌 설법을 하십니까."

유관선사가 말했다.

"무상보리가 몸을 덮고 있으면 계율이고, 입으로 말하면 설법이며, 마음으로 실천하면 참선입니다. 그래서 작용에 따라서는 세 가지가 있지만 그 이치는 하나입니다. 비유하면 강(江)·호(湖)·회(淮)·한(漢)이 곳에 따라서 명칭이 성립되어 그 명칭이 하나가 아니지만, 물의 자성은 다르지 않는 것과 같습니다. 그래서 계율이 곧 그 설법이고, 설법도 참선을 벗어나 있지 않습니다. 그런데 어째서 허망하게 분별을 일으키는 것입니까."

如慧海因問 <弟子+?>未知律師法師禪師 何者最勝彼<彼-?> 曰夫律師者 啓毗尼之法藏 傳壽命之遺風 洞持犯而達開遮 秉威儀而行軌範 牒三<番+?>羯麼 作四果初因 若非宿德白眉 焉敢造次 夫法師者 踞師子之座 瀉懸河之辯 對椆人廣衆 啓鑿玄關 般若妙門等 三輪空施 若非龍象蹴蹋 安敢當斯 夫禪師者 撮其樞要 直了心源 出沒卷舒 蹤<縱?>橫應物 咸均事理 頓見如來 拔生死之深根 獲現前之三昧 若不安禪靜慮 到遮裏

摠須茫然 隨機授法 三學雖殊 得意忘言 一乘何異 故經曰 十方佛土中
唯有一乘法 無二亦無三 除佛方便說 但以假名字 引導於眾生 問旣無分
別 何以修心師曰 心本無傷損 云何要修理 無論垢淨 一切勿念起 問垢卽
不可念 淨無念可乎 師曰金屑雖寶 著眼亦爲病 問無修無念 何異凡夫耶
師曰凡夫無明 二乘執著 離此二病 是名眞修 眞修者 不得勤不得忘 勤卽
近執著 忘卽落無明 此爲心要云爾 問道在何處 師曰祇在目前 曰我何不
見 師曰汝有我故 所以不見 問我有我故 卽不見 和尚還見否 答有汝有我
展轉不見 問無我無汝 還見否 曰無汝無我 阿誰求見 師元和中終 諡大徹
禪師 正眞之塔 云云

　유관선사가 다음과 같은 이야기를 꺼냈다.
[어떤 승이 대주혜해에게 물었다.
"저는 율사와 법사와 선사 가운데 누가 가장 훌륭한 자인지 모르겠습니다."
　대주혜해선사가 말했다.
"말하자면 율사는 계율에 대한 부처님의 가르침을 알려주고 출가자의
수명에 대한 유훈을 전승해준다. 그리하여 계율을 유지하는 것과 범하는
것을 명확하게 알려주어 계율을 지키고 범하는 것이 무엇인지를 알도록
해주고, 걷고 머물며 앉고 눕는 위의를 잘하여 계율의 규범을 여법하게
행하도록 하며, 계율을 수지하여 깨침에 이르는 수행의 과위[四果]를
향해 첫걸음을 내디디게 해준다. 그러므로 만약 전생에 덕을 쌓은 백미(白
眉)가 아니라면 감히 시도조차 못할 것이다.
　그리고 법사는 부처님의 설법자리에 앉아서 부처님의 불법을 막힘없이
설해준다. 이로써 수많은 대중을 상대하여 진리로 향하는 길을 알려주고
반야의 오묘한 문을 열어주어 보시하는 자와 보시를 받는 자와 보시물이
청정한 도리를 평등하게 베풀어준다. 그러므로 만약 용상대덕처럼 걷어차
서 넘어뜨리는 사람이 아니라면 어찌 감히 그것을 감당이나 하겠는가.
　또한 선사는 불법의 핵심을 뽑아서 곧바로 마음의 근원을 알게 해준다.
이로써 물 밖으로 꺼내고 물속에 집어넣으며 오므리고 펼치면서 종횡으로
중생을 상대하고, 도리와 현상을 고루 평등하여 곧바로 여래를 친견하게
하며, 생사의 깊은 뿌리를 뽑아주어 있는 그 자리에서 삼매를 터득하게

한다.

이와 같기 때문에 만약 참선으로 마음을 안정시키지 못한다면 어떤 경지에 도달하더라도 모두가 모름지기 망연자실하고 말 것이다.

근기에 따라서 베풀어주는 가르침은 비록 계학과 정학과 혜학의 경우가 다를지라도 마음을 터득하여 언설을 잊는 일승의 입장에서는 어찌 다르겠는가. 그러므로 경전에서는 다음과 같이 말한다.

'시방 세계의 부처님 국토에는 　十方佛土中
　오직 일승법만 존재할 뿐이지 　唯有一乘法
　이승법 및 삼승법조차 없지만 　無二亦無三
　딱 부처님의 방편설은 예외다 　除佛方便說
　단지 가명의 문자를 통해서만 　但以假名字
　중생을 불토로 끌어 안내한다 　引導於衆生'110)]

그러자 승이 물었다.

"이미 분별이 없다면 무엇으로 마음을 닦습니까."

유관선사가 말했다.

"마음에는 본래 모자라거나 줄어드는 것이 없는데 어째서 도리를 닦을 필요가 있겠는가. 더러움과 정정은 불론이고 일체의 대상에 대하여 망념을 일으켜서는 안된다."

승이 물었다.

"더러움이야 곧 분별해서는 안되겠지만 청정조차도 분별해서는 안된다는 것입니까."

유관선사가 말했다.

"비록 금가루가 보배일지라도 눈에 들어가면 또한 병이 되고 만다."

승이 물었다.

"수행도 하지 않고 생각도 하지 않으면 범부와 무엇이 다릅니까."

유관선사가 말했다. "범부는 무명이고, 이승은 집착이다. 이 두 가지 병을 벗어나는 것이 곧 진정한 수행이다. 진정한 수행이란 근(勤)이어서도 안되고 망(忘)이어서도 안된다. 근(勤)이 되면 곧 집착에 가까워지고 망

---

110) 『妙法蓮華經』 卷1, (大正藏9, p.8上)

(忘)이 되면 곧 무염에 가까워진다. 이것을 곧 심요라 말한다."

어떤 승이 물었다.

"깨침이란 어디에 있습니까."

유관선사가 말했다.

"바로 눈앞에 있다."

승이 물었다.

"그렇다면 저는 어째서 보지 못합니까."

유관선사가 말했다.

"그대에게는 아(我)가 남아 있기 때문에 보지 못하는 것이다."

승이 물었다.

"저한테 아(我)가 남아있는 까닭에 곧 보지 못한다면 화상께서는 보십니까."

유관선사가 답했다.

"그대도 남아 있고 아(我)도 남아 있으면 점점 더 볼 수가 없다."

승이 물었다.

"그렇다면 아(我)라는 것도 없고 그대라는 것도 없으면 볼 수가 있는 것입니까."

유관선사가 말했다.

"그대도 없고 아(我)도 없다면 도대체 그 누가 볼 수 있겠는가."

유관선사는 원화 연간(806-820)[111]에 입적하였다. 시호는 대철선사이고, 탑호는 정진탑이다. 운운.

(23)

○ 襄州龐蘊(叅馬) 字道玄 世以儒爲業 少悟塵勞 志求眞諦 初謁石頭 後與丹霞爲友 一日頭問 子見老僧已來 日用事作麽生 曰若問日用事 即無開口處 乃上偈 日用事無別 唯予自偶諧 頭頭非取捨 處處勿張乖 朱紫誰爲號 丘山絶點埃 神通并妙用 運水及般柴 石頭<然之+?>曰<曰-?> 然後問馬祖 不與萬法爲侶者 是什麽人 祖曰待汝一口吸盡西江水即向汝道 居士言下有省 乃住叅承二年後 遂上一頌 有男不婚 有女不嫁 大家

---

111) 원화 12년(817)에 입적하였는데, 세수 63세이고 법랍 39세이다.

團欒頭 共說無生話 自爾機辯迅捷 諸方嚮之云云 後居郭西小舍 一女靈
照常隨 製竹漉籬 令鬻之 以供朝夕 有偈曰 心如境亦如 無實亦無虛 有亦
不管 無亦不居 不是賢聖 了事凡夫 居士將入滅 遂令女靈照出 視日早晚
及午以報 靈照領旨 出遽廻報曰 日已中矣而有蝕也 居士出戶觀次 照登
父座 合掌坐亡 居士廻見 笑曰我女鋒捷矣 於是更延七日 州牧于公問疾
次 居士謂曰 但願空諸所有 愼勿實諸所無 好住世間 皆如影響 言訖枕公
膝而終 遺命焚棄 江湖緇白傷悼 謂禪門龐居士 卽毗耶淨名矣 有詩偈三
百餘篇而傳於世

양주의 방온(마조의 법사) 거사는 (형주 형양 출신으로) 자가 도현인데,
세속에서는 유학을 업으로 삼았다. 어려서 번뇌의 의미를 알고서 진제를
추구하는 것에 뜻을 두었다. 처음에 석두를 뵈었고, 이후에 단하천연과
도우가 되었다.

어느 날 석두가 물었다.

"그대는 노승을 만난 이래로 일상생활이 어떠한가."

방온이 말했다.

"만약 일상생활에 대하여 물으신다면 곧 입을 열 수조차 없습니다."

그리고는 이에 다음과 같은 게송을 지어 바쳤다.

"일상의 생활에 특별한 것일랑 없고　日用事無別

오직 나 자신과 만나면서 지낸다네　唯予自偶諧

온갖 경계에서 취하고 버림이 없고　頭頭非取捨

모든 곳에서 늘리고 줄임도 없다네　處處勿張乖

붉은빛 또 자줏빛을 누가 일컫는가　朱紫誰爲號

언덕과 산이라 해도 티끌하나 없네　丘山絶點埃

신통이다 혹은 묘용이다 하는 것은　神通并妙用

물 긷고 나무하는 것에 불과하다네　運水及般柴"

이에 석두가 과연 그렇다고 인정하였다.

연후에 마조에게 물었다.

"만법과 더불어 반려하지 않는 자는 도대체 어떤 사람입니까."

마조가 말했다.

"그대가 한입에 서강의 물을 다 마신다면 그때가서 그대한테 말해 주겠다."

방온거사가 언하에 깨쳤다. 이에 그 곳에 머물면서 섬기고 배우기를 2년 동안 하였다. 그런 연후에 마침내 다음과 같은 게송을 하나 바쳤다.

"우리 아들은 장가도 들지 않았고　有男不婚

　우리 딸은 시집도 가지 않았다네　有女不嫁

　온 가족이 다 단란하게 둘러앉아　大家團欒頭

　더불어 무생의 법문 나누고 있네　共說無生話"

이로부터 기지와 변재가 민첩하여 제방에 알려졌다. 운운.

후에 곽서의 오두막집에 살았다. 영조라는 딸 하나가 늘상 따라다니면서 대나무로 조리를 만들고 그것을 팔아서 조석으로 공양하였다. 그에게 다음과 같은 게송이 있다.

"마음이 그렇듯이 경계 또한 그러하여　心如境亦如

　진실도 아니고 또한 허무도 아니라네　無實亦無虛

　존재에도 또한 일절 관여하지 않지만　有亦不管

　무존재에도 또 일절 머물지 않는다네　無亦不居

　이것은 특별히 현인도 성인도 아닌데　不是賢聖

　다만 번뇌를 끝마친 범부일 뿐이라네　了事凡夫"

방온거사가 장차 입멸하려고 하였다. 딸 영조로 하여금 하루해가 얼마쯤 남았는지 살펴보고 정오가 되면 알려달라고 시켰다. 영조가 그 뜻을 알아듣고는 나갔다가 갑자기 돌아와서 말했다.

"해가 이미 중천에 떴는데 일식이 있습니다."

방온거사가 집을 나와서 해를 살피는 틈에 영조가 아버지의 자리에 오르더니 합장한 채로 좌망하였다. 거사가 돌아와서 그 모습을 보고는 웃으면서 말했다.

"우리 딸이 참으로 민첩하구나."

이에 다시 7일을 연장하였는데, 현령 우공이 문병을 왔다. 이에 거사가 말했다.

"무릇 모든 존재를 비우시기 바랍니다　但願空諸所有

결코 모든 무존재를 채우지 마십시오　愼勿實諸所無
그럼 세간에 평안히 머물러 계십시오　好住世間
모든 것이 그림자 메아리와 같습니다　皆如影響"

　말을 마치자 우공의 무릎을 베고는 입적하였다. 유명(遺命)을 따라서
유체를 불에 태워 흩뿌렸다. 이에 강호의 출가자와 재가자들은 슬프고
안타까워하여 '선문에 방거사가 있는 것은 곧 비야리성의 정명거사와
같구나.'라고 말했다.
　방온거사의 시게(詩偈) 300여 편이 남아 세간에 전해지고 있다.

(24)
○ 池州南泉普願禪師(嗣馬) 鄭州王氏 初習相部舊章究毗尼篇聚 次遊
諸講肆 偏歷楞伽華嚴 入中百門觀 精練玄義後 扣大寂之室 頓然忘筌
得遊戲三昧 一日爲衆僧行粥次 馬祖問 桶裏是什麼 師曰遮老漢 合取口
作恁麼語話 馬祖便休 自餘同參之流 無敢詰問 師後大振玄綱 自此學道
不下數百 言滿諸方目爲郢匠 一日師示衆曰 <智不到處+?> 切忌道著
道著即頭角生 喚作如如 早是變也 今時人須向異類中行 後歸宗聞乃曰
雖行畜生行 不得畜生報 師聞乃曰 孟八郎 又恁麼去也 師因僧問華嚴經
是法身佛說如何 曰汝適來 道什麼語 僧再問 師顧示歎曰 若是法身說
汝向什麼處聽 僧曰某甲不會 師曰大難大難 且<好?>去珍重 師擬取明
日遊莊 其夜土地神 先報莊主 乃預以<以-?>爲備 師到乃問 爭知王老
師來 排辨如此 主曰昨夜土地神來報 師曰老僧修行無力 猶披鬼神覷見
時僧問 旣是大善知識 爲什麼却被鬼神覷見 師曰土地前更下一分飯 師
示疾 第一座問 和尚百年後向什麼處去 師曰山下作一頭水牯牛去 僧曰
某甲隨和尚去還得否 師曰汝若隨我來 却須啣取一莖草來 師大和八年
告衆曰 星翳燈幻亦久矣 莫謂吾有去來也 言訖而謝壽八十七 臘五十七

　지주 남전보원 선사(마조의 법사)는 정주 왕씨이다. 처음에는 상부의
구장112)을 익혀서 계율의 편취113)를 연구하였다. 이어서 여러 강석을

---

112) 相部는 法礪(569-635)가 『사분율』을 연구함으로써 형성된 相部宗을 가리
　　킨 말로서 법려율사가 주석하던 곳이 相州였으므로 그의 저술을 相部 또는

유행하면서 『능가경』과 『화엄경』을 편력하였다. 그리고 『중론』과 『백론』과 『십이문론』의 중관에 들어가 그 현묘한 뜻에 대하여 정련(精練)하였다. 그런 연후에 대적선사에게 나아가 교의를 완전히 초월하고 유희삼매를 터득하였다.

어느 날 대중에게 죽을 분배하고 있는데 마조가 물었다.

"밥통 속에 있는 것이 무엇인가."

보원선사가 말했다.

"노인네라면 입이나 다물고 계실 것이지, 왜 그런 말씀을 하십니까."

마조가 그만 아무런 말도 하지 않았다.

이로부터 함께 참문했던 사람들이 감히 질문을 하지 못했다. 보원선사는 이후로 선법의 강요[玄綱]를 크게 진작하였다. 이로부터 납자들이 항상 수백 명이 넘었고, 남전의 말씀은 제방에 자자하였다. 이에 남전을 영장(郢匠)114)이라 불렀다.

舊章이라 하였다. **律宗 : 불교의 종파. 성불의 조건으로 계율의 실천을 강조한다. 율이란 비구·비구니가 지켜야 할 규범을 말하는데, 중국 東晉시대에 율전이 한역되면서 계율에 대한 연구가 성행하였다. 北魏시대에 이르러 法聰이 四分律宗을 개창하고, 慧光이 율종을 성하게 한 이래 道宣은 南山律宗을, 法礪는 相部宗을, 懷素는 東塔宗을 열었다. 이 중 남산종의 경우만 송대에까지 전해졌다. 우리나라에서는 백제의 謙益이 526년(성왕 4) 율문을 번역하여 백제의 율종이 시작되었고, 신라에서는 慈藏이 638년 중국에서 남산율종을 배우고 643년 귀국하여 통도사에서 계를 만들어 신라의 율종이 시작되었다. 이후 고려 말까지 명맥을 유지해 오던 율종은 조선시대에 禪敎兩宗으로 통합되는 과정에서 사라져버렸다.

113) 비구 및 비구니가 지켜야하는 구족계를 종류로 나눈 것이다. 篇門과 聚門으로 나누는데, 편문은 結成된 죄과와 긴요한 뜻에 따라 5편으로 구별되고, 취문은 그 罪性과 因罪에 의하여 종류로 모아서 6취·7취 등으로 나뉜다. 가령 5편은 波羅夷罪, 僧殘罪, 波逸提罪, 提舍尼罪, 突吉羅罪 등이고, 6취는 5편에다 偸蘭遮罪를 더하며, 7취는 6취에서 돌길라죄를 신업의 惡作과 구업의 惡說로 나눈 것이다.

114) 『장자』에 나오는 일화로 훌륭한 목수를 가리킨다. 중국 郢이란 지방에 어떤 사람이 있었다. 어느 날 그의 코끝에 파리 날개 같은 꺼먼 칠이 묻어 떨어지지 않아 매우 보기가 싫었다. 고민하던 끝에 그 지방에 사는 목수를 찾아가 그 검댕을 없애달라고 요청했다. 목수는 대패를 흔들어 바람이 나도록 깎아버렸는데 검댕은 다 없어지고 코는 조금도 상하지 않았다. 이로써 숙련된 사람을 가리켜서 영 지방의 장인이라는 뜻으로 郢匠이라 불렀다.

어느 날 남전선사가 다음과 같이 시중설법을 하였다.

"지혜가 없는 자리에서는 결코 말하지 말라. 말하면 곧 머리에 뿔이 생겨난다. 그래서 여여라고 말해도 이내 변해버리고 만다. 오늘날 납자들은 모름지기 보살행[異類中行]을 실천해야 한다."

이후에 귀종지상이 그 말을 전해듣고는 말했다.

"비록 축생의 행위를 할지라도 축생의 과보는 받지 않겠구나."

보원이 그 말을 전해듣고는 말했다.

"맹팔랑(孟八郞)115)도 그 정도는 말할 줄 안다."

어떤 승이 보원선사에게 물었다.

"화엄경은 곧 법신불의 설법이라는데 그것은 그게 무슨 말입니까."

보원선사가 물었다.

"그대가 아까전에 무슨 말을 했던가."

승이 다시 질문을 하자 보원선사는 화엄경문을 돌아보고서 탄식하여 말했다.

"만약 이것이 법신불의 설법이라면 어디에서 그것을 들을 수 있겠는가."

승이 말했다.

"지는 모르겠습니다."

보원선사가 말했다.

"아니고, 맙소사. 잘 돌아가라."

보원선사가 다음 날 장원에 놀러가려고 하였다. 그 날 밤에 토지신이 먼저 장주에게 그 소식을 알려주었다. 이에 장주는 미리 준비를 하고 있었다.

보원선사가 도착하여 물었다.

"왕노사(王老師 : 남전보원 자신을 가리킨다)가 올 것을 어떻게 알고 이와 같은 준비를 했는가."

장주가 말했다.

"어젯밤에 토지신이 와서 알려주었습니다."

---

115) 孟八郞 : 맹씨 문중의 여덟 번째 아들이라는 의미에서 용맹하다는 의미와 더불어 장삼이사처럼 갑남을녀 내지 무식한 놈이라는 의미로도 사용된다.

보원선사가 말했다.

"노승의 수행이 미력하여 귀신에게 들키고 말았구나."

그때 어떤 승이 말했다.

"이미 대선지식인데 어찌 도리어 귀신에게 들키고 만 것입니까."

보원선사가 말했다.

"토지신 앞에다 다시 밥 한 그릇을 올려라."

보원선사가 병을 얻자 제일좌가 물었다.

"화상께서는 입적하신 후에 어디로 가시는 것입니까."

보원선사가 말했다.

"산을 내려가서 한 마리 암소가 되겠다."

승이 물었다.

"제가 화상을 따르고자 하는데 괜찮습니까."

보원선사가 말했다.

"그대가 나를 따라오려거든 풀 한줄기를 물고 와야 한다."

보원선사가 대화 8년(834)에 대중에게 말했다.

"아침의 별빛·그림자·등불·허깨비와 같은 것이 또한 오랫동안 버텼다. 나한테 오고 감이 있었다고 말하지 말라."

말을 마치고는 떠났다. 세수는 87세이고, 법랍은 57세이다.

(25)

○ 紫玉山道通禪師 因問如何得出三界去 答在裏許多少時耶 問如何出離 師曰青山不礙白雲飛 于頔相公問 如何是黑風吹其舡舫 漂墮羅刹鬼國 師曰于頔汝問恁麼事作什麼 公失色 師乃指曰 遮箇 是漂墮羅刹鬼國 公又問 如何是佛 師召相公 公膺諾 師曰更莫別求 (後僧擧似藥山 山曰縛殺也 曰和尚又如何 山乃召其僧 僧膺諾 山曰是什麼)

자옥산 도통선사(마조의 법사)에게 어떤 승이 물었다.

"삼계를 벗어나려면 어떻게 해야 합니까."

도통이 답했다.

"그대는 삼계속에 얼마나 있었느냐."

승이 물었다.

"어찌해야 벗어날 수 있습니까."

도통선사가 말했다.

"청산은 백운이 나는 것을 방해하지 않는다."

우적 상공이 물었다.

"흑풍이 불어와 제가 타고 온 배를 나찰귀신의 국토에 날려보낸다는 것은 무슨 뜻입니까."

도통선사가 말했다.

"우적상공께서는 어째서 그런 것을 묻는 것입니까."

상공이 깜짝 놀라자 도통선사가 그 모습을 가리키면서 말했다.

"그것이 바로 그 배를 나찰귀신의 국토에 날려보내는 것입니다."

상공이 다시 물었다.

"부처란 무엇입니까."

도통선사가 상공을 부르자, 상공이 "예!" 하고 대답했다. 이에 말했다.

"다시는 다른 것을 추구하지 마십시오."

(후에 어떤 승이 약산에게 이 일화를 전언하자 약산이 말했다. '그를 박살내버려야만 했다.' 어떤 승이 물었다. '그런 상황에서 회상이리면 어찌 하시겠습니까.' 약산도 또한 마찬가지로 그 승을 부르자 그 승이 예! 하고 대답했다. 이에 약산은 '예! 하고 답변한 그것은 무엇인가.'라고 물었다.)116)

自滿禪師示衆曰 除却日明夜暗 更說什麼即得 時僧問 如何是無諍之句師曰喧天動地

자만선사(마조의 법사)가 다음과 같이 시중설법을 하였다.

"한낮의 밝음과 밤중의 어둠을 차치하고 다시 무엇을 말해야 옳겠는가."117)

---

116) ( ) 부분은 생략된 내용을 보충하였다.

117) 한낮의 밝음과 밤중의 어둠과 같이 분별심으로 다투는 것을 초월하여 한마디 일러보라고 묻는 내용이다.

그때 한 승이 물었다.

"다툼이 없는 말씀이란 무엇입니까."

자만선사가 말했다.

"하늘을 떠들썩하게 하고 땅을 뒤흔드는 것이 그것이다."

(26)

○ 洪恩坐次 仰山受戒 廻謝戒 師以手拍口曰 和和 山從西過東 師又<手+?>拍口曰 和和 山從東過西 師又<手+?>拍口曰 和和 山當中立便謝戒了 師問什麼處 得此三昧來 山曰於曹谿脫印子學得來 師曰 汝道曹谿用此三昧 接什麼人 山曰接一宿覺 山曰和尙什麼處 得此三昧來 師曰我於馬大師處學得 山却問如何得見性 師曰我與汝說箇比諭 如有一屋 屋有六窓 內有一獼猴 東邊喚狌狌 狌狌乃應如是 六窓俱喚俱應 山禮拜起曰 如和尙所諭 無不了知 祇如裏面獼猴睡著 外面獼猴欲與相見 又且如何 師下繩牀 把住山曰 狌狌與汝相見 譬如蟭螟蟲 在蚊子眼睫上作窠 向十字街頭 叫云土曠人稀 相逢者少 便拓開

중읍홍은(中邑洪恩 : 마조의 법사) 선사가 선상에 앉아있었다. 앙산이 계를 받고 돌아와서 謝戒를 하는데 홍은선사가 손으로는 박수를 치면서 입으로는 다음과 같이 말했다.

"화화(和和)로구나.118)"

앙산이 왼쪽으로 갔다 오른쪽으로 갔다 하였다. 홍은선사가 다시 손으로는 박수를 치면서 입으로는 다음과 같이 말했다.

"화화로구나."

앙산이 왼쪽으로 갔다 오른쪽으로 갔다 하였다. 홍은선사가 다시 손으로는 박수를 치면서 입으로는 다음과 같이 말했다.

"화화로구나."

그러자 앙산이 이에 중앙에 서서 곧 사계(謝戒)를 마쳤다.

이에 홍은선사가 물었다.

---

118) 和和는 부드럽고 나긋나긋하여 연약하다는 것으로 사람이 어리고 풋풋한 모습을 가리킨다.

"어디에서 그와 같은 삼매를 터득하였는가."

앙산이 말했다.

"조계대사의 탈인자(脫印子)119)라는 가르침에서 배웠습니다."

홍은선사가 물었다.

"그대는 조계대사께서 이 삼매를 활용하여 어떤 사람을 제접했는지 말해 보라."

앙산이 말했다.

"일숙각을 제접하였습니다."

그리고는 앙산이 물었다.

"화상께서는 어디에서 이 삼매를 터득하셨습니까."

홍은선사가 말했다.

"나는 마조대사에게서 배웠다."

앙산이 다시 물었다.

"어찌해야 견성을 합니까."

홍은선사가 말했다.

"내가 그대한테 비유로 설명해주겠다. 한 집이 있다고 하자. 그 집에는 여섯 개의 창문이 있고, 그 안에는 한 마리의 원숭이가 있다. 동쪽 창문에서 '원숭아!' 하고 무르면 원숭이는 이에 그 소리에 대응한다. 여섯 개의 창문에서 모두 부르면 모든 경우에 대응을 한다."

이에 앙산이 예배를 드리고 일어나서 말했다.

"화상의 비유를 들으니 요지하지 못한 것이 없습니다. 다만 그 집안에서 원숭이가 잠이 들었을 때 밖의 원숭이가 만나고자 할 경우에는 또 어찌 해야 합니까."

홍은선사가 선상을 내려와서는 앙산을 붙들고 말했다.

"원숭아, 드디어 그대를 만났구나. 비유하면 깔따귀가 모기의 속눈썹에다 집을 지어두고 네거리에 나가서 '국토는 드넓고 사람이 드무니 만나는 사람이 얼마 없었는데 마침내 활짝 열렸구나.'고 외치는 경우와 같다."

---

119) 작은 흔적마저 초월한 경지로서 깨침에도 얽매이지 않는 佛向上事의 도리를 가리킨다.

(27)

○ 總印上堂曰 若論此事 貶上眉毛 早是蹉過 時有麻谷 問 貶上眉毛即不
問 如何是此事 師曰嗟過也 谷掀倒禪牀 師起來便打

삼각산 총인(마조의 법사) 선사가 상당하여 말했다.
"만약 깨침의 소식을 논하자면 눈썹만 위로 치켜올려도 곧 그로부터 어긋
나버리고 만다."
그때 마곡보철이 물었다.
"눈썹만 위로 치켜올려도 곧 그로부터 어긋나버리고 만다는 것에 대해서
는 묻지 않겠습니다. 도대체 어떤 것이 깨침의 소식입니까."
총인선사가 말했다.
"벌써 어긋나버렸다."
그러자 마곡보철이 총인선사의 법상을 뒤흔들었다. 이에 총인선사가
선상에서 일어나더니 마곡을 때려주었다.

(28)

○ 龍山因洞山行脚時 迷路因此而到 師問此山無路 闍梨從何處來 山曰
無路且置和尚從何而入 師曰我不從雲水來 山曰 和尚住此山多少時耶
師曰春秋不涉 山曰此山先住 和尚先住 師曰 不知 山曰爲什麽不知 師曰
我不從人天來 洞山却問如何賓中主 師曰長年不出戶 山曰如何是主中
賓 師曰青山覆白雲 山曰 賓主相去幾何 師曰長江水上波 山曰賓主相見
有何言說 師曰 清風拂白月 山曰和尚簡什麼道理 便住此山 師曰我見
兩簡泥牛鬪<鬪?>入海 直至如今無消息 因而有偈 三間茅屋從來住 一
道神光萬境閑 莫作是非來辨我 浮生穿鑿不相關

담주용산(潭州龍山 : 남악 제2세)에서 동산양개가 행각을 할 때였다.
길을 잃고서 헤매다가 용산에 도착하였다. 이에 담주용산이 물었다.
"이 산에는 길이 없는데 그대는 어디로 왔는가."
동산이 물었다.
"길이 없다는 것은 차치하고 화상께서는 어디를 통해서 들어오셨습니까."

용산선사가 말했다.

"나는 운수납자의 신분으로 들어온 것이 아니라네."

동산이 물었다.

"화상께서는 이 산에 얼마나 주석하셨습니까."

용산선사가 말했다.

"세월을 모르고 산다네."

동산이 물었다.

"이 산이 먼저 여기에 있었습니까, 아니면 화상께서 먼저 여기에 주석하셨습니까."

용산선사가 말했다.

"나는 모른다네."

동산이 물었다.

"어찌 모른단 말입니까."

용산선사가 말했다.

"나는 인간과 천상을 위해서 온 것이 아니라네."

그러자 동산이 물었다.

"빈숭수란 무엇입니까."

용산선사가 말했다.

"영원히 문 밖을 나서지 않는 것이지."

동산이 물었다.

"주중빈이란 무엇입니까."

용산선사가 말했다.

"청산이 흰구름에 휩싸여있는 것이지."

동산이 물었다.

"빈·주가 서로 헤어지는 경우는 무엇입니까."

용산선사가 말했다.

"장강에 물결이 이는 것이지."

동산이 물었다.

"빈·주가 서로 만나는 경우는 어떤 말씀을 나누는 것입니까."

용산선사가 말했다.

"청풍이 보름달에 흔들리는 것이지."120)

동산이 물었다.

"화상께서는 어떤 도리를 깨쳤길래 이 산에 주석하시는 것입니까."

용산선사가 말했다.

"나는 두 마리의 진흙소가 다투면서 바다로 들어가는 것을 보았다네. 그런데 그로부터 지금까지도 아무런 소식이 없다네."

그러더니 용선선사는 다음과 같은 게송을 지었다.

"세 칸의 풀집을 지어놓고 살아가노라니   三間茅屋從來住

한줄기 신통광명 온갖 경계에 한가롭네   一道神光萬境閑

시비를 나한테 풀어달라고 묻지를 말라   莫作是非來辨我

무상에 부대끼는 삶과 아무런 상관없네   浮生穿鑿不相關"

(29)

○ 馬祖問亮座主 大<德+?>講得經論是否 主云 不敢 祖云 將什講 曰將心講 祖曰 心如工伎兒 意如和伎者 六識爲伴侶 作麼生講 師抗聲曰 心旣講不得 虛空莫講得否 祖曰 却是虛空講得 主不肯 便出 祖召云座主 主廻首 祖曰是什麼 主豁然禮拜 祖曰 鈍根阿師 禮拜作什麼 主曰 某甲所講經論 將謂無人<過得+?> 及至今日 被大師一問 平生工夫永釋

마조도일이 서산의 양좌주에게 물었다.

"대덕은 경론을 강의한다는 것이 사실인가."

좌주가 말했다.

"예, 그렇습니다."

마조가 물었다.

"무엇을 가지고 강의하는가."

좌주가 말했다.

"마음을 가지고 강의합니다."

마조가 물었다.

---

120) 보름달빛을 받아서 청풍이 불어오는 것을 가리킨다. 곧 깨침을 의지하여 자비의 바람이 일어나는 것을 상징한다.

"마음은 곡예사와 같고 뜻은 꼭두각시와 같은 것으로서 육식(六識)이 반려되는데 어찌 경론을 강의할 수 있단 말인가."

좌주가 항의하는 소리로 말했다.

"마음이 강의할 수 없다면 허공인들 어찌 강의할 수 있겠습니까"

마조가 말했다.

"허공도 강의할 수가 있다."

이에 좌주는 수긍하지 못하고 곧 밖으로 나가버렸다. 그러자 마조가 크게 불렀다.

"좌주여!"

이에 좌주가 고개를 돌렸다. 그 순간 마조가 말했다.

"이게 무엇인가."

그 말에 좌주가 활연히 깨치고는 예배를 드렸다.

이에 마조가 말했다.

"멍청한 강사가 예배는 해서 무엇하겠는가."

좌주가 말했다.

"저는 경론을 강의해오면서 저를 능가하는 사람이 없다고 말하고 싶었습니다. 그러나 오늘에 이르러서 대사의 질문을 받고는 평생동안 해온 공부가 얼음이 녹듯이 되어버렸습니다."

(30)

○ 水老問馬祖曰 如何是西來的的意 祖攔胷一蹋倒 師乃有省 起來撫掌 呵呵大笑曰 大奇大奇 百千三昧 無量妙義 祇向一毛頭上 便識得根源去 (自慧海至此 皆是達磨第八其馬祖旁出也)

홍주의 수로화상이 마조에게 물었다.

"달마조사가 서쪽에서 도래한 궁극적인 뜻은 무엇입니까."

마조가 멱살을 잡고는 한방에 밀쳐서 넘어뜨렸다. 수로선사가 이에 깨쳤다. 그리고는 일어나더니 손바닥을 털면서 껄껄껄 크게 웃으면서 말했다.

"신기합니다. 참으로 신기합니다. 백천삼매의 무량한 묘의(妙意)를 단지 하나의 꼬리 끝에서 문득 그 근원을 알아차리게 되었습니다."
(대주혜해 선사로부터 여기 수로선사에 이르기까지 모두가 달마의 제8대
마조도일121)의 방출에 해당한다.)122)

(31)

○ 洪州百丈懷海禪師(嗣馬) 在馬祖會下 一日祖問 什麼處來 曰山後來
祖曰還逢著人否 曰不逢著 祖問爲什麼不逢著 曰若逢著 即擧似和尚 祖
曰甚處得遮箇消息來 曰某甲罪過 便禮拜 祖曰却是老僧罪過 一日師侍
祖行次 忽見鴨飛過去 祖問是什麼 曰 鴨子 祖良久曰 什麼處去也 曰飛過
那邊去也 祖近前 把師鼻孔搊 師不覺失聲叫阿㖿 祖曰汝向道飛過去 元
來秖在遮裏 師於此有省 至明日 祖上堂衆集 師出卷<捲?>却禮拜簟子
祖便下座 歸方丈 師侍立 祖却問 我適來上堂 未曾爲衆說法 汝爲什麼
卷<捲?>却簟子 曰 昨日鼻孔被和尚搊得痛 祖曰汝昨日去什麼處來 曰
今日鼻孔又不痛也 祖曰汝深明昨日事 師禮謝後 廻侍者寮內哭 同事侍
者問 汝爲什麼事哭 師曰 我昨日鼻孔被大師搊得痛 同事侍者曰 有什麼
因緣 說似我 師曰汝自去問大師 侍者便徃堂頭問 海侍者昨日有什麼因
緣 而今在寮中哭 告大師爲某甲說 祖曰是他會也 汝自去問取他 侍者廻
寮 却見師笑 侍者便問 大師道汝會也 敎我自問汝 爲我說來 師曰汝適來
見我哭 而今見我笑(三日耳聾之文下 在黃蘗<檗?>話)

　　홍주 백장회해 선사(마조의 법사)는 마조의 문하에 있었다.
　　어느 날 마조가 물었다.
"어디에 다녀왔는가."
　　백장이 말했다.
"산 뒤편을 다녀왔습니다."
　　마조가 물었다.
"만나본 사람이 있는가."

---

121) 보리달마 - 태조혜가 - 감지승찬 - 대의도신 - 대만홍인 - 대감혜능 -
　　남악회양 - 마조도일에 이르는 여덟 조사를 가리킨다.
122) ( ) 대목은 생략된 부분을 보충하였다.

백장이 말했다.

"만나지 못했습니다."

마조가 물었다.

"무슨 까닭에 만나지 못했다는 것인가."

백장이 말했다.

"만약 사람을 만났더라면 화상에게 말씀드렸을 것입니다."

마조가 물었다.

"그렇다면 어디에 가야 그런 소식을 들을 수 있겠는가."

백장이 말했다.

"제가 잘못했습니다."

그리고는 바로 예배를 드리자 그러자 마조가 말했다.

"아니, 그것은 노승의 잘못이다."

어느 날 백장이 마조를 시봉하여 산책을 하다가 홀연히 들오리가 날아가는 것을 보았다. 이에 마조가 물었다.

"저게 뭔가."

백장이 말했다.

"들오리입니다."

마조가 양구하고 물었다.

"어디로 날아갔는가."

백장이 말했다.

"저 너머로 날아가버렸습 니다."

마조가 가까이 오더니 백장의 코를 잡아당겼다. 백장이 엉겁결에 '아야!' 하고 소리를 질렀다.

마조가 물었다.

"그대가 아까전에는 날아가버렸다고 말했었는데, 원래 여기에 그대로 있었구나."

이에 백장이 깨쳤다.

다음 날에 마조가 상당을 하자 대중이 모여들었다. 백장이 나와서는 예배드리는 좌복을 걷어버렸다. 그러자 마조가 바로 법좌에서 내려오더니 방장실로 돌아가버렸다. 이에 백장이 따라가서 곁에 서 있으니 마조가 물었다.

"아까전에 상당했을 때 미처 대중에게 설법도 하지 않았는데 그대는 어째서 좌복을 걷어버렸는가."

백장이 말했다.

"어제는 화상에게 코를 붙잡혀서 무척 아팠습니다."

마조가 물었다.

"그대는 어제 어디에 다녀왔던가."[123]

백장이 말했다.

"오늘은 코가 아프지 않습니다."

마조가 물었다.

"그대는 어제의 일을 제대로 알고 있구나."

백장이 감사의 예배를 드리고 물러났다. 그리고는 시자실로 돌아와서는 통곡을 하였다. 함께 있던 다른 시자가 물었다.

"그대는 무슨 까닭에 통곡을 하는가."

백장이 말했다

"내가 어제 대사에게 코를 붙잡혀서 무척 아팠다네."

함께 있던 다른 시자가 말했다.

"무슨 사연인지 나한테 말해보게."

백장이 말했다.

"그대가 직접 대사한테 가서 물어보게."

그러자 그 시자가 바로 당두에게 물었다.

"회해시자가 어제 어떤 사연이 있었는지 지금 시자실에서 통곡을 합니다. 대사에게 고하니 뭐라고 말씀이라고 해주십시오."

마조가 말했다.

"그래, 회해를 만나보겠다. 그대가 먼저 돌아가서 회해한테 물어보라."

시자가 시자실로 돌아와서 보니 회해가 웃고 있었다.

이에 시자가 물었다.

"대사께서는 그대를 만나보겠다고 말씀하셨다. 그리고는 나를 시켜서

---

123) '그대가 어제는 어디에다 마음을 두고 있었느냐.'는 뜻이다.

그대한테 먼저 물어보라고 하셨다네. 그러니 나한테 말해보게."

백장이 말했다.

"그대는 아까전에 내가 통곡하고 있는 것을 보았지만 지금은 내가 웃고 있는 것을 보고 있지 않은가."

(사흘 동안 귀가 먹었다는 대목 이하의 내용은 황벽희운의 일화에 수록되어 있다)

師因問如何是大乘頓教法門 曰汝等先歇諸緣 善與不善 一切諸法莫憶
放捨身心 令其自在 心如木石 無所辨別 心無所行 心地若空 慧日自現
如雲開日出 對五欲八風 不被見聞覺知所縛 不被諸境所惑 自然具足神
通妙用 是解脫人 對一切境 心無靜亂 不攝不散 透過一切聲色 無有滯礙
名爲道人 但不被一切善惡垢淨有爲世間福智拘繫 即名爲佛慧 是非好
醜 是理非理 諸知見捺盡 不被繫縛處 心得自在 名初發心菩薩 便登佛地
一切諸法 本不自空 本不自色 亦不言是非垢淨 亦無心縛 但人自虛妄計
著云云 伏惟珎重 大衆下堂 乃召之 大衆廻首 師曰是什麼 便下座(藥山
目之爲百丈下堂句) 師唐元和九年正月 十七日而化 壽九十五 勅諡大智
禪師 塔曰大寶勝輪

백장에게 어떤 승이 물었다.

"대승의 돈교법문이란 어떤 것입니까."

백장이 말했다.

"그대들은 먼저 모든 반연을 그쳐라. 선과 불선 등 일체제법에도 집착하지 말라. 몸과 마음을 내려놓고 자재하게 하라. 마음을 목석과 같이 하여 변별하지 말라. 마음에 집착행이 없어서 마음이 허공과 같이 되면 지혜[慧日]가 저절로 드러나는데 마치 구름이 걷히고 태양이 출현하는 것과 같다. 오욕과 팔풍을 상대해서도 보고 듣고 느끼고 아는 것에 속박되지 않고, 모든 대상경계의 미혹에 휩쓸리지 않으면 자연히 신통과 묘용을 구족하게 된다. 이것이야말로 해탈인으로서 일체의 경계를 상대해서도 마음에 고요함과 산란함이 없고, 마음의 섭수와 흩어짐도 없으며, 일체의 소리와 색을 투과하여 걸림이 없는데, 이것을 도인이라 말한다.

무릇 일체의 선과 악과 더러움과 청정함, 그리고 유위세간의 복덕과 지혜에 얽매이지 않는데, 이것을 부처님의 지혜라 말한다. 옳음과 그름과 좋아함과 싫어함과 바른 도리와 그릇된 도리의 모든 지견이 다 없어져서 속박의 굴레를 받지 않고 마음이 자재하게 되면, 이것을 초발심보살이라 말한다. 그래서 바로 불지에 오르면 일체의 제법이 본래 공도 아니고 본래 색도 아니며, 또한 옳음과 그름과 더러움과 청정함을 말하지 않으며, 또한 마음에 속박도 없다. 그런데도 무릇 사람이 스스로 허망에 계착하여 … 운운. 바라건대 잘들 돌아가시오."

이에 대중이 법당을 빠져나가자 이에 그들을 다시 불렀다. 대중이 고개를 돌리자 백장이 말했다.

"이것이 무엇인가."[124]

그리고는 백장이 법좌에서 내려왔다.

(약산은 그것을 가리켜서 '백장이 법당을 내려오면서 보여준 가르침'이라 말하였다)

백장은 당 원화 9년(814) 정월 17일에 천화하였다. 세수는 95세이고, 칙명으로 내린 시호는 대지선사이며, 탑명은 대보승륜이다.

(32)

○ 潭州大潙山祐禪師(百丈<丈?>旁出) 福州趙氏 年十五辭親出家 究大小乘教 二十三徃江西 侍立次 丈問誰 曰 靈祐 丈曰汝撥鑪中看有火否 師撥曰 無 丈自深撥得少火擧云 此不是火 師因此有省 乃曰信知古人道 欲識佛性義 當觀時節因緣 時節若至 其理自彰 丈曰此乃暫時歧路耳 師即禮拜而退 次日隨丈遊山次 丈問將得火來否 荅將得來 丈曰在什麼處 師拈一枝草<木?> 吹三兩吹<過?>呈 丈曰如蟲蝕木 師爲典座時 司馬頭陁 自湖南來 告百丈曰 某甲在湖南 尋得一山 名大潙山 是一千五百善知識所居之處 丈曰 吾可耶 陁曰和尚骨人 彼肉山不可 丈曰首座可也 曰此人不可 丈曰典座可耶 陁一見乃曰 此人來到於山十年 佛法大興 丈夜召師入室 囑付曰 吾化緣在此潙山勝境 汝當居之 嗣續吾宗 廣度後學

---

124) 백장이 대중을 부르자 대중이 고개를 돌아보는 바로 그것이 무엇인가를 물은 것이다.

時第一座曰 祐公後生 何得住持 丈聞乃集衆問 汝等下得一轉語 契老僧
意 當徃住彼 乃指淨缾問 我喚作淨缾 汝不得喚作淨缾 喚作什麼 第一座
曰 不可喚作不樰也 丈却問師 師蹋倒淨缾 便出去 丈曰 首座輸却山子了
也 遂令師徃潙山 師奉命徃彼 結草爲菴 橡果爲食 鳥獸爲友 經于五七載
絶無來者 師自念曰 我出於世 利益於人 獨坐何益 即便捨菴 下至山口
虎豹狼蛇 横在路中 師曰我於此有緣 即散去 不然 從汝啖之 言訖即獸散
去 師却廻菴 未及一載 乃見安尚座云云

　　담주 대위산 영우선사(백장의 방출)는 복주의 조씨이다. 15세 때 부모를
떠나서 출가하여 대승과 소승의 교리를 연구하였다. 23세 때 강서로 갔다.
　　곁에 서 있는데 백장이 물었다.
"누구인가."
　　영우가 말했다.
"영우입니다."
　　백장이 말했다.
"그대는 화로를 헤쳐서 불씨를 있는지 살펴보라."
　　영우가 화로의 재를 헤집고나서 말했다.
"없습니다."
　　백장이 직접 화로를 헤집더니 작은 불씨를 들어보이고 말했다.
"이것은 불씨가 아니더냐."
　　영우는 그로 인하여 깨친 바가 있어서 이에 말했다.
"고인이 말한 '불성의 뜻을 알고자 하건대 반드시 시절인연을 관찰하라.
시절이 도래하면 이치가 저절로 드러날 것이다.'는 말을 진실로 알겠습니
다."
　　백장이 말했다.
"그대가 잠시 헤맸을 뿐이다."
　　영우가 곧 예배를 드리고 물러났다.
　　다음 날에 백장을 따라서 산책하던 차에 백장이 물었다.
"불씨는 가지고 왔는가."
　　영우가 답했다.

"가지고 왔습니다."

　백장이 물었다.

"불은 어디 있는가."

　영우가 나무 한 가지를 잡고서 몇 차례 불더니 바쳤다.

　그러자 백장이 말했다.

"벌레먹은 나무로구나."

　영우가 전좌로 있을 때 사마두타가 호남에서 와서는 백장에게 말했다.
"제가 호남에 있으면서 산 하나를 찾았는데 이름이 대위산입니다. 그
산은 천 오백 명의 선지식이 머물 수 있는 곳입니다."

　백장이 말했다.

"내가 가면 안되겠습니까."

　사마두타가 말했다.

"화상께서는 골인(骨人)입니다. 그런데 대위산은 육산(肉山)이므로 불가
합니다."

　백장이 말했다.

"수좌를 보내면 되겠습니다."

　사마두타가 말했다.

"그 사람은 안됩니다."

　백장이 물었다.

"전좌는 괜찮습니까."

　사마두타가 전좌를 한 번 보더니 말했다.

"이 사람이 거기에 가서 십년이 되면 불법이 크게 일어날 것입니다."

　백장이 밤에 영우전좌를 조실로 불러서 부촉을 하고 말했다.

"내가 교화하는 인연은 이곳이다. 대위산은 경관이 뛰어난 곳이다. 그대는
반드시 그곳에 머물면서 나의 종지를 계승하여 널리 후학을 제도하거라."

　그때 제일좌인 화림이 말했다.

"영우공은 후배입니다. 그런데 어찌 그곳에 주지할 수가 있습니까."

　백장이 그 말을 듣고는 대중을 모아놓고 물었다.

"그대들은 일전어(一轉語)를 해보라. 노승의 마음에 계합되면 반드시 위산
에 보내 머물도록 하겠다."

이에 물병[淨餠]을 가리키면서 물었다.

"나는 이것을 정병이라 부른다. 그러나 그대는 정병이라 불러서는 안된다. 그러면 무엇이라 부르겠는가."

제일좌인 화림이 말했다.

"장작이라고 부를 수도 없습니다."

백장이 다시 영우에게 물었다. 그런데 영우는 정병을 발로 차서 넘어뜨리더니 곧바로 밖으로 나가버렸다.

이에 백장이 말했다.

"화림수좌가 위산에게 지고 말았구나."

마침내 영우로 하여금 위산으로 가도록 하였다.

영우는 명을 받들어 위산으로 가서 풀을 엮어서 암자를 지어놓고 도토리 열매를 먹으면서 새와 짐승들과 벗이 되어 오칠년(五七年 혹 九年)을 지내는 동안 인연을 끊어 찾아오는 사람이 없었다. 영우가 홀로 생각하였다. '내가 세간에 나가서 사람들에게 이익을 주어야겠다. 홀로 앉아만 있으면 무슨 이익이 되겠는가.'

그리고는 곧 암자를 버리고 내려와서 산 입구에 이르자 호랑이·표범·이리 뱀 등이 길을 가로막았다.

영우가 말했다.

"내가 이 산과 인연이 있다면 각자 흩어져라. 흩어지지 않으면 내가 그대들한테 먼저 잡아먹히고 말겠구나."

말을 마치자 곧 짐승들이 흩어져갔다. 영우는 다시 암자로 돌아왔다. 일 년도 되지 않아서 이에 나안상좌(懶安上座 : 福州의 長慶大安)가 백장산으로부터 대중을 이끌고 찾아왔다. 운운.

自後王<旺?>化徒衆漸多 果如頭陁所記 上堂曰 夫道人之心 質直無僞
<偽?> 無背無面無詐妄心 一切時中 視聽尋常 更無委曲 亦不閉眼塞耳
但情不附物 即得從上諸聖 祗是說濁邊過患 若無如許多惡覺情見想習
之事 譬如秋水澄渟 淸淨無爲 澹洿無礙 喚他作道人 亦名無事人 時有僧
問 頓悟之人 更用修行否 師曰若眞悟得本 他自知時 修與不修 是兩頭語

如今初心 雖從緣得 一念頓悟自理 猶有無始曠劫習氣 未能頓淨 須教渠
淨除現業流識 即是修也 不可別有法 教渠脩行趣向 從聞入理 聞理深妙
心自圓明 不居惑地 縱有百千妙義 抑揚當時 此乃得坐披衣自解作活計
始得 以要言之 則實際理地 不受一塵 萬行門中 不捨一法 若也單刀趣入
則凡聖情盡 體露眞常 理事不二 即如如佛 上堂衆集 師顧視大衆 便下座
師問仰山 妙淨明心 汝作麼生會 曰山河大地日月星辰 師曰汝祇得其事
山曰和尚適來問什麼 師曰妙淨明心 山曰喚作事也無 師曰如是如是 仰
山問 如何是祖師西來意 師指燈籠曰 大好燈籠 曰莫祇這便是也無 師曰
<這箇+?>是什麼 曰 <大+?>好燈籠 師曰果然不見 山侍立次 乃曰 <一
月+>千江體不分<水+?> 師曰佛法須悉麼會 始得 曰如金與金 終無異
色 豈有異名也 師曰作麼生說無異名底道理 山曰 餅盤釵釧罌券券<券
-?>盂盆 師曰寂子恁麼說禪 如師子吼 驚散野犴狐狼之屬 師唐太中七
年正月九日 怡然而逝 壽八十三 敕謚大圓禪師 塔曰清淨

이로부터 왕성한 교화로 도중이 점차 많아져서 과연 사마두타가 말한
대로였다.

상당하여 다음과 같이 말했다.

"대저 수도인의 마음은 질직하여 거짓이 없고 등지는 것도 없고 대면하는
것도 없으며 속이거나 허망한 마음도 없어야 한다. 일체시에 보고 듣는
일상에서도 다시는 왜곡이 없어야 하고, 또한 눈을 감지도 말고 귀를
막아서도 안된다. 무릇 감정이 사물에 얽매이지 않아야 한다.

종래의 제불도 단지 번뇌에 빠져있는 과환(過患)에 대해서만 설했음을
볼 수가 있다. 그래서 만약 저 악각(惡覺)과 정견(情見)과 상습(想習)의
행위가 없게 되면, 그것은 비유하면 마치 맑게 고여 있는 가을날의 물과
같이 청정무위하고 담박하여 걸림이 없는데 그를 일컬어 수도인이라 말하
고 또한 무사인이라 말한다."

그때 어떤 승이 물었다.

"돈오한 사람도 다시 수행할 필요가 있습니까."

영우가 말했다.

"만약 진정으로 근본을 깨쳤다면 그 사람은 스스로 알 것이다. 그런 경우에

는 수행과 불수행은 분별의 말일 뿐이다. 요즈음 초심자가 비록 인연을
통하여 일념에 본래의 도리를 돈오했을지라도 오히려 무시광겁(無始曠
劫)의 습기가 남아 있어서 아직 완전하게 청정해지지 않았다.

그러므로 모름지기 당사자로 하여금 현업의 유식(流識)을 완전하게
제거해야 하는데 그것이 곧 수행이다. 한다. 별도로 어떤 법을 통해서
그 당사자로 하여금 수행에 취향하도록 하는 것이 아니다. 깨침의 도리[入
理]에 대하여 듣거나 도리를 듣고 심묘해지면 마음이 저절로 원명하여
미혹에 머물지 않는다.

설령 백천 가지 묘의를 가지고 당시를 풍미할지라도 그것은 이에 앉아서
옷을 입거나 스스로 활계하는 방법을 이해해야 가능한 것이다. 그것을
요약해서 말하자면 곧 깨침의 도리에서는 어떤 번뇌도 받아들이지 않지만
만행의 수행에서는 어떤 법도 버리지 않는다. 만약 곧장 깨침에 나아가면
[單刀趣入] 곧 범부다 부처다 하는 분별이 없어지고 깨침이 드러나서
깨침과 현상이 둘이 아닌 여여불에 계합된다."

상당법회에서 대중이 모이자 영우선사는 대중을 둘러보더니 곧바로
자리에서 내려왔다.

영우선사가 앙산에게 물었다.
"묘정명심(妙淨明心 : 如來藏性·眞實心)을 그대는 무엇이라고 이해하고
있는가."
앙산이 말했다.
"산·하·대지이고, 일·월·성·신이라고 이해하고 있습니다."
영우선사가 말했다.
"그대는 다만 그 사(事)에 대해서만 알고 있구나."
그러자 앙산이 물었다.
"그렇다면 화상께서 아까전에 물은 것은 무엇입니까."
영우선사가 말했다.
"묘정명심이다."
앙산이 물었다.
"그것을 사(事)라고 불러도 되겠습니까."

영우선사가 말했다.

"그래, 그렇다."

앙산이 물었다.

"달마조사께서 서쪽에서 오신 뜻이 무엇입니까."

영우선사가 등롱을 가리키며 말했다.

"참 좋은 등롱이구나."

앙산이 물었다.

"저것은 그저 등롱에 불과한 것 아니겠습니까."

영우선사가 말했다.

"그러면 저것이 무엇인가."

앙산이 말했다.

"참 좋은 등롱입니다."

영우선사가 말했다.

"과연 그대는 제대로 보지 못했구나."

앙산이 옆에 서 있더니 이에 물었다.

"하나의 달이 천 개에 비춰더라도 달의 본체는 물에 나뉘어져 있지 않습니다."

영우선사가 말했다.

"불법을 모름지기 다 궁구하여 알아야만 가능하다."

앙산이 물었다.

"저 금과 금끼리는 끝내 색깔이 변이하지 않는데 어찌 다른 명칭인들 있겠습니까."

영우선사가 물었다.

"무엇을 가리켜 명칭이 변이하지 않는 도리라 말하는가."

앙산이 말했다.

"물병·쟁반·비녀·팔찌·술잔·그릇·바리·동이 등입니다."

영우선사가 말했다.

"혜적 그대가 말하는 선은 마치 사자후와 같아서 이리·여우·늑대의 무리들이 놀라서 도망치겠구나."[125)

영우선사는 당 대중 7년(853) 정월 9일 편안한 모습으로 입적하였다.

세수 83세이고, 황제가 내린 시호는 대원선사이며, 탑호는 청정이다.

(33)

○ 洪州黃檗山運禪師(嗣丈) 閩中人也 額間隆起如珠 音辭朗潤 志意冲
澹 遊方造百丈之門 丈曰巍巍堂堂 從何方而來 曰巍巍堂堂 從嶺南而來
丈曰巍巍堂堂 爲何事 曰巍巍堂堂 不爲別事 便禮拜 師一日欲去叅馬大
師 丈曰大師已遷化了也 曰某甲薄幸 不知大師有什麼因緣 望和尚擧一
兩則看 丈曰我再叅時 大師見我 侍立良久於禪牀角頭 取拂子竪起 我問
即此用離此用 大師挂拂子於舊處 我良久大師却問 汝已後開<鼓=>兩
片皮 將<如=>何爲人 我亦取拂子竪起 大師曰 即此用離此用 我擬挂拂
子 大師便喝 我當時直得三日耳聾眼暗 師聞此語 不覺吐舌退後 丈曰子
已後莫承嗣馬大師去否 曰不然 今日因和尚擧 得見馬大師大機之
<大?>用 已後若承嗣馬大師 喪我兒孫 丈曰 <如是如是+?> 見與師齊
減師半德 見<智?>過於師 方堪傳授 子甚有超師之見 師便禮拜

홍주 황벽산 희운선사(백장의 법사)는 민중 출신이다. 이마가 보주와
간이 돌출되어 있고, 음성과 말씨는 낭랑하였으며, 의지가 높고 담박하였
다. 제방을 유행하다가 백장의 문하를 찾아갔다.
　백장이 물었다.
"백장산이 가파르고 드높은데 어느 곳에서 왔는가."
　희운이 말했다.
"백장산은 가파르고 드높은데 영남에서 왔습니다."
　백장이 물었다.
"백장산이 가파르고 드높은데 무슨 일로 왔는가."
　희운이 말했다.
"백장산이 가파르고 드높은데 특별한 일로 온 것은 아닙니다."
　그러더니 곧장 예배를 드렸다.

---

125)『袁州仰山慧寂禪師語錄』, (大正藏47, p.583下) ;『萬松老人評唱天童覺和尚
　　拈古請益錄』第22則, (卍續藏67, p.472中-下) 참조

희운이 어느 날 마조대사를 참문하러 가려는데 백장이 말했다.

"대사께서는 이미 천화하셨다."

희운이 말했다.

"저는 박복하여 화상께서 마조대사와 어떤 인연이 있는지 모르겠습니다. 바라건대 화상께서는 한두 가지를 설명해주시기 바랍니다."

백장이 말했다.

"내가 거듭 참문했을 때에야 대사는 나를 만나주었다. 내가 선상의 모서리에서 곁에 서서 양구하고 있자니, 대사는 불자를 집어들더니 치켜세웠다. 그래서 내가 물었다.

'그 작용에 계합된 것입니까. 그 작용에서 벗어난 것입니까.'

대사는 불자를 도로 제자리에 걸어두었다.

내가 양구하니 대사가 물었다.

'그대는 이후에 입술을 열어서는 장차 어떻게 사람들에게 설법하겠는가.'

이에 나도 또한 불자를 집어들어 치켜세웠다.

대사가 말했다.

'그 작용에 계합된 것인가. 그 작용에서 벗어난 것인가.'

내가 다시 불자를 제자리에 걸어두려는데 대사가 문득 할을 하였다. 그래서 나는 당시에 사흘 동안이나 귀를 멀고 눈이 침침했다."

희운은 그 말을 듣고 엉겁결에 혀를 내밀고는 뒤로 물러났다. 그러자 백장이 물었다.

"상황이 이러한데도 그대가 이후에 마조대사의 가르침을 이어받겠다고 하겠는가."

희운이 말했다.

"아닙니다. 오늘 화상의 말씀을 듣고서 마조대사의 대기대용을 볼 수가 있었습니다. 이후에 만약 마조대사를 잇는다면 저의 아손들을 잃어버릴 것입니다."

백장이 말했다.

"그래, 그렇다. 견(見)이 스승과 똑같다면 스승을 죽이는 것으로 덕을 반감시킨다. 지(智)가 스승을 능가해야 바야흐로 전수(傳授)할 수가 있다. 그대는 심지어 스승의 견(見)을 초월하고 있다.[126]

그러자 희운은 바로 예배를 드렸다.

潙山問仰山 百丈再叅馬師因緣作麼生 山曰此是顯大機之<大?>用 祐
曰馬大師 出八十餘<四=>圓<員?>善知識 幾人得其大機 幾人得其大
用 山曰百丈得其大機 黃蘗得其大用 餘者皆是唱道之師 潙山曰 如是如
是 汾州昭和尚拈曰 悟去便休 說什麼三日耳聾眼暗 石門聰和尚曰 若不
三日耳聾眼暗 爭受他一喝 昭聞乃曰 我恁麼道 較他石門半月程 百丈因
問如何是奇特事 曰獨坐大雄峯 僧禮拜 丈便打 丈出次見黃蘗<蘖?> 問
什麼去來 蘗<蘖?>曰大雄山下 採菌子去來 丈曰大雄山下 有一虎子 還
見否 蘗<蘖?>便作虎聲 丈取斧便斫勢 蘗<蘖?>約住打一掌 丈便休 丈
便上堂謂眾曰 大雄山下有一虎子 汝等出入好看 山僧今日 親遭一口 便
下堂 祐和尚問仰山 蘗<蘖?>虎話作麼生 山曰和尚作麼生 祐曰百丈當
時<便合+?>一斧所殺 因什麼到如此 山曰不然 祐曰子又作麼生 山曰
直須騎虎頭 不須收虎尾 祐曰 寂子<甚+?>有險崖之句 上堂曰 汝等諸
人 欲何所求 以柱杖趂之 大眾不散 蘗<蘖?>却坐復曰 汝等不見 馬大師
下 有八十餘人 坐道塲得正法眼者三兩人 其餘即可知也 夫出家兒 須知
有從上來事分 始得 且如四祖下融師 橫說竪說 未知有向上關捩子 有此
眼目 方辨邪正宗黨 且當人事 宜不能體會得 但知學言語 念向皮袋裏安
著 到處稱我會禪 還替得生死也無 輕忽上流 入地獄如箭射 我纔見汝入
門來 便識得了也 還知否 急須努力 切莫容易事 持片衣口食 空過一生
明眼人笑 汝久後揔被俗漢 篲將去在 宜自看遠近 是阿誰面上事 若會
即便會 若不會 不如散去 師下座 龍潭問道悟和尚曰 某甲自到來 未蒙指
示心要 悟曰汝自到來 吾未嘗不指示汝心要 信曰何處指示 悟曰汝擎茶
來 吾爲汝接 汝行食來 吾爲汝受 汝和南吾低首 何處不指示汝心要 信低
頭良久 悟曰見則直下便見 擬思即差 崇信當下開悟 乃問如何保任 悟曰
任性逍遙 隨緣放曠 但盡凡心 別無勝<聖?>解

　　위산이 앙산에게 물었다.

---

126) '그대는 심지어 스승의 見을 초월하고 있다.'는 것이 『碧巖錄』第11則, (大正
　　藏48, p.151下)의 내용은 다음과 같다. '그대의 지금 견처는 완연히 스승을
　　초월하는 작용을 지니고 있다. 子今見處宛有超師之作'

"백장화상이 마조대사를 거듭 참문했을 때의 인연은 어떤가."
　앙산이 말했다.
"그것은 대기와 대용을 드러낸 것이었습니다."
　위산영우가 말했다.
"마조대사는 84명의 선지식을 배출하였는데, 몇 사람이나 마조의 대기를 터득하였고, 몇 사람이나 마조의 대용을 터득하였는가."
　앙산이 말했다.
"백장화상은 그 대기를 터득하였고 황벽은 그 대용을 터득하였으며 그 밖의 사람들은 모두 마조의 가르침을 앞장서서 이끌었던 스님들이었습니다."
　위산이 말했다.
"그래, 그렇다."

　분주(분양)선소 화상이 다음과 같이 염롱[拈]하였다.
"깨쳤으면 그저 休歇하면 되는 것이지, 어째서 사흘 동안 귀가 멀고 눈이 침침했다고 말했던가."

　석문온총 화상이 말했다.
"만약 사흘 동안 귀가 멀고 눈이 침침하지 않았던들 어찌 마조대사의 일할을 수용할 수 있었겠는가."
　분양선소가 그 말을 듣고는 이에 말했다.
"내가 한 말은 저 석문의 말과 비교하자면 그 절반 밖에 못된다."

　백장에게 어떤 승이 물었다.
"깨침을 향한 기특사(奇特事)란 무엇입니까."
　백장이 말했다.
"홀로 대웅봉에 앉아 있는 것이지."
　이에 승이 예배를 드리자 백장이 바로 때려주었다.

　백장이 외출하려는데 황벽이 오는 것을 보고 물었다.
"어디에 다녀왔는가."

황벽이 말했다.

"대웅산 아래서 버섯을 따오는 길입니다."

백장이 물었다.

"대웅산 아래 호랑이가 한 마리 살고있다는데, 그대는 보았는가."

그러자 황벽은 갑자기 호랑이 소리를 냈다. 백장이 도끼를 집어들어 곧장 내리찍는 시늉을 하자, 황벽이 꽉 붙잡고는[約住] 한 대 갈겼다. 그러자 백장은 곧장 외출하려는 것을 그만 두었다. 그리고는 백장이 상당하여 대중에게 다음과 같이 말했다.

"대웅산 아래 호랑이 한 마리가 살고 있다. 그대들은 오고갈 경우에 조심해야 한다. 산승도 오늘 호랑이에게 한차례 물렸다."

그리고는 법당을 내려왔다.

영우화상이 앙산에게 물었다.

"황벽의 호랑이 이야기에 대하여 어찌 생각하는가."

앙산이 물었다.

"화상께서는 어찌 생각하십니까."

영우가 말했다.

"백장화상이 당시 한도끼에 죽어버렸어야 옳았는네 어찌 이런 시경까시 이르렀는가."

앙산이 말했다.

"그렇지 않습니다."

영우가 물었다.

"그대는 또 어찌 생각하는가."

앙산이 말했다.

"곧바로 호랑이 머리를 잡고 올라타야지 호랑이 꼬리를 잡아서는 안됩니다."

영우가 말했다.

"혜적제자는 꽤 수준높은 말을 하는구나."

황벽희운이 상당하여 말했다.

"그대들은 모두 무엇을 추구하려는가."

그리고는 주장자로 대중을 내쫓았지만 흩어지지 않았다. 그러자 황벽은 도로 법좌에 앉아서 또 말했다.

"그대들은 보지 못했는가. 마조대사의 문하에는 80명이 넘는 선지식이 있었다. 그렇지만 도량에 앉아서 마조의 正法眼을 터득한 사람은 두세 명에 불과했다. 그러므로 그 밖의 사람에 대해서는 짐작할 수 있을 것이다.

대저 출가한 사람이라면 모름지기 예로부터 전승해온 불문의 본래사에 대하여 알아야만 한다. 저 사조문하의 법융선사는 자유자재하게 설법하였지만[橫說竪說] 향상의 기관[關捩子 : 공안]도 모르고 있었다. 향상의 기관에 대한 안목이 있어야 바야흐로 잘못됨과 올바름 및 수행집단과 이익집단을 변별할 수가 있다.

또한 자기의 本來事는 전혀 깨닫지 못하고서 단지 어언만 배우고 알아서 몸뚱아리[皮袋裏]에 넣어두고 외워서 이르는 곳마다 자기는 선을 이해하고 있다고 말하는데 과연 그것으로 생사를 해결했다고 할 수가 있겠는가. 존숙의 상류들을 업신여겨 지옥에 들어가는 것이 쏜살같이 빠르다. 나는 그대들이 문에 들어오는 것을 보면 곧장 알아차린다. 알겠는가. 서둘러서 노력하고 결코 용이한 일이 아니다.

한 조각 가사를 걸치고 입으로는 밥만 축내면서 일생을 헛되게 보낸다면 밝은 안목을 지닌 사람은 그대들이 오랜 후에는 모두 속물의 숫자 헤아림에 빠지고 말 것을 비웃을 것이다. 그러니 반드시 멀고 가까움을 스스로 살펴보라. 그것이 누구의 안전에 펼쳐진 수행이겠는가. 만약 이해했다면 곧장 알아차렸을 것이다. 만약 이해하지 못했다면 다들 흩어지는 것만 못하다."

희운이 법좌에서 내려왔다.

용담숭신이 천황도오 화상에게 물었다.
"제가 여기에 온 이후로 아직까지 심요에 대하여 지시받은 적이 없습니다."
도오가 말했다.
"나는 일찍이 그대한테 심요를 지시하지 않은 적이 없었다."
숭신이 물었다.
"어떤 경우에 지시해주셨습니까."
도오가 말했다.

"그대가 차를 내오면 나는 그대를 위해 차를 받아마셨고, 그대가 공양을 내오면 나는 그대를 위해 공양을 받아먹었으며, 그대가 인사를 하면 나는 고개를 숙여주었다. 그대의 심요를 지시하지 않은 적이 어떤 경우였던가."

숭신이 고개를 숙이고 양구하였다.

이에 도오가 말했다.

"보려면 그 자리에서 곧장 보아야 한다. 이리저리 헤아리면 곧 어긋나버린다."

그러자 숭신이 그 자리에서 개오하고나서 이에 물었다.

"보림(保任)을 어떻게 해야 합니까."

도오가 말했다.

"마음에 내맡겨 노닐고, 인연을 따라서 자유롭게 살아라. 무릇 범부의 마음만 없애면 될 뿐이지 달리 부처님의 이해란 없는 법이다."

(34)

○ 普化和尚(嗣積寶) 不知何許人也 佯狂無度 或城市 或塚間 振一鐸云 明頭來明頭打 暗頭來暗頭打 臨濟令僧提住曰 摠不恁麼時如何 師拽手走曰 來日大非<悲?>院裏有齋 凡見人無高下 皆振鐸一聲 時號普化 或將鐸就人耳邊振之 或拊其背 有四<回?>顧者 即展手云 乞我一<錢+?> 箇直錢人 或與披襖 或與布袋 皆不受之 振鐸而去 臨濟聞 令人送與一棺 師笑曰 臨濟饒舌 便受之 乃告衆曰 明日去東門遷化 郡人皆送<出城師+?>屬聲曰 今日葬不合靑烏 第二日 南門遷化 人亦隨之 又曰 明日西門方吉 人出漸稀 第四日 自擎棺 出北門外 振鐸入棺而逝 人揭視之 <已+?>不見 唯聞鐸聲漸遠 昇空破棺弃去 市人莫測其由

보화화상(반산보적의 법사)은 어디 출신인지 모른다. 마치 미치고 법도가 없는 것처럼 행동을 하였다. 혹 성시(城市)나 무덤에서 방울 하나를 흔들면서 말했다.

"해가 뜨면 밝은 그대로 살고 밤이 오면 어두운 그대로 살아간다."

임제가 한 승에게 보화를 붙들고서 다음과 같이 묻도록 시켰다.

"해가 뜨지도 않고 밤이 오지도 않을 경우에는 어떻습니까."

보화는 그 승의 손을 잡아끌고 도망가면서 말했다.

"내일 대비원에서 대중공양을 한다네."

이처럼 무릇 사람을 만나면 신분의 높고 낮음을 막론하고 모두에게 방울을 한번 흔들어댔다. 때문에 당시의 사람들은 그를 널리 교화해주는 사람[普化]라 불렀다.

어떤 때는 방울을 사람의 귀에 바짝 대고는 흔드는가 하면, 어떤 때는 그 등에다 대고 문지르는데 혹 돌아보는 자에게는 손을 펴고는 '저한테 한 푼 보태주십시오.'라고 말했다. 그러다가 누가 누비옷을 주거나 겉옷을 주거나 포대를 주면 아무것도 받지 않고는 방울을 흔들면서 떠나버렸다.

임제가 그 말을 듣고 사람을 시켜서 관을 하나 보내드리자 보화가 웃으면서 말했다.

"임제가 오지랖이 넓구나."

이에 그것을 받아들이고는 대중에게 알려서 말했다.

"내일 동문 밖에서 천화하겠다."

그러자 고을사람들이 모두 전송하려고 성을 나왔을 때 소리를 높여서 말했다.

"오늘은 죽기에 일진이 좋지 않다. 다음 날에 남문에서 천화하겠다."

사람들이 다시 보화를 따랐는데 또 말했다.

"내일 서문 방향이 좋겠다."

그러자 나오는 사람들이 점차 줄어들었다. 나흘 째 되는 날에는 몸소 관을 들고는 북문 밖으로 나가서 방울을 흔들면서 관을 들어가더니 입적하였다. 사람들이 관 뚜껑을 열어보았으나 이미 시체는 보이지 않았다. 오직 점차 멀어져가는 방울소리만 들렸다. 하늘로 올라가버리자 관도 부서지더니 흩어져버렸다. 그러나 고을사람들은 아무도 그 이유를 헤아리지 못했다.

通錄撮要 第二卷 終

『통록촬요』 제2권을 마치다

3.

通錄撮要 卷第三

『통록촬요』 제삼권

通錄撮要 卷第三

3. 『통록촬요』제삼권

(35)

○ 圭峯密禪師(嗣達磨十世道圓和尙) 果州西充何氏 家本豪盛 髫齓通
儒書 冠歲探釋典 唐元和二年 將赴貢擧 偶造圓和尙法席 欣然契會 遂求
披削 當年進具 一日隨衆任灌家 居下位 以此<次?>受經 得圓覺了義
覽未終軸 感悟流涕 以所悟告其師 師撫之曰 汝當大弘圓頓之敎 此經諸
佛授汝耳 行矣無自滯於一隅也 師泣奉命 禮辭而去 因謁荊南張和尙 曰
傳敎人再來也 當宣導於帝都 又見神照和尙 曰菩薩人再來也 誰能識之
師大和中 澂入內 帝累問法要 朝士歸慕 唯相國裵公 深入堂奧 受敎外護
一日師自謂曰 雖佛說悲增是行 而自慮愛見難防 遂捨衆入山習定均慧
前後(<云+?>前後者 中間被救<敕?><追入內+?> 內住城二<三?>年
方却來<表?>請歸山也) 息慮相計<繼?>十年 微細習情 起滅彰於靜慧
差別法義 羅列見<現?>於空心 虛隙日光纖埃擾擾 淸潭水底影像昭昭
豈比夫空守黙之癡禪 但尋文之狂慧者<也+?> 然本因了自心而辨諸敎
故懇情於心宗 又因辨諸敎而解修心 故虔誠於敎義

규봉종밀 선사(달마의 제10세 도원화상의 법사 : 荷澤神會 - 法如 -
南印 - 道圓)는 과주 서충의 하씨인데 집안이 본래 훌륭하고 융성하였다.
어린 나이에 유서에 통달하였고, 약관이 나이에는 불교전적을 탐구하였다.
당나라 원화 2년(807)에 과거시험을 보려는 차제에 우연히 도원화상의
법석에 나아갔는데 흔연히 계합되었다. 마침내 출가를 추구하였고, 그
해에 구족계를 받았다.

하루는 대중을 따라서 고을의 아전인 임관(任灌)의 집에 갔다. 하판의
자리에 있으면서 차례로 경전을 받았는데『원각요의』를 얻어서 읽어가는

데 채 다 읽기도 전에 깨치고는 눈물을 흘렸다. 돌아와서 깨친 경험을 그 도원에게 여쭈니 도원이 쓰다듬어주면서 말했다.

"그대는 장차 원돈교를 크게 펼칠 것이다. 이 경전은 제불께서 그대한테 주신 것이다. 그러니 떠나거라. 여기 한 모퉁이에 머물 수가 없다."

종밀이 눈물을 흘리면서 명을 받들고 작별의 예배를 드리고는 떠났다. 형남장(荊南張 : 淨衆神會의 법사) 화상을 찾아뵈니 화상이 말했다.

"불교를 전도하는 사람이 재래하였다. 반드시 제도(帝都)에 나아가 널리 전하거라."

또한 동경신조(東京神照)를 친견하니 신조가 말했다.

"보살이 재래하였구나. 누가 그것을 알아차리겠는가."

종밀은 원화 연간(808-821)에 부름을 받아 궁궐에 들어갔는데 황제가 누차 법요를 물었고, 조정과 백성들이 귀의하고 흠모하였다. 그 가운데서도 상국 배휴는 깨침에 깊이 들어가 교법을 받고 외호자가 되었다.

어느 날 종밀은 스스로 말했다.

"비록 부처님께서 자비를 키우는 것이야말로 수행하는 것이라고 말씀하셨을지라도 나 스스로 대비(大悲)의 애견(愛見)을 방지하지 못할까 염려된다."

그리고는 마침내 대중을 떠나서 산으로 들어갔다. 이에 선정을 배우고 지혜와 자비가 균등하기까지 무려 전후(前後)의 기간을 제외하고 정진을 10년 동안 하였다. (여기에서 말한 전후는 종남산의 초당사에 주석하던 중간에 황명을 받아 입내하여 성에 머물던 3년 만에 바야흐로 표를 올려 종남산으로 돌아가려고 청한 것을 가리킨다)

이에 미세한 습정(習情)의 기멸까지 고요한 지혜에 남김없이 드러났고 차별된 법(法)과 의(義)의 나열이 공심(空心)에 두루 나타났는데, 그것은 마치 틈새의 햇살에 날리는 먼지와 맑은 연못에 투영된 보름달 모습처럼 분명하였다. 그러니 어찌 공연히 침묵만 지키고 어리석은 선정과 단지 글만 뒤적거리는 산란한 지혜의 사람들과 비교하겠는가. 그렇지만 본래 자심을 터득함으로써 제교를 변별하는 것이므로 간절하게 심종(心宗)에 마음을 두었고, 또 제교(諸敎)를 변별함으로써 수행법을 이해하는 것이므로 경건하게 교의에도 정성을 기울였다.

師因問 凡修心地<之+?>法 為當悟心即了 為當別有行門 若別有行門
何名南宗頓旨 若悟即同諸佛何不發神通光明 師答識氷池而全水 借
<籍?>陽氣而鎔消 悟凡夫而即佛 資法力而熏<修?>習 氷消則水流潤
方呈漑滌之功 妄盡則心靈通 始發通光之應 修心之外無別行門 問 若但
修心<而+?>得佛者 何故諸經復說 必須莊嚴佛土敎化衆生方名成佛
<道?> 答鏡明而影像千差 心淨而神通萬應 影像類莊嚴佛國 神通則敎
化衆生 莊嚴而即非莊嚴 影像而亦色非色 問 和尚因何發心 慕何法而出
家 今如何修行 得何法味 所<行+?>得至何<處+?>地位 今<令?>住心
耶修心耶 若住心<則+?>妨修心 若修心則動念不安 云何名為學道 若
安心一定 則何異定性之徒 伏願大德 運大慈悲如理如如次第為說 答覺
四大如坏幻 達六塵如空花<華?> 悟自心為佛心 見本性為法性 是發心
也 知心無住即是修行 無住而知即為法味 住著於心<法?>斯為動念 故
如人入闇則無所見 今無所住 不染不著 故如人有目及日光明見種種法
豈為定性之徒 旣無所住著何論處所

한 승이 종밀에게 물었다.
"무릇 심지를 닦는 법에서 당연히 마음만 깨치면 곧 그만입니까, 아니면
당연히 별도의 수행문이 있습니까. 만약 별도의 수행문이 있다면 어째서
남종의 돈오종지라 말하고, 만약 깨치면 곧 제불과 동일하다면 어째서
신통광명을 발생하지 못하는 것입니까."

종밀이 답했다.
"얼어 있는 연못 전체가 물인 줄 알지만 햇볕을 의지해야 녹고, 범부가
곧 부처인 줄 알았지만 법력을 의지하여 수습해야 한다. 얼음이 녹으면
물이 흐르고 적셔서 바야흐로 물을 대고 씻어주는 공능이 드러나고, 허망이
다하여 마음이 영통하면 비로소 신통광명의 작용이 상응하여 발생한다.
그러므로 마음을 닦는 그 밖에 달리 수행문이 없다."

승이 물었다.
"만약 마음만 닦아도 부처가 된다면 무슨 까닭에 제경전에서는 다시 '반드
시 불국토를 장엄하고 중생을 교화해야 바야흐로 깨침을 성취한다.'고
말하는 것입니까."

종밀이 답했다.

"거울이 밝으면 영상이 천 가지로 달라지고, 마음이 청정하면 신통이 만 가지에 상응한다. 영상은 불국토를 견준[類] 것이고, 신통은 중생의 교화를 본받은[則] 것이다. 그렇지만 그 명칭의 장엄은 곧 진정한 장엄이 아니고, 명칭의 영상은 형상의 색상이면서도 실상의 색상은 아니다."

승이 물었다.

"화상께서는 무엇을 인하여 발심을 하였고, 어떤 법을 따라서 출가하였으며, 지금은 어떻게 수행을 하고, 어떤 법미를 터득하였으며, 수행하여 어떤 경지의 지위에 이르렀습니까. 이에 마음을 그대로 머무르게 하는 것입니까, 마음을 닦는 것입니까. 만약 마음을 그대로 머물러둔다면 마음을 닦는 데에 방해가 될 것이고, 만약 마음을 닦는다면 염(念)이 발동하여 안정되지 못할 것인데 어찌 학도(學道)라 말할 수 있겠습니까. 만약 마음을 일정하게 안정시키지 못한다면 어찌 정성(定性)의 무리와 다르겠습니까. 엎드려 바라건대 대덕이시여, 대자비를 베풀어서 도리에 맞고 여여하며 차제에 맞도록 설명해주십시오."[127]

종밀이 답했다.

"사대가 괴환(坏幻)과 같음을 느끼고[覺], 육진이 공화(空華)임을 통달하며[達], 자심이 불심임을 이해하고[悟], 본성이 법성임을 보는 것이[見] 곧 발심이다. 마음에 집착이 없음을 아는 것이 곧 수행이고, 집착이 없는 줄 아는 것이 곧 법미이다. 법에 집착하면 그것은 망념의 발동이기 때문에 어떤 사람이 어둠속에 들어가면 아무것도 볼 수가 없는 것과 같다.

그러나 지금 집착이 없어서 오염되지 않고 주착이 없기 때문에 어떤 사람에게 눈이 있고 햇빛이 있으면 갖가지 법을 볼 수가 있는 것과 같다. 그런데 어찌 정성(定性)의 무리가 되겠는가. 또한 이미 집착이 없는데 어찌 그 처소를 논하겠는가."

問悟理息妄之人不結業 一期壽終之後 靈性何依 答一切衆生 無不具有 覺性 靈明空寂 與佛無殊 但以無始劫來 未曾了悟 妄執身爲我相故 生老

---

127) 위의 몇 가지 문답은 史山人이 종밀에게 질문한 10가지 내용 참조.『景德傳燈錄』卷13, (大正藏51, p.307中-下)

病死長劫輪廻 然身中覺性 未曾生死 如夢被驅役而身本安閑 如水作氷
而濕性不易 若能悟此性 即是法身 本自無生 何有依托 靈靈不昧 了了常
知 無所從來 亦無所去 然多生妄執習 以性成喜怒哀樂 微細流注 眞理雖
然頓達 此情難以頓除 須長覺察 捐之又捐 如風頓止 波浪漸停 豈可一生
所修 便同諸佛力用 但可以空寂爲自體 勿認色身以靈知爲自心 勿認妄
念 妄念若起 都不隨之 即臨終時 自然業不能繫 雖有中陰 所向自由 天上
人間 隨意寄托 若愛惡之念己泯 即不受分段之身 自能易短徒長 易麤爲
妙 若微細流注 一切寂滅 唯圓覺大智 朗然獨存 即隨機應現千百億身
度有緣衆生 名之爲佛 通而言之 但朝暮之間所作 被情塵所牽 即臨終被
業所牽而受生 若所作所爲 由於覺智 不由情塵 即臨終由我自在而受生
不由業也 當知欲驗臨終受生自在不自在 但驗尋常行心 於塵境自由不
自由 師以法界爲堂奧 敎典爲庭宇 慈悲爲冠盖 衆生爲園林 終日贊述
未曾以文字爲念 道俗歸依者如市 遠近大驚 會昌元年正月六日座
<坐?>滅 茶毗得舍利 明白閏大 門人泣求之 皆得於煨爐 藏之石室 壽六
十有二 臘三十四 遺誡令舁屍施鳥獸 焚其骨而散之 勿得悲慕以亂禪觀
每清明上山 必講道七日違者非吾弟子 持服四衆 數千百人哀泣喧野 暨
宣宗再闢眞敎 追謚定慧禪師 塔曰靑蓮

한 승이 물었다.

"도리를 깨우쳐서 허망을 그친 사람은 업을 짓지 않습니다. 그러면 죽은
후에는 영성이 어디에 의지하는 것입니까."

종밀이 다음과 같이 답했다.

"일체중생은 깨침의 자성을 갖추지 않은 사람이 없다. 그래서 영명하고
공적하여 부처와 다름이 없다. 다만 무시겁 이래로 일찍이 깨치지 못하고
허망하게 몸에 집착하여 아상으로 간주한다. 때문에 생·로·병·사하면서
장겁토록 윤회를 한다. 그러나 몸속에 있는 깨침의 자성은 일찍이 생·사가
없다. 마치 꿈속에서 구역(驅役)을 했지만 몸은 본래 편안하고 한가한
경우와 같고, 마치 물이 얼음이 되었지만 젖는 자성은 변함이 없는 경우와
같다.

만약 그 자성이 곧 법신임을 깨친다면 본래부터 무생인데 어디에 의탁할

것이 있겠는가. 영령하여 어둡지 않고 요요하여 늘상 알기 때문에 어디로부터 온 곳이 없고 또한 어디로 간 곳이 없다. 그러나 다생에 걸친 망집의 훈습으로 자성을 삼아서 희·노·애·락의 미세한 번뇌가 성취된다.

비록 진리를 돈달할지라도 그 습정은 돈제가 어렵다. 그러므로 모름지기 오랫동안 각찰(覺察)하여 습정을 덜어내고 또 덜어내야 한다. 마치 바람은 곧장 그쳐도 파랑은 점차 그치는 것과 같다. 어찌 일생 동안 닦은 것이 곧 제불의 역용(力用)과 같을 수 있겠는가. 무릇 공적으로써 자체를 삼아야지 색신을 자체로 인식하지 말고, 영지로써 자심을 삼아야지 망념을 영지로 인식하지 말라.

만약 망념이 일어나더라도 전혀 그것을 따르지 않으면 곧 임종 때에 자연히 업에 구속되지 않는다. 그래서 비록 중음에 있을지라도 어디를 가든지 자유롭게 천상과 인간에 마음대로 의탁한다. 만약 애·오의 분별념이 사리지고나면 곧 분단생사를 받지 않고, 스스로 단점을 바꾸어 장점으로 옮길 수가 있고 추악(醜惡)한 것을 바꾸어 미묘한 것으로 만든다.

만약 미세한 번뇌의 일체가 적멸하면 오직 대원각지(大圓覺智)만 분명하게 홀로 남는다. 그래서 곧 중생을 따라 응현하여 천백억화신으로 인연이 닿는 중생을 제도하는데 그것을 부처라 말한다. 그것을 통틀어 말하자면 무릇 아침부터 저녁까지의 모든 행위가 분별번뇌에 구속되면 곧 임종 때에 업에 이끌려 분단생을 받는다.

그러나 만약 일체의 행위가 각지(覺智)를 말미암고 분별번뇌에 구속되지 않으면 곧 임종 때에 진아의 자재를 말미암아 변역생을 받고 업생을 말미암지 않는다. 그러므로 장차 임종에서 생을 받을 경우에 자재한가 자재하지 못한가를 알고자 하면 무릇 일상의 행위와 마음이 속진의 경계에서 자유로운가 자유롭지 못한가를 살펴보면 된다."

종밀은 법계로 거실[堂奧]을 삼고 교전으로 뜨락[庭宇]을 삼으며 자비로 관모와 수레[冠盖]를 삼고 중생으로 산책하는 숲[園林]을 삼아서 종일토록 찬술하였지만 일찍이 문자로써 정념을 삼은 적이 없었다. 그러나 귀의한 출가자 및 재가자가 시장과 같아서 멀리서나 가까운 곳에서나 크게들 경탄하였다.

회창 원년(841) 정월 6일에 앉은 채로 입멸하였다. 다비를 하자 사리가 출현하였는데 맑고 밝았으며 광택이 찬란하였다. 문인들이 울면서 사리를 찾았는데 모두 잿더미 속에서 얻어 그것을 석실에 모셨다. 세수는 62세이고 법랍은 34세이다.

종밀의 유언은 다음과 같았다.
"법구를 메다가 새와 짐승에게 보시하라. 그 뼈는 불에 태워서 흩어버려라. 결코 슬프게 사모하여 선관을 어지럽히지 말라. 매년 청명절에는 산에 올라가 반드시 7일 동안 산림[講道]을 하라. 이것을 어긴 자는 내 제자가 아니다."

상복을 입은 사부대중 수천 수백 명이 슬프게 울어 들판이 떠들썩하였다. 또한 선종황제가 다시 불교[眞敎]를 열어서 정혜선사라는 시호를 추가하였고, 탑명을 청련이라 하였다.

(36)
○ 長沙景岑號招賢大師(嗣南泉後) 居無定所但絢<徇?>緣接物 隨宜說法 故名長沙<和尚+?> 上堂曰 我若一向擧揚宗教 法堂裏 須草深一丈 事不獲已 向汝諸人道 盡十方世界 是沙門眼目<目-?> 盡十方世界 是沙門全身 盡十方世界 是自己光明 盡十方世界 是<在?>自己光明裏 <盡十方世界無<有+?>一人不是自己+?> 我常向汝諸人道 <三世諸佛共盡 法界衆生 是摩訶般若光+?> 光明未發時 <汝等諸人向什麼處委 光未發時+?> 尚無佛無衆生消息 何處山河國土來 時僧問 如何是沙門眼 師曰長長出不得 又云十法界等 皆出不得 問未審出箇什麼不得 師曰晝見日夜見星 僧曰不會 師曰妙高山色靑又靑

장사경잠의 호는 초현대사(남전의 법사)인데 일정한 주석처가 없이 살았다. 인연을 따라 돌아다니면서 중생을 제접하고 형편에 따라서 설법을 하였다. 때문에 장사화상이라 불렸다.
상당하여 다음과 같이 말했다.[128]
"내가 만약 오로지 종문의 가르침[宗敎]만 거양한다면 법당 앞의 마당에

---

128) 『五燈會元』 卷4에 의거하여 해석한다.

는 모름지기 풀이 한 길이나 자랄 것이다. 그러므로 나는 형편상 부득이하게 그대들에게 다음과 같이 말한다.

　온 시방세계가 그대로 사문의 눈이고, 온 시방세계가 그대로 전신이며, 온 시방세계가 그대로 자기의 광명이고, 온 시방세계가 자기의 광명속에 있으며, 온 시방세계에 어떤 한 사람도 자기 아닌 경우가 없다. 나는 늘상 그대들에게 삼세제불과 법계의 중생이 곧 마하반야의 광명이라고 말해왔다. 그 광명이 발생하기 이전에는 어디에 있었는가. 광명이 발생하기 이전에도 오히려 부처도 없고 중생의 소식조차 없었는데 어디에서 산·하·국토가 유래되었는가."

　그때 한 승이 물었다.
"사문의 눈이란 무엇입니까."
　경잠이 말했다.
"길고 길어서 끄집어낼 수가 없다."
　또한 십법계 등도 모두 끄집어낼 수가 없다고 말했다.129)
　그 승이 물었다.
"드러낸다는 것이 무엇이길래 끄집어낼 수가 없다는 것인지 모르겠습니다."
　경잠이 말했다.
"낮에는 해를 보고 밤에는 별을 보는 것이다."
　승이 말했다.
"잘 모르겠습니다."
　경잠이 말했다.
"수미산의 빛깔은 푸르디 푸르다."

師令僧問同衾會 和尙見南泉後如何 會 默然 問未見已前作麼生 會曰 不可更別有也 僧還擧 師示一偈 百尺竿<竿?>頭坐底人 雖然得入未爲 眞 百尺竿<竿?>頭須進步 十方世界是全身 問百尺竿頭如何進步 師曰 朗州山澧州水 曰請師道 師曰四海五湖皇化裏

---

129) 이에 해당하는 대목은 다음과 같다. "부처가 되고 조사가 되어도 그것을 끄집어낼 수가 없고, 육도에 윤회하더라도 그것을 끄집어낼 수가 없다. 成佛成祖出不得 六道輪迴出不得"

경잠이 어떤 승을 동문인 회(會)한테 보내서 묻도록 하였다.

"화상께서 남전을 친견한 이후에는 어떻습니까."

회스님이 침묵을 지키자 그 승이 다시 물었다.

"남전화상을 친견하기 이전에는 어떻습니까."

회스님이 말했다.

"특별한 무엇이란 있을 수가 없다."

그 승이 돌아와서 경잠에게 말씀을 드리자 경잠이 다음과 같이 게송 하나를 보여주었다.

"백 척의 장대 끝에 앉아있는 사람에 대하여 　百尺竿頭坐底人
깨달았다고 말해도 진정한 깨달음은 아니다 　雖然得入未爲眞
백 척의 장대 끝에서 한걸음 더 나아가야만 　百尺竿頭須進步
시방세계가 그대로 자기자신의 몸이 된다네 　十方世界是全身"

승이 물었다.

"백 척의 장대 끝에서 어떻게 한걸음 나아간다는 것입니까."

경잠이 말했다.

"낭주의 산이고 예주의 물이다."

승이 물었다.

"청하건대 스님께서 말씀해주십시오."

경잠이 말했다.

"사해와 오호는 모두 황제의 덕화를 받고 있다."

問南泉遷化 向什麼處去 師曰東家作驢 西家作馬 問不會 師曰要騎即騎
要下即下 問蚯蚓斷爲兩段 兩頭俱動佛性在何頭 師曰動與不動 是何境
界 僧曰言不干典 非智者之所談 秖如和尙言 動與不動 是何境界 出自何
經 師曰酌然言不干典 非智者之所談 大德豈不見 楞嚴云 當知十方無邊
不動虛空 幷動搖地水火風 均名六大 性眞圓融 皆如來藏 本無生滅 聽吾
偈曰 最甚深<最甚深+?> 法界人身便是心 迷者迷心爲衆色 悟時刹境
是眞心 身界二塵無實相 分明達此號智<知?>音 又問如何是陀羅尼 師
指禪牀右邊 曰遮箇僧却誦得 曰還有人誦得否 師又指禪牀左邊 曰遮箇

僧亦誦得 問某甲爲什麼不聞 師曰眞誦無響 眞聽無聞 曰恁麼則音聲不
入法界性也 師曰離色求觀非正見 離聲求聽是邪聞 問如何是不離色是
正見 不離聲是眞聞 答聽吾偈曰 滿眼本非色 滿耳本非聲 文殊常觸目
觀音塞耳根 會三元一體 達四本同眞 堂堂法界性 無佛亦無人

한 승이 물었다.

"남전스님이 천화하시면 어디로 가는 것입니까."

경잠이 말했다.

"동쪽의 집에서는 나귀로 태어나고 서쪽의 집에서는 말로 태어난다."

승이 물었다.

"이해할 수가 없습니다."

경잠이 말했다.

"말을 타고 싶으면 말을 타고 말에서 내리고 싶으면 말에서 내린다."

승이 물었다.

"지렁이를 잘라서 두 동강내면 두 동강이 모두 꿈틀거립니다. 그렇다면 불성은 어느 쪽에 있습니까."

경잠이 말했다.

"꿈틀거리는 것과 꿈틀거리지 않는 것의 경계는 무엇이겠는가."

승이 물었다.

"그것은 경전과 관계없는 말씀으로서 지자의 담론이 아닙니다. 화상께서는 단지 꿈틀거리는 것과 꿈틀거리지 않는 것의 경계는 무엇이겠냐고 말씀하셨는데, 그 말은 어느 경전에 나옵니까."

경잠이 말했다.

"분명히 경전과 관계없는 말은 지자의 담론이 아니다. 대덕은 어찌 보지 못했는가. 능엄경에서는 '반드시 알아야 한다. 요동치지 않는 시방의 끝없는 허공 및 요동치는 지·수·화·풍을 똑같이 육대라 말한다. 그 자성은 참되고 원융하여 모두 여래장으로서 본래 발생과 소멸이 없다.'고 말한다.

내 게송을 들어 보라.

가장 심심하고 또한 가장 심심함이여　最甚深　最甚深

법계와 사람의 몸 그대로 마음이라네　法界人身便是心

미혹한 사람 미혹심으로 경계 삼지만　迷者迷心爲衆色
깨치면 찰토의 경계가 곧 진심이라네　悟時利境是眞心
그러나 몸과 법계에는 실상이 없는데　身界二塵無實相
이것 분명히 통달하면 지음자라 하네　分明達此號知音"

　　그 승이 또 물었다.
"다라니란 무엇입니까."
　　경잠이 선상의 오른쪽 모서리를 가리키면서 말했다.
"저 스님이 송주할 줄 안다."
　　승이 물었다.
"다른 스님도 송주할 줄 압니까."
　　경잠이 다시 왼쪽 모서리를 가리키면서 말했다.
"저 스님도 또한 송주할 줄 안다."
　　승이 물었다.
"그런데 저한테는 어째서 들리지 않습니까."
　　경잠이 말했다.
"진정으로 주송하는 것은 음향이 없고, 진정으로 듣는 것은 들림이 없다."
　　승이 물었다.
"그렇다면 곧 음성은 법계자성에 포함되어 있지 않다는 것이겠군요."
　　경잠이 말했다.
"색상을 떠나서 보려고 추구하면 정견(正見)이 아니고, 음성을 떠나서
들으려고 추구하면 곧 사문(邪聞)이다."
　　승이 물었다.
"색상을 떠나지 않는 것이 곧 정견이고 음성을 떠나지 않는 것이 진문(眞
聞)이란 무엇입니까."
　　경잠이 답했다.
"내 게송을 들어 보라.
눈에 가득한 것이 본래 색이 아니고　滿眼本非色
귀에 가득한 것 본래 소리가 아니다　滿耳本非聲
문수보살은 언제나 눈가에 드러나고　文殊常觸目
관세음보살은 귀에 가득히 들어있네　觀音塞耳根

셋을 알고보니 원래 한 가지 체이고　會三元一體

넷을 요달하면 본래 다 같은 참이니　達四本同眞130)

당당한 법계의 본래자성 가운데에는　堂堂法界性

부처도 없고 또한 인상도 본래 없다　無佛亦無人"

問向上一路 請師道 師曰一口針三尺線 問如何領會 師曰益州布楊州絹
師因庭前向日次 仰山曰 人人盡有遮簡 秖是用不得 師曰＜恰+?＞是請
汝＜倩女?＞用去也 山曰＜倩+?＞汝＜女?＞作麼生用 師乃蹋倒仰山 山曰
一似簡大蟲(從此諸方謂之岑大蟲) 問如何是文殊 師曰墻壁瓦礫是 問
如何是觀音 師曰音聲語言是 問如何是普賢 師曰衆生心是 問如何是佛
答衆生色身是 問河沙諸佛體皆同 何故有種種名 答從眼根返源名文殊
從耳根返源名觀音 從心返源名普賢 文殊是佛妙觀察智 觀音是佛無緣
大慈 普賢是佛無爲妙行 三聖是佛之妙用 佛是三聖之眞體 用則有河沙
假名 體則捻名一薄伽梵 問色則是空 空則是色 此理如何 師曰聽吾偈曰
礙處非墻壁 通處勿虛空 若人如是解 心色本來同 又偈曰 佛性堂堂顯現
住性＜相?＞有情難見 若悟衆生無我 我面何殊佛面 問如何轉得山河國
土 歸自己去 答如何轉得自己 成山河國土去 僧曰不會 師曰湖南城下好
養民 米賤柴多足四隣 僧無語 師有偈曰 誰問山河轉 山河轉向誰 圓通無
兩畔 法性本無歸

　한 승이 물었다.

"선사께 청하건대 향상일로에 대하여 말씀해주시기 바랍니다."

　경잠이 말했다.

"바늘 한실 꿰어서 석 자를 꿰매는 것이다."

　승이 물었다.

"어떻게 하면 그것을 이해할 수 있겠습니까."

　경잠이 말했다.

"익주의 베요 양주의 비단이다."

---

130) 이하에 이어지는 내용과 관련하여 언급한 것인데, 셋은 三聖으로서 문수와
　　관음과 보현이고, 넷은 여기에 다시 부처[바가범]를 합한 것이다.

뜨락에 햇살이 비치자 앙산이 물었다.

"사람은 모두 햇살을 지니고 있지만 단지 그것을 작용할 줄 모르고 있습니다."

경잠이 말했다.

"흡사 청녀(倩女)의 작용과 같다네."131)

앙산이 말했다.

"그러면 천녀는 어떻게 작용한 것입니까."

이에 경잠이 발로 차서 넘어뜨려버렸다.

그러자 앙산이 말했다.

"마치 저 호랑이를 똑 닮았습니다."

(이로부터 제방에서는 경잠을 岑大蟲이라 불렀다)

한 승이 물었다.

"어떤 것이 문수입니까."

경잠이 말했다.

"장·벽·와·력이 모두 문수다."

승이 물었다.

"어떤 것이 관음입니까."

경잠이 말했다.

"음·성·언·어가 모두 관음이다."

승이 물었다.

"어떤 것이 보현입니까."

경잠이 말했다.

"중생심이 곧 보현이다."

승이 물었다.

---

131) 형주의 張鑑의 장녀[천녀]와 그 외조카 王宙는 결혼을 약속했지만 장감은 딸을 賓僚에게 시집보냈다. 왕주는 타향에 가서 살려고 물을 건너는데 장감의 장녀가 뒤따라오길래 함께 蜀으로 도망쳐서 아들을 낳고 5년 동안 살았다. 고향으로 돌아가 그간의 사정을 말씀드리자 장감은 딸이 5년 동안 병으로 누워만 있다고 말했다. 왕주가 데리고 온 천녀가 병석의 천녀를 만나 한 몸이 되었다는 내용이다. 『無門關』 제35칙에서 오조법연이 제자들에게 언급한 화두이다.

"어떤 것이 부처입니까."

경잠이 말했다.

"중생의 색신이 곧 부처이다."

승이 물었다.

"항하사와 같은 제불의 본체는 모두 동일합니다. 그런데 무슨 까닭에 갖가지 문수·보현·관음·부처와 같은 명칭이 있는 것입니까."

경잠이 답했다.

"안근을 통해서 근원에 돌아가면 문수라 말하고, 이근을 통해서 근원에 돌아가면 관음이라 말하며, 마음을 통해서 근원에 돌아가면 보현이라 말한다. 문수는 곧 부처의 묘관찰지이고, 관음은 부처의 무연대자이며, 보현은 부처의 무위묘행이다. 세 성인[三聖]은 곧 부처의 묘용이고 부처는 곧 세 성인의 진체이다. 그것을 작용하면 항하사와 같은 가명이 있지만 그 본체를 총명하면 하나의 바가범이다."

승이 물었다.

"색이 곧 공이고 공이 곧 색이라는 도리는 무엇입니까."

경잠이 말했다.

"다음과 같은 내 게송을 들어 보라.

꽉 막힌 곳은 장벽이 아니고	礙處非墻壁
확 트인 곳은 허공이 아니다	通處勿虛空
만약 누가 이와 같이 안다면	若人如是解
마음 및 물질이 본래 같다네	心色本來同"

또 게송으로 다음과 같이 말했다.

"부처의 자성은 당당하게 현현해 있건만	佛性堂堂顯現
형상에 집착하는 유정은 보기 어렵다네	住相有情難見
만약 중생이면서 무아의 도리 깨친다면	若悟衆生無我
자신과 부처의 면목이 어찌 다르겠는가	我面何殊佛面"

승이 물었다.

"어떻게 굴리면 산·하·국토가 자기에게로 돌아올 수 있겠습니까."

경잠이 답했다.

"어떻게 굴리면 자기가 산·하·국토의 모습으로 성취되겠는가."

승이 말했다.

"모르겠습니다."

경잠이 말했다.

"호남성에 가면 백성이 살기가 좋다네. 쌀값이 저렴하고 땔감도 충분하며 이웃도 많다네."

승이 대꾸하지 못했다.

그러자 경잠이 게송으로 다음과 같이 말했다.

"산하를 굴린다고 뉘라서 질문하던가 　誰問山河轉

산하가 구른들 누구에게 향하겠는가 　山河轉向誰

원통하면 산하 및 사람 둘이 없듯이 　圓通無兩畔

제법성은 본래부터 돌아감도 없다네 　法性本無歸"

(37)

○ 趙州觀音院從諗禪師(嗣泉) 値南泉偃息而問 近離什麼處 曰離瑞像 泉曰還見瑞像否 曰瑞像即不見 却見箇臥如來 泉便起坐問 汝是有主沙彌 無主沙彌 曰有主沙彌 泉曰主在什麼處 曰仲冬嚴寒 伏惟和尚尊體起居萬福 泉遂令維那 與我安排遮沙彌著 因此乃許入室 一日問如何是道泉曰平常心是道 曰還許趣向否 泉曰擬向即乖 曰不擬時如何知道 泉曰道不屬知不知 知是妄覺 不知是無記 若達無礙 猶如太虛 廓然虛豁 豈可強是非耶 師言下悟理 異日問 知有底人 向什麼處休歇 泉曰山下作一頭水牯<牯?>牛去 曰謝師指示 泉曰昨夜三更月到窓 一日兩堂僧爭猫兒泉提起猫兒曰 道得即救 道不得即斬 二俱無對 泉即斬 後擧似趙州 州脫鞋安頭上 便出去 泉曰當時子在即救猫兒 趙州問 道非物外 物外非道如何是物外道 泉便打趙州 州曰莫打某甲 已後錯打人去在 泉曰龍蚖易辨 衲子難謾 上堂曰 此事的的勿<沒?>量大人 出遮裏也不得 吾見潙山因問如何是祖師西來意 山曰 與我將坐牀子來 師曰大凡宗師 須以本分事接人 始得 時僧問 如何是祖師西來意 師曰庭前栢樹子 曰和尚莫將境示人 師曰我不將境示人 曰如何是西來意 師曰庭前栢樹子 問萬法歸一一歸何處 師曰老僧在青州 作得一領布衫重七斤 問學人乍入叢林 乞師

指示 師曰喫粥去<也+?> 曰喫粥了也 師曰 洗鉢盂去 其僧契悟 問如何
是賓中主 師曰山僧不問婦 問如何是主中賓 曰山僧無丈人 師凡見僧來
便問曾到此間麼 云曾到 惑<或?>云不曾到 師皆云喫茶去 院主乃問和
尚尋常問僧 曾到與不曾到 總道喫茶去 意旨如何 師召院主 主應諾(師云
喫茶去) 師唐乾寧四年 端坐而終 壽一百二十歲 諡眞際大師光祖之塔

　조주 관음현 종심선사(남전의 법사)가 남전을 친견하였다. 누워서 휴식
을 취하고 있으면서 물었다.
"요즈음 어디에 있다 왔는가."
　조주가 말했다.
"서상원에서 오는 길입니다."
　남전이 물었다.
"서상은 보았는가."
　조주가 말했다.
"서상은 보지 못했지만 누워 있는 여래는 친견했습니다."
　남전이 벌떡 일어나서 앉더니 물었다.
"그대는 은사가 있는 사미인가, 은사가 없는 사미인가."
　조주가 말했다.
"은사가 있는 사미입니다."
　남전이 물었다.
"은사는 어디에 있는가."
　조주가 말했다.
"한겨울이라 무척 차가운 날씨입니다. 바라건대 화상께서는 존체의 기거
에 만복하십시오."
　마침내 남전은 유나를 시켜서 그 사미를 자신의 처소에 안배하라고
말했다. 이로 인하여 이에 입실을 허가받았다.

　어느 날 물었다.
"깨침이란 무엇입니까."
　남전이 말했다.

"평상심이 그대로 깨침이다."

조주가 물었다.

"평상심에 나아갈 수 있겠습니까."

남전이 말했다.

"평상심에 나아가려고 하면 곧 어그러지고 만다."

조주가 물었다.

"그렇다고 평상심에 나아가려고도 하지 않는다면 어떻게 깨침을 알겠습니까."

남전이 말했다.

"깨침은 알고 모르는 데에 속하지 않는다. 안다는 것은 곧 망각(妄覺)이고, 모른다는 것은 곧 무기(無記)이다. 만약 무애의 경지에 통달하면 마치 허공과 같이 탁 트여서 텅 비어 있을 터인데 어찌 억지로 시·비를 일으키겠는가."

조주는 언하에 그 도리를 깨쳤다.

그러던 어느 날 물었다.

"평상심이 본래 갖추어져 있다는 도리를 아는 사람은 어떤 방식으로 휴헐해야 합니까."

남전이 말했다.

"남전산을 내려가서 한 마리의 수고우가 되는 것이다."

조주가 물었다.

"선사의 지시(指示)에 감사드립니다."

남전이 말했다.

"어젯밤에는 삼경에야 달빛이 창에 비쳤다네."

어느 날 동당과 서당의 스님들이 고양이를 두고 다투었다. 남전이 고양이를 잡아들고 말했다.

"그대들 가운데 바른 말을 하면 곧 구해줄 것이고, 바른 말을 하지 못하면 베어버리겠다."

양당의 스님들이 모두 대꾸하지 못했다. 그러자 남전은 고양이를 베어버렸다. 이후에 조주에게 그 상황을 말해주니, 조주는 신발을 벗어 머리에

었고는 곧장 나가버렸다. 그러자 남전이 말했다.
"당시에 그대가 있었더라면 고양이를 구원했을 것이다."

조주가 물었다.
"깨침은 세속을 벗어나 있지 않고 세속을 벗어나 있으면 깨침이 아닙니다. 그러면 어떤 것이 세속을 벗어나 있는 깨침입니까."
남전이 갑자기 조주를 때려주자 조주가 말했다.
"저를 때리지 마십시오. 습관이 들면 이후에도 다른 사람을 잘못 때릴 것입니다."
남전이 말했다.
"용과 뱀은 분별하기 쉽겠지만, 납자는 속이기가 어렵겠구나."

상당하여 말했다.
"깨침의 경지는 적적(的的)하여 몰량대인(沒量大人)이라도 그 경지를 내보일 수가 없다. 가령 나는 위산에 도착하여 다음과 같은 모습을 보았다.
어떤 승이 위산에게 물었다.
'달마조사께서 서쪽에서 오신 뜻이 무엇입니까.'
위산이 말했다.
'나한테 좌복과 평상을 갖다 달라.'
이처럼 무릇 명안종사라면 모름지기 본분사를 가지고 사람을 제접할 줄 알아야 한다."
그러자 어떤 승이 물었다.
"달마조사께서 서쪽에서 오신 뜻이 무엇입니까."
조주가 말했다.
"뜨락의 잣나무이다."
승이 말했다.
"화상께서는 바깥 경계를 가지고 저한테 지시하지 마십시오."
조주가 말했다.
"나는 바깥 경계를 가지고 사람들에게 지시하지 않는다."
이에 그 승이 다시 물었다.
"달마조사께서 서쪽에서 오신 뜻이 무엇입니까."

조주가 말했다.

"뜨락의 잣나무이다."

승이 물었다.

"만법은 하나로 돌아간다고 합니다. 그러면 그 하나는 어디로 돌아가는 것입니까."

조주가 말했다.

"노승이 청주에 있을 때 무명적삼의 옷을 한 벌 지었는데 무게가 일곱 근이었다."

승이 물었다.

"학인은 총림에 갓 들어왔습니다. 그러니 선사께서 지시해주시기 바랍니다."

조주가 물었다.

"죽은 먹었는가."

승이 말했다.

"예, 죽을 먹었습니다."

조주가 말했다.

"그러면 발우나 씻어 두거라."

이에 그 승이 깨침에 계합되었다.

한 승이 물었다.

"빈중주란 무엇입니까."

조주가 말했다.

"산승에게는 젊은 여인도 따로 없다."

승이 물었다.

"주중빈이란 무엇입니까."

조주가 말했다.

"산승에게는 나이 먹은 노파도 따로 없다."132)

---

132) 四賓主를 설명한 것이다. 사빈주는 스승이 제자를 제접하는 경우를 네 가지로 설명한 것이다. 빈과 주는 각각 迷와 悟, 用과 體로 설명되기도 한다. ① 賓中賓은 제자가 어리석어서 스승의 교화를 받고도 이해하지 못하는 경

조주는 무릇 어떤 승이 찾아오면 다짜고짜로 '전에 여기에 와본 적이 있는가.' 라고 물었다. 그러면 승은 '예, 전에 와본 적이 있습니다.' 혹은 '전에 와본 적이 없습니다.' 라고 말했다. 이에 대하여 조주는 모두에게 '차나 한 잔 들게나.' 라고 말했다.

이에 원주가 물었다.

"화상께서는 늘상 찾아오는 승에게 전에 와본 적이 있느냐, 또 전에 와본 적이 없느냐고 묻고는, 모두에게 차나 한 잔 들라고 말씀하십니다. 도대체 그게 무슨 뜻입니까."

조주가 불렀다.

"원주여,"

원주가 답했다.

"예,"

(조주는 '차나 한 잘 들게나.' 라고 말했다)

조주는 당나라 건녕 4년(897)에 단정하게 앉아서 입적하였다. 세수는 120세이고, 시호는 진제대사이며, 탑호는 광조탑이다.

(38)

○ 華亭德誠禪師(嗣藥山) 師嘗於華亭吳江汎一小舟 時謂舡子和尙 嘗謂同叅道吾曰 他後有靈利者 指<一+?>筒來 吾於後乃指來<夾?>山善會 向舡子處去 會初到舡中 師問 大德從何寺來 <會曰 寺卽不住 住卽不似 師曰 不似<又不+?>似箇什麼+?> 曰目前無寺<似?> 師曰是什麼 曰不示<是?>目前法 師曰什麼處學得來 曰非耳目所到 師召曰一句合頭語 萬劫繫驢橛<橛?><勘破了也+?> 又問垂絲千尺意在深潭 浮之有無 離釣三寸 子何不道 會擬擬 師便以篙打會落水中 纔出水 師曰道道 會擬開口 師又打 會於此有省 <乃點頭三下+?> 遂曰 等<竿?>頭絲線從師<君?>弄 不犯淸波意自殊

우. ② 賓中主는 제자의 능력이 스승보다 뛰어난 경우. ③ 主中賓은 스승의 능력이 모자란 경우. ④ 主中主는 뛰어난 스승의 경우이다.

187

화정덕성 선사(약산의 법사)

선사는 일찍이 화정의 오강에서 하나의 작은 배를 띄워놓고 살았기 때문에 당시에 그를 뱃사공화상[船子和尙]이라 불렀다.

일찍이 약산을 동참했던 도오에게 말했다.

"훗날 영리한 놈이 있거든 하나 지목하여 보내주시오."

도오가 훗날 협산선회를 지목하여 선자의 처소로 보내주었다.

선회가 처음에 강에 도달하자 덕성이 물었다.

"대덕은 어느 사찰에서 왔는가."

선회가 말했다.

"사찰이라면 머물러본 적도 없고, 머물렀다해도 사찰 같은 곳도 아닙니다."

덕성이 물었다.

"사찰 같은 곳도 아니라니, 그렇다면 또 사찰 같은 곳도 아니란 그곳은 도대체 어디를 말하는가."

선회가 말했다.

"목전에는 비슷한 것도 없습니다."

덕성이 물었다.

"그게 무슨 소린가."

선회가 말했다.

"목전의 법이 아닙니다."

덕성이 물었다.

"어디에서 공부했는가."

선회가 말했다.

"그곳은 눈과 귀로 도달할 수 있는 곳이 아닙니다."

덕성이 선회의 이름을 부르더니 말했다.

"어떤 한마디가 합치되는 말이라해도 그것은 만겁토록 굴레[繫驢橛]이 되고 마는 것을 감파해버렸구나."

그리고는 덕성이 다시 물었다.

"천 자의 낚싯줄을 물속에 드리운 것은 깊은 연못의 물이 흐르는지 고요한지 그 유무를 알아보는 것에 의도가 있다. 그렇다면 세 치의 낚싯바늘을 벗어나서 그대가 어떻게 말해보지 않겠는가."

선회가 말을 꺼내려고 하자 덕성이 갑자기 삿대로 때려서 선회를 물속으로 밀어버렸다. 물속에서 선회가 겨우 빠져나오자 덕성이 말했다.

"말해 보라. 어서 말해 보라."

선회가 입을 열려고 하는데 덕성이 또 때렸다. 이에 선회가 깨치고는 머리를 세 번 조아렸다.

그러자 덕성이 말했다.

"낚싯줄은 그대 마음대로 자유롭게 움직여도   竿頭絲線從君弄

　맑은 물 침범하지 않으니 그 뜻이 가상하다   不犯淸波意自殊"

又却問每日直鈎釣魚意旨如何 師答懸絲綠波 水中之意 浮定有無 速道
將來 會曰語帶立<玄?>而無路 舌頭談而不談 師曰每日直鈎 今朝釣得
一箇 又一日謂會曰 石頭下一派有<看?>看欲減也 會曰不然 師曰子又
如何 會曰他家自有靑山在 師<遂囑+?>曰 <他後 直須藏身處沒蹤跡
沒蹤跡處莫藏身>我在藥山處<處-?>　二<三?>十年常<祗?>明此事
汝今得之於後 莫著城隍聚落 向深山中 把钁頭 覓取一箇 令不斷絕 會乃
辭 師送上岸 會再三廻顧 情義眷眷 師乃召善會 汝將謂別有在 便覆却舟
善會便行

또 선회가 물었다.

"매일 낚시를 드리우고 물고기를 낚는 뜻이 무엇입니까."

덕성이 답했다.

"낚싯줄을 푸른 물결에 드리운 것은 물속의 정취가 움직이는지 고요한지 그 유무를 알아보기 위함이다. 그대가 어서 말해 보라."

선회가 말했다.

"언어는 현묘하지만 길이 없고 혀는 놀리지만 말이 없습니다."

덕성이 말했다.

"매일 낚시를 드리우는데 오늘 아침에야 한 마리를 낚았다."

또 어느 날 선회에게 말했다.

"석두 문하의 일파가 이제 곧 사라지게 될지도 모르겠구나."[133]

---

133) 여기에서 석두문하의 일파는 협산선회의 선맥을 가리킨다.

선회가 말했다.

"그렇지는 않을 것입니다."

덕성이 물었다.

"그대는 또 어째서 그렇게 말하는가."

선회가 말했다.

"그 일파134) 곧 저에게는 청산이 있기 때문입니다."

덕성이 마침내 부촉하며 말하였다.

"이후로는 모름지기 몸을 감추되 몰종적의 경지가 되어야 한다. 그러나 끝내 몰종적이라는 경지에도 몸을 감추어서는 안된다. 나도 약산에 있으면서 평생동안 단지 그것만 구명하였다. 그런데 그대가 지금 그것을 터득하였다. 이후로 성황이나 마을에 애착하지 말고 깊은 산속에 들어가서 괭이를 들고 한 사람을 찾아내어서 석두문하의 일파가 단절되지 않도록 하라."

선회가 하직인사를 하자 덕성이 강 위의 기슭까지 전송하였다. 선회가 두세 번 돌아보면서 몹시 안타까워했다. 그러자 덕성이 선회를 불러서 '그대한테 특별한 선물을 주겠다.'고 말하더니 갑자기 덕성 자신이 타고 있던 배를 뒤집어버렸다. 이에 선회는 그 자리를 곧 떠나버렸다.135)

(39)

○ 高亭(嗣歸宗法<智=>常) 有僧自來山善會處來 便禮拜 師便打 僧曰 特來禮拜 何得便打 再拜 師又打趁 僧廻擧似夾山 山曰汝會也無 曰不會 山曰賴汝不會 汝若會 夾山口瘂

고정(귀종법상의 법사)136)

한 승이 협산선회의 처소에서 찾아와서 예배를 드리자 갑자기 고정이 그를 때려주었다. 그러자 승이 물었다.

"특별히 예배까지 드렸는데 어째서 때리는 것입니까."

그리고는 다시 예배를 드렸다. 고정이 다시 그 승을 때려주었다.

그 승이 협산으로 돌아가서 그 일화를 말씀드리자 협산이 말했다.

---

134) 협산선회 자신의 일파를 가리킨다.
135) 『禪門拈頌集』卷13, 第533則 참조.
136) 법계는 馬祖道一 - 歸宗智常 - 漢南高亭이다.

"그대는 그 의미를 이해하겠는가."

  승이 말했다.

"통 모르겠습니다."

  협산이 말했다.

"그대의 깜냥으로는 결코 이해하지 못한다. 그대가 만약 이해한다면 내가 벙어리가 되고 말 것이다."

(40)

○ 德山宣鑑禪師(嗣崇信) 釰南周氏 丱歲出家 諸經貫通旨趣 嘗講金剛經 時謂之周金剛 厥後訪尋禪宗 因謂同學曰 一毛吞巨海 海性無虧 纖芥投鋒 鋒鋩不利<利不?><動+?> 學與無學 唯我知焉 初到龍潭 遇信師 在僧堂掃地 山顧視堂上下間曰 久嚮龍潭 及乎到來 潭又不見 龍又不現 信曰子親到龍潭來 異夕入室請問畢 信曰子何不去 山曰外面黑 信躬起 點燭與山 山擬接次 信便吹滅 山便禮拜 信曰汝見箇什麼道理 便禮拜 山曰從今向去 不疑天下老和尚舌頭也 明日信上堂云 可中有箇漢 牙如釰樹 口似血盆 一捧打不廻<回?>頭 他時向孤峯頂上 立吾道在 山遂取疏鈔 於法堂前 秉起炬云 窮諸玄辨 若一毫致於太虛 竭世樞機 似一滴投於巨壑 疏鈔便燒 於時禮辭 又到潙山祐大師處 從法堂西邊過東邊 顧視曰 有麼有麼 便出至僧堂前 乃曰雖然如此 也不得草草 遂具威儀 上堂頭繞跨門 提起坐具 喚曰和尚 祐擬取拂子 山便喝 拂袖而出 祐至晚問徒曰 今日新到 在甚處 對曰那僧見和尚了便出去 祐曰是伊將來 有把芧盖頭 訶佛罵祖去在

  덕산선감 선사(숭신의 법사)는 검남의 주(周)씨이다. 어린 나이에 출가하였는데 제경전의 지취(旨趣)에 통달하였다. 일찍이 『금강경』을 강의하였기 때문에 당시에 그를 주금강이라 불렀다.

  이후에 선종을 탐방하였는데 그로 인하여 동학들에게 다음과 같이 말했다.

"하나의 터럭이 바다를 삼켜도 바다의 자성은 줄어들지 않고, 미세한 겨자씨를 칼끝에 던져도 칼끝의 서슬은 예리함이 변하지 않는다. 이처럼 학과 무학에 대하여 나는 그 도리를 알고 있다."

처음에 용담에 도착했을 때 숭신선사가 승당에서 청소하고 있는 모습을 만났다. 덕산은 승당을 위아래로 훑어보더니 말했다.
"오랫동안 용담에 대하여 들어왔는데, 막상 도래하고보니 연못도 또한 보이지 않고 용도 또한 나타나지 않습니다."
숭신이 말했다.
"그대 자신이 용담에 들어와 있다네."
어느 날 저녁에 입실하여 청문을 마치고 숭신이 말했다.
"그대는 어찌 돌아가지 않는가."
덕산이 말했다.
"밖이 어둡습니다."
숭신이 몸소 일어나더니 등불을 붙여서 덕산에게 건네주었다. 덕산이 등불을 받으려고 하는데 숭신이 갑자기 불어서 불을 꺼버렸다. 이에 덕산은 곧장 예배를 드렸다.
숭신이 물었다.
"그대가 본 것은 어떤 도리이길래 곧장 예배를 하는가."
덕산이 말했다.
"지금부터 이후에는 천하의 노화상들의 말씀을 의심하지 않겠습니다."
이튿날 숭신은 상당하여 다음과 같이 말했다.
"이 가운데 한 녀석이 있다. 그 이빨은 칼숲과 같고 입은 피가 담긴 동이와 같은데, 한방으로 후려쳐도 고개조차 돌리지 않는다. 저 훗날에 우뚝 솟은 봉우리처럼 내 불도를 내세울 것이다."
덕산은 마침내 『소초』를 가져다 법당 앞에다 놓고 횃불을 치켜들고 말했다.
"모든 현묘한 변설을 부린다해도 그것은 마치 하나의 터럭을 허공에 놓는 것과 같고, 세상의 중요한 일을 다 이룬다해도 그것은 마치 한 방울의 물을 넓은 골짜기에 떨어뜨린 것과 같다."
그리고는 곧 『소초』를 불태워버렸다. 그때 덕산은 숭신에게 하직인사를 드렸다.
또 위산영우 대사의 처소에 도착해서는 법당의 서쪽 끝에서부터 동쪽의 끝까지 지나가면서 둘러보고 말했다.

"누구 있는가, 누구 있는가."

그리고는 곧장 나가다가 승당 앞에 이르러서 이에 말했다.

"그렇지만 이렇게 허둥지둥 서두를 필요가 없지."

마침내 위의를 갖추고는 상당하여 머리가 막 문턱을 넘어가자마자 좌구를 들고는 소리쳐 말했다.

"화상이여."

영우가 불자를 집어들려고 하자 덕산이 갑자기 할을 하더니, 소매를 떨치고는 법당 밖으로 나가버렸다. 저녁이 되자 영우는 대중에게 물었다.

"오늘 새로 도착한 놈은 어디 있는가."

대중이 말했다.

"저 승이 화상을 보더니 곧 밖으로 나가버렸습니다."

영우가 말했다.

"저 녀석은 장래에 초막을 지어놓고 부처를 꾸짖고 조사를 욕보일 것이다."

師上堂曰 於己無事 則勿妄求 求而得之 亦非所得 汝但無事於心 無心於事 則虛而靈 空而妙 若有毛端許 言之本末者 皆爲自欺 毫釐繫念 三塗業因 瞥爾情生 萬劫羇鎖 聖名凡號 盡是虛聲 殊相劣形 皆爲幻色 汝欲求之 得無累乎 及其厭之 又成大患 終而無益 便下座

덕산이 상당하여 다음과 같이 말했다.

"자기에게 번뇌가 없은즉 망령되게 깨침을 추구하지 말라. 추구하여 깨침을 터득하는 것은 또한 본래의 소득이 아니다. 그대들은 무릇 마음에 번뇌를 담아두지 말라. 번뇌에 무심하면 곧 텅 비어 있지만 신령스럽고 공하지만 오묘하다.

만약 털끝만치라도 언설을 가지고 본말을 삼는다면 그것은 모두 자신을 속이는 것이고, 호리(毫釐)만치라도 망념에 얽매인다면 그것은 삼악도의 업인이 되며, 잠시라도 분별식정이 발생한다면 그것은 만겁토록 굴레와 족쇄가 될 것이다. 부처라는 명칭과 범부라는 호칭도 모두 헛된 소리이고, 뛰어난 신체의 상호와 하열한 신체의 형상도 모두 허깨비와 같은 형색이다.

193

그대들이 그것들을 추구하려해도 얻는 것이 없을 것이고, 그렇다고 그것들을 싫어한다해도 또한 큰 걱정만 성취되어 끝내 아무런 이익이 없다."

그리고는 곧 법좌를 내려왔다.

示衆曰 今夜不得問話 有問話者 三十棒 時有僧纔出衆 師便打 僧曰某甲
話也未問 爲什麽却打某甲 師曰汝是什麽處人 僧曰新羅人 師曰據汝脚
未上舡 好與三十捧<棒?> 師因病疾 時僧問 還有不病者否 師曰有 曰如
何是不病者 師叫阿耶阿耶 師復告衆曰 捫空追嚮 勞汝心神 夢覺覺非
竟有何事 言訖而終 壽八十六 諡見性大師

덕산이 대중에게 말했다.
"오늘 밤에는 문답하지 않겠다. 질문이 있는 자에게는 30방을 내릴 것이다."

그러자 한 승이 대중 가운데서 나오자마자 덕산이 곧장 때려주었다.
이에 그 승이 물었다.
"저는 말을 묻지도 않았습니다. 그런데 어째서 저를 때린 것입니까."

덕산이 말했다.
"그대는 어디 출신인가."

승이 말했다.
"신라에서 왔습니다."

덕산이 말했다.
"그대가 배를 타기도 전에 30방을 때려주었더라면 좋았을 것이다."

덕산이 병에 걸리자 그때 한 승이 물었다.
"병에 걸리지 않는 사람도 있습니까."

덕산이 말했다.
"그런 사람이 있기는 하다."

승이 물었다.
"어떤 사람이 병에 걸리지 않습니까."

그러자 덕산이 "아야! 아야!" 하고 소리쳤다.

덕산이 다시 대중에게 말했다.

"허공을 더듬고 메아리를 좇으면　捫空追響

괜히 그대들의 心神만 피곤하다　勞汝心神

꿈과 깸이 모두 그릇된 줄 알면　夢覺覺非

구경에 무슨 번뇌인들 있겠는가　竟有何事"

말을 마치고는 입적하였다. 세수가 86세이고, 시호는 견성대사이다.

(41)
○　表州仰山慧寂禪師(嗣潙山) 詔<韶?>州懷化葉氏 九歲投不語通和
尙出家 年至十四 父母歸取<取歸?>欲婚 山遂斷二指 跪父母前 誓求出
家 勤學正法 以答劬勞之德 父母乃許 還侍其師 終年至十八 徃眞座主處
聽維摩經 又詣乳源 源乃曰 已相見了也 山曰什麼年中相見 源便歸方丈
山又念經<高聲+?> 源曰汝念經似哭 山曰寂祇恁麼 和尙又如何 源便
顧視山 山曰若恁<與?>麼與哭何別 源便休

표주의 앙산혜적 선사(위산의 법사)는 소주 회화현의 섭씨이다. 9살
때 즉불어통(卽不語通) 화상에게 출가하였다. 그런데 나이 14세에 이르러
부모에게 돌려보냈는데, 결혼을 시키려고 하자 앙산은 마침내 두 손가락을
잘라서 부모님 앞에 무릎을 꿇고 맹세코 출가할 것을 추구하였다. 곧
부지런히 정법을 익힘으로써 기르시느라고 수고해주신 은덕에 보답하고
자 하였다. 이에 부모가 허락하자 다시 통선사에게 돌아가 시봉하였다.
마침내 나이 18세에 이르자 탐원응진 좌주에게로 가서 『유마경』을 들었
다.

또한 유원에게 나아가자, 유원이 이에 말했다.
"이미 서로 만난 적이 있었구나."
앙산이 물었다.
"몇 년도에 상견했다는 것입니까."
그러자 유원이 바로 방장으로 돌아가버렸다.

또 앙산이 경전을 소리높여 읽고 있는데 유원이 말했다.
"그대는 곡을 하듯이 경전을 읽는구나."
   앙산이 물었다.
"혜적 저는 이렇게 읽는데 화상께서는 어찌 읽습니까."
   유원이 문득 앙산을 빤히 쳐다보자, 앙산이 물었다.
"경전을 익는 것과 곡을 하는 것은 어떤 차별이 있습니까."
   그러자 유원은 곧 그만두었다.

又詣性空和尚次 有僧問 如何是祖師西來意 空曰如人在千尺井中 不假
寸繩 若出得 即爲汝說 僧曰湖南和尚 正爲人說法 空曰沙彌拖出遮死漢
著 山聆此語 日夜思量 謂之天下無人也 遂禮性空爲師 空不受 乃曰吾非
汝師 耽源山有應眞 汝可徃彼 無滯於此山遂造彼處(時年二十) 源乃問
什麼處來 山曰性空處來 住經數月 屢求請 並不容許 山却廻 性空見乃問
汝何故却來 山曰慧寂每被訶叱 所以却廻 空曰若到寶山空手廻 汝但信
我語 再徃彼處 自古求法 不惜身命 些子境界 何便懼之 但知探寶 何關瓦
礫 山乃再造

   앙산이 성공화상[大慈寰中 : 780-862 백장의 사법제자]을 참문했는
데, 어떤 승이 성공화상에게 물었다.
"달마조사가 서쪽에서 오신 뜻이 무엇입니까."
   성공화상이 말했다.
"어떤 사람이 천 자나 되는 우물속에 있다고 하자. 그가 어떤 줄도 사용하지
않고 밖으로 나온다면 그때 그대한테 말해주겠다."
   승이 말했다.
"호남화상은 바로 사람들에게 설법해주십니다."
   성공화상이 말했다.
"그대가 꺼내주어 죽음을 막아보라."
   앙산은 그 말을 듣고서 밤낮으로 사량해보고는 천하에 그런 사람은
없다고 말했다. 마침내 성공화상을 스승으로 삼아 예배를 드렸다. 그러나
성공화상은 앙산의 예배를 받아들이지 않고 이에 말했다.

"나는 그대의 스승이 아니다. 탐원산에 응진이 있다. 그대는 그리로 찾아가 보는 것이 좋겠다."

그러자 거기에서 지체하지 않고 앙산은 응진의 처소로 갔다.(당시 나이가 20세였다)

탐원이 물었다.

"어디에서 왔는가."

앙산이 말했다.

"성공화상의 처소에서 왔습니다."

앙산은 그곳에서 수개월 동안 머물면서 여러 차례에 걸쳐서 가르침을 청했지만 받아들여지지 않았다. 이에 앙산이 되돌아가버렸다. 성공화상이 그를 보고 물었다.

"그대는 어째서 돌아왔는가."

앙산이 말했다.

"혜적은 매번 꾸지람만 들었습니다. 그래서 돌아왔습니다."

성공화상이 말했다.

"만약 보배가 있는 산에 갔다가 빈손으로 돌아왔다면 그대는 무릇 내 말을 믿거라. 다시 그곳으로 가거라. 예로부터 불법을 추구하려면 신명을 아끼지 말아야 한다. 그러므로 아무리 사소한 경계라도 어찌 그것을 두려워하겠는가. 무릇 보배를 탐구할 줄만 안다면 와력인들 어찌 상관하겠는가."

이에 앙산은 다시 응진의 처소로 갔다.

源一見便喝 遮鈍根阿師 更擔箇面目恁麼來 山便禮拜 侍立次 源日汝前
一度來 得箇什麼便去 今來失却什麼又來 山日慧寂看維摩法華 肇論中
事 望和尙指撥 所以再來 源日汝何不聽習去 山日未審佛法畢竟 如何契
會 源日汝還知三乘五性宗 敎到此土 經于多載 因什麼達磨大師又來 山
日慧寂不會 望師指示 源日汝不會亦不失 問定慧等學時如何 源日 此是
漸敎方便接引 山日不定不慧時如何 源日此是了義敎藥病邊語 亦名正
法 正法對邪法得名 問畢竟如何 源日汝豈不聞 肅宗皇帝問忠國師 如何
是無諍三昧 國師日 檀越須躡毗盧頂上行 宗日如何是躡毗盧頂上行 師
日莫認自己清淨法身 山便擧僧問性空 如何是祖師西來意 空日如人在

千尺井中 不假寸繩 若出得 即爲汝說 慧寂未審 如何出得 源曰我有妙法
出得 若有人問我即爲說 山曰即今問和尚次 源咄 誰在井底

　　탐원이 앙산을 보더니 곧 할을 하였다.
"이 둔근한 아사리야. 담판한과 같은 면목으로 또 이렇게 오다니."
　　앙산이 곧장 예배를 드렸다. 곁에 서 있자니 탐원이 말했다.
"그대가 이전에 한번 왔을 때는 무엇을 얻겠다고 곧장 돌아가더니, 이제는
무엇을 잃었다고 다시 왔는가."
　　앙산이 말했다.
"혜적은 유마경과 법화경과 조론을 읽어왔습니다. 이에 화상의 지도를
바라는 까닭에 다시 왔습니다."
　　탐원이 말했다.
"그런데 그대는 어째서 듣고 익히는 것은 하지 못했는가."
　　앙산이 물었다.
"불법은 필경에 어떻게 계합해야 합니까."
　　탐원이 물었다.
"그대는 삼승과 오성137)의 종지를 알고 있는가. 교학이 이 땅에 도달한
이후 오랜 세월이 경과했는데 무슨 까닭에 달마대사가 온 것인가."
　　앙산이 말했다.
"혜적은 모르겠습니다. 바라건대 화상께서 지시해주십시오."
　　탐원이 말했다.
"그대는 알지도 못했지만 또한 잃은 것도 없다."
　　앙산이 물었다.
"선정과 지혜를 평등하게 닦는다는 것은 무엇입니까."
　　탐원이 말했다.
"그것은 점교의 방편으로 납자를 인도하는 것이다."
　　앙산이 물었다.
"선정도 없고 지혜도 없을 경우에는 어떻습니까."

---

137) 삼승은 聲聞乘·緣覺乘·菩薩乘이고, 오성은 凡夫性·二乘性·菩薩性·不定性·外
　　道性이다.

탐원이 말했다.

"그것은 요의교로서 약과 병의 주변사에 대한 말로서 또한 정법이라고도 말한다. 정법은 사법에 상대한 말이다."

앙산이 물었다.

"그러면 필경에 어찌해야 합니까."

탐원이 말했다.

"그대는 다음과 같은 이야기를 들어보지 못했는가.

숙종황제가 혜충국사에게 물었다.

'무쟁삼매란 무엇입니까.'

국사가 말했다.

'황제께서 모름지기 비로자나불의 머리 위를 밟고 지나가는 것입니다.'

숙종이 물었다.

'비로자나불의 머리 위를 밟고 지나간다는 것이 무엇입니까.'

국사가 말했다.

'자기의 청정법신을 인정하지 마십시오.'"

앙산은 문득 '어떤 승이 성공화상에게 달마조사가 서쪽에서 오신 뜻이 무엇인가를 물었을 때, 성공화상은 어떤 사람이 천 자나 되는 우물속에 있다고 할 경우에 그가 어떤 줄도 사용하지 않고 밖으로 나온다면 그때 그대한테 말해주겠다.'는 말씀을 드리고나서 물었다.

"어찌하면 우물속에서 벗어날 수 있는지 궁금합니다."

탐원이 말했다.

"나한테는 벗어날 수 있는 오묘한 방법이 있다. 만약 어떤 사람이 나한테 물어보면 설명해주겠다."

앙산이 물었다.

"지금 화상께 묻고 있는 중 아닙니까."

탐원이 곧장 할을 하고 말했다.

"누가 우물 속에 있단 말인가."

一日山洗衣次 源問正恁麽時作麽生 山曰正恁麽時 什麽處見渠 山又曰
正恁麽時二具無 山於是方在耽源捿泊 源謂山曰 國師當時傳得六代祖

師圓相共九十七箇 授與老僧 曁臨滅時 謂老僧曰 吾滅後三十年 南方有
一沙彌到來 大興此教 次第傳授 無令斷絕 我今付汝 汝當奉持 遂將其本
過與山 山接得一覽 便將火燒却

　어느 날 앙산이 옷을 빨고 있는데 탐원이 물었다.
"바로 이러한 경우에 무엇을 하고 있는가."
　앙산이 물었다.
"바로 이러한 경우에 어디에서 거시기[渠]138)를 볼 수가 있습니까."
　앙산이 또 말했다.
"바로 이러한 경우에는 둘이 모두 없습니다."
　이로써 앙산은 바야흐로 탐원의 처소에 머물렀다.

　탐원이 앙산에게 일러 말했다.
"국사께서는 당시에 육대조사의 원상 97개를 전승하셨는데, 그것을 나[노
승]에게 주었다. 입적에 이르러서 나[노승]에게 다음과 같이 말했다.
'내가 입멸한 후 30년에 남방에서 어떤 사미가 도래하여 내 교법을 크게
일으킬 것이다. 이에 차례로 전수하여 단절되지 않도록 하라. 내가 이제
그대한테 부촉하니, 그대는 반드시 받들어 수지하라.'"
　마침내 그 그림을 가져다 앙산에게 전하였다. 그런데 앙산이 받아서
한번 열람하고는 곧장 불에 태워버렸다.

源一日問 前來諸相 甚宜秘惜 山曰當時看了 便燒却也 源曰此法門無人
能會 唯先師及諸祖 方可委悉 因何燒却 山曰慧寂一覽已知其意 但然用
得不可執本也 源曰 然雖如此 於子即得 後人信之不及 山曰和尚若要重
錄 不難 即重集一本呈上 更無遺失 源曰然 源上堂 山出衆作此○相 以手
拓呈了 却叉手而立 源以兩手相交 作拳示之 山進前三步 作女人拜 源點
頭 山便禮拜

---

138) 渠는 깨침, 열반, 一着者, 此事, 거시기 등으로 번역될 수 있는 궁극적인
　　개념에 해당한다.

탐원이 어느 날 물었다.

"지난번에 가져다 준 원상들은 반드시 잘 간직하고 있는가."

앙산이 말했다.

"당시에 살펴보고는 곧 장 불에 태워버렸습니다."

탐원이 말했다.

"그 법문을 아는 사람은 아무도 없다. 오직 선사(先師)와 조사들만이 바야흐로 알 수가 있다. 그런데 어째서 태워버렸는가."

앙산이 말했다.

"혜적은 한번 열람하고서 그 뜻을 알아버렸습니다. 무릇 활용할 수 있다면 책에 집착할 필요가 없습니다."

탐원이 말했다.

"비록 그렇기는 하지만 그대는 곧 이해했겠지만 후인들은 믿음이 미치지 못할 것이다."

앙산이 말했다.

"화상께서 필요하다면 다시 그려내는 것은 어렵지 않습니다."

이에 곧 한 권의 책을 만들어 바쳤는데, 유실된 부분이 없었다. 그러자 탐원이 말했다.

"과연 똑같구나."

탐원이 상당하자, 앙산이 대중 가운데 있다가 나와서 땅에다 그 원상[O]을 그리더니 손으로 집어들고 바치는 시늉을 하였다. 그리고는 차수를 하고 서 있었다. 이에 탐원이 두 손으로 깍지를 끼어 주먹의 모습을 만들어 내보였다. 앙산이 앞으로 세 걸음 나오더니 여인처럼 절을 하였다. 그러자 탐원이 고개를 끄덕였다. 앙산이 곧 예배를 드렸다.

又謁潙山祐和尚 祐便問 汝是有主沙彌無主沙彌 曰有主沙彌 祐曰主在
什麼處 山從西邊過東邊立 祐異之 乃曰去 山禮拜而退 至來日 山便問
眞佛住何處 祐曰汝却思箇思量底看 山曰 返教慧寂思箇思量底作什麼
祐曰子太利根 莫別處曾条來否 山曰別處雖条 不得其妙 又問從上諸祖
至于和尚 總恁麼指示 眞佛住處 爲復別有意旨 祐曰無 若約禪宗 即不如

此 山曰請和尚 依禪宗指示眞佛住處 祐曰 汝却思箇無思量底看 無思卽
是無念 以此爲宗門 亦名得入 若悟入後 卽有師資相續 此號爲禪宗 山曰
向敎慧寂 思箇思量底 如今又敎思箇無思量底 若恁麼 渾成兩邊 如何是
本來底 祐大笑曰 我謾汝不得也云云

앙산이 위산영우 화상을 뵈니, 위산이 문득 물었다.
"그대는 주인공이 있는 사미인가, 주인공이 없는 사미인가."
앙산이 말했다.
"주인공이 있는 사미입니다."
영우가 물었다.
"주인공은 어디에 있는가."
앙산이 서쪽 끝에서부터 동쪽의 끝까지 지나가더니 우뚝 섰다. 영우가
그 모습을 괴이하게 간주하고는 이에 말했다.
"당장 나가거라."
앙산이 예배를 드리고는 물러갔다.

이튿날 앙산이 곧 물었다.
"진불은 어떤 도리에 주합니까."
영우가 말했다.
"그대는 물러가서 사량(思量)으로 볼 수가 있는 그것을 사량해 보라."
앙산이 말했다.
"도리어 저한테 사량해 보라고 한 것은 도대체 무엇입니까."
영우가 말했다.
"그대는 지나치게 똑똑하군. 다른 사람에게서 일찍이 참문한 것은 없었던
가."
앙산이 말했다.
"다른 사람에게 참문한 적은 있었지만 거기에서는 불법의 도리[妙]를
터득하지 못하였습니다."
그리고는 앙산이 다시 물었다.
"옛적의 제조사들로부터 화상에 이르기까지 모두가 이와 같이 지시하였는

데, 진불이 머무는 도리는 다시 특별한 의지(意旨)가 있는 것입니까.”

영우가 말했다.

“특별한 의지는 없다. 그러나 만약 선의 종지[禪宗]에 의하자면 곧 그렇지는 않다.”

앙산이 물었다.

“화상께서는 선의 종지[禪宗]에 의하여 진불이 머무는 도리를 지시해주시기 바랍니다.”

영우가 말했다.

“그대는 물러가서 무사량(無思量)으로 볼 수가 있는 그것을 사량해 보라. 무사(無思)란 곧 무념(無念)인데, 이것으로써 선종[宗門]을 삼고 또한 득입(得入)이라 말한다. 만약 오입(悟入)한 후라면 곧 스승과 제자의 상속이 있어야 하는데 그것을 선의 종지[禪宗]라 일컫는다.”

앙산이 물었다.

“지난번에는 저한테 사량하는 것에 대하여 사량하라고 했는데, 지금에는 또 무사량에 대하여 사량하라고 합니다. 만약 그렇다면 두 가지 경우가 뒤섞인 것인데, 도대체 어떤 것이 본래의 도리입니까.”

영우가 웃으면서 말했다.

“나는 그대를 속이지 못하겠구나. 운운”

山問禪宗是頓是漸 祐曰在人根性 此是因緣得名 非關禪理 山曰畢竟如何修行得稱於道 祐曰汝今擬學道者 令心直似枯木死灰 一切悉皆放捨 猶未生時 寂然無所觀矚 獨行獨步 獨語獨默 獨運獨照 於一切境法都無不動心不動念 於六根門頭 併當六識 始可離得客塵煩惱 若返照自性不動爲是者 此祇是定性聲聞執 亦是法塵煩惱 若離動與不動者 落在中道菩薩乘 但未離諸行性 故經云 諸行無常 是生滅法 若透過此一段法塵亦無能透所透知解 此是絶迹處云云 教汝諸人六度萬行 祇是治病邊語亦云護塵持戒 寔是不得佛性 祇得果報莊嚴 即丈六之身是也 云云

앙산이 물었다.

“선의 종지는 돈(頓)입니까 점(漸)입니까.”

영우가 말했다.

"사람의 근성에 달려 있다. 그래서 그것은 인연을 따라서 명칭한 것이지 선리와는 관계가 없다."

앙산이 물었다.

"필경에 어떻게 수행해야 불도에 칭합되는 것입니까."

이에 영우가 다음과 같이 말해주었다.

"그대가 지금 불도를 배우려는 그런 태도는 자기의 마음을 마치 말라버린 나무와 식어버린 재와 같아서 일체를 모두 놓아버린 경우에 해당한다. 그것은 마치 아직 발생하지도 않은 경우처럼 적연하여 관찰하거나 볼 수가 없는 것과 같다. 그래서 홀로 돌아다니고 홀로 걸으며 홀로 말하고 홀로 침묵하며 홀로 회전하고 홀로 비추므로 일체의 경계와 법이 전혀 없고, 본심에도 요동이 없고 망념에도 요동이 없어야만 이에 육근의 관문 및 육식에 있어서 비로소 객진번뇌를 벗어날 수가 있는 경우와 같다.

만약 자성이 부동임을 반조하는 것을 옳은 것으로 간주한다면 그것은 단지 정성성문(定性聲聞)의 집착이고 또한 법진번뇌(法塵煩惱)이다. 만약 요동과 부동을 벗어나서 중도의 보살승에 떨어진다면 그것은 무릇 아직은 제유루행의 자성을 벗어나지 못한 경우이다. 때문에 경전에서는 '모든 유루행은 무상인데 그것은 생멸의 법칙이나.'[139]고 말한다.

만약 이와 같은 일단의 법진(法塵)을 투과하거나 또한 능투(能透)와 소투(所透)의 지해가 없으면 그것은 곧 집착[迹處]을 단절한 것이다. 운운 그대들에게 육도만행을 하도록 하는 것은 단지 병통을 치료하기 위한 변어(邊語)일 뿐이므로 또한 호진지계(護塵持戒)[140]라고도 말한다. 진실로 이것으로는 불성을 터득할 수가 없다. 단지 과보만 장엄할 뿐으로 곧 장육신이 그것이다. 운운"

山問如何是正因 祐曰言下返照自己心源 決定無一物可得 不在內外中間 迥然無住 亦云然燈後行住坐臥 宛然應色應聲 常無間歇 滿眼見 滿耳聞 滿意知解 故云 應無所住而生其心 若心有住 則爲非住 是故菩薩 不應

---

139) 『大般涅槃經』 卷13, (大正藏12, p.692上)
140) 단지 번뇌를 벗어나기 위한 목적으로만 계를 지키는 것을 가리킨다.

住色 而行布施 山問今時初心後學 不免有習氣流轉 如何即是 祐曰若覺
知前念 是凡 後念轉覺 不隨前念 即是聖也 若無前念後覺 諸緣頓息 不受
諸法 漏盡意解 凡聖情忘 即體露眞常 事用不二即如如佛 山問如何得六
根門頭 各各頓去 祐曰若悟了根無頓 山問祇如性 空和尙道 如人在千
尺井中 不假寸繩 如何出得 又作麼生 祐曰我有箇方便出得 山曰未審如
何出得 祐召慧寂 山應嚙 祐曰出了也 山於此有省 便禮拜而退 祐謂山曰
汝去受戒後却來 山曰慧寂平生不謾語 何須受戒 祐曰 雖然如是 西天即
得 此土不得 向後人難信 汝但依僧家法則受戒 始得云云

앙산이 물었다.

"그렇다면 어떤 것이 정인(正因)입니까."

영우가 말했다.

"곧장 자기의 심원을 반조하면 결정코 일물도 얻을 것이 없다. 그래서
안에 밖에도 중간에도 없이 아득하여 집착이 없고, 또한 연등불 이후에
행·주·좌·와가 완연히 색에 상응하고 소리에 상응하며 항상 쉼없이 눈
가득히 보이고 귀 가득히 들리며 생각 가득히 지해한다. 때문에 경전에서는
'반드시 집착이 없이 본래의 마음을 발생해야 한다. 만약 마음에 집착이
있으면 그것은 올바른 머묾[住]이 아니다. 이런 까닭에 보살은 결코 색에
집착이 없이 보시해야 한다.'141)고 말했다."

앙산이 물었다.

"오늘날의 초심자 및 후학들은 습기에 유전하는 것을 벗어나지 못하는데
어떻게 해야만 그 도리에 계합할 수 있는 것입니까."

영우가 말했다.

"전념을 느끼고 안다면 그것은 무릇 범부이고, 후념을 돌이켜 느낀다면
그것은 곧 성인이다. 그러나 만약 전념(前念)과 후각(後覺)이 없고, 모든
반연이 완전히 그쳐서 제법을 받지 않으며, 번뇌가 다하고 분별에서 벗어나
며 범부와 성인이라는 분별정식을 잊는다면 곧 깨침이 드러나고 현상과
작용이 둘이 아니어서 여여불에 계합된다."

앙산이 물었다.

---

141) 『金剛般若波羅蜜經』, (大正藏8, pp.749下-750中)

"육근의 관문이 각각 완전히 제거된다는 것은 무엇입니까."

영우가 말했다.

"만약 육근 각각이 그대로 완전함[頓] 아님이 없는 줄을 깨치는 것이다."

앙산이 물었다.

"다만 진여의 자성은 성공화상이 말씀하신 것처럼 '어떤 사람이 천 자나 되는 우물속에 있다고 하자. 그가 어떤 줄도 사용하지 않고 어떻게 밖으로 나오겠는가.'에 대하여 또 어찌해야 합니까."

영우가 말했다.

"나한테는 우물 밖으로 벗어나는 방편이 있다."

앙산이 물었다.

"어떻게 하면 우물 밖으로 나올 수가 있겠습니까."

영우가 '혜적야.' 라고 이름을 부르자, 앙산이 '예.'라고 답했다.

이에 영우가 말했다.

"그대는 벌써 우물 밖으로 나와버렸다."

그 말에 앙산이 깨쳤다. 이에 곧장 예배를 드리고 물러났다. 그러자 영우가 앙산에게 다음과 같이 말했다.

"그대는 가서 수계를 받은 후에 다시 오너라."

앙산이 물었다.

"혜적은 평생 동안 속이는 말을 한 적이 없는데, 어째서 수계를 받을 필요가 있겠습니까."

영우가 말했다.

"비록 그와 같은 경우가 인도에서는 가능할지 몰라도 여기에서는 그렇지가 않다. 저 후학들은 믿기가 어렵다. 그대가 무릇 승가법에 의거한 즉 수계를 해야 할 것이다. 운운"

王常侍因潙山 供養主來 問[142] 山中和尚 近日有何言句 主答有僧問 如何祖師西來意 和尚擧拂子 侍曰秖如和尚意作麼生 主曰借色明心 附物顯理 侍曰下官即不恁麼 主曰常侍且道 和尚意作麼生 侍作此○相答 主

---

142) "王常侍因潙山供養主來問"의 대목과 관련하여 『宗門圓相集』의 기록은 "王常侍紊潙山潙山供養主來常侍問"이다. 여기에서는 『종문원상집』의 기록에 의거하여 해석한다.

廻擧似潙山 山點頭曰 是他却會此事 <遂擧向仰山+?> 又仰山曰 終是
俗氣不除 潙山曰 子作麼生 仰山於地上 畵此○相了 以脚抹却 便出去
潙山呵呵大笑

상시 왕경초143)가 위산을 방문하자 위산의 공양주가 나왔다. 이에 상시
가 물었다.
"위산의 화상께서는 요즈음 어떤 언구를 활용하십니까."
　공양주가 답했다.
"어떤 승이 '달마조사가 서쪽에서 오신 뜻이 무엇입니까.'라고 묻자, 화상
께서는 불자를 집어들었습니다."
　상시가 물었다.
"저 위산화상의 생각은 어떠했습니까."
　공양주가 말했다.
"색을 의지하여 마음을 해명하고 사물에 빗대어 도리를 드러낸 것입니다."
　상시가 말했다.
"저는 그렇게 생각하지 않습니다."
　공양주가 물었다.
"그럼 상시께서 말씀해 보십시오. 화상의 뜻은 무엇입니까."
　이에 상시가 원상[○]을 그려서 답했다.

　공양주가 돌아가서 위산에게 그 이야기를 전하자 위산이 고개를 끄덕이
며 말했다.
"그 사람은 불법의 도리[此事]를 이해하고 있구나."
　마침내 앙산에게 그 이야기를 들려주자 다시 앙산이 말했다.

---

143) 王常侍에 대해서는 자세한 기록이 없다. 상시는 관직의 명칭으로 내시의
　시종관에 해당한다. 散騎常侍라고도 한다. 당나라 때는 좌산기상시(문하성
　소속)와 우산기상시(중서성 소속)가 있었다. 선문에서 왕상시로 불리운 사
　람은 네 사람이 등장한다. 첫째는 마조도일의 법을 이은 무등선사와 만남을
　지녔던 隨州의 왕상시, 둘째는 위산영우에게 가르침을 받은 양주 왕경초상
　시, 셋째는『임제록』의 상당법문에 등장하는 왕상시, 넷째는 목주에게 가르
　침을 받은 왕상시이다. 둘째와 셋째의 인물을 동일인으로 간주하는 기록도
　있다.

"상시는 끝내 속물근성[俗氣]을 단제하지 못한 것입니다."

위산이 물었다.

"당시에 그대 같았으면 어찌 했겠는가."

앙산은 땅에다 원상[O]을 그려놓았다가 발로 지워버리더니 곧장 나가
버렸다. 그러자 위산이 껄껄껄 하고 크게 웃었다.

僧問 和尚尋常見僧問禪問道 便畵圓相中間或書字 意在於何 師曰遮箇
也是閑事 汝忽然會得 也不從外來 若也不會 決定不失 我今問汝 諸方老
宿 向汝身上 指那箇是汝佛性 爲復道語底是 默底是 爲復總是 總不是
汝若認語底是 如盲摸著象耳鼻牙 若取默底是 無思無念是摸著象尾 若
取不語不默底是中道 摸著象背 若道總是 摸著象四足 若道總不是 抛本
象 落在空見 如是諸盲 皆言見象 祇於象上 名邈差別 汝若透得六句 不要
摸象 最爲第一 莫道如今鑒覺是 亦莫道不是 所以祖師云 菩提本無示
<是?>144) 亦無非菩提 更覓菩提處 終身累劫迷 又云 本來無一物 何處
惹塵埃

어떤 승이 물었다.

"화상께서는 흔히 선에 대하여 묻고 불도에 대하여 묻는 스님을 만나면
곧장 원상을 그려놓고 그 안에다 글자를 써넣기도 하는데 그게 무슨 뜻입니
까."

앙산이 말했다.

"그런 것은 곧 부질없는 것들이다. 그대가 홀연히 깨치고보면 그것은
결코 밖에서 온 것이 아니다. 그러나 만약 깨치지 못한다해도 결코 상실되
는 것은 아니다. 내가 이제 그대한테 묻겠다. 제방의 노숙들이 그대의
몸 가운데 무엇을 가리켜 그대의 불성이라 말하는 것인가. 또 말을 하는
것이 불성인가, 침묵하는 것이 불성인가, 또 말하는 것과 침묵하는 것이
모두 불성인가, 모두 불성이 아닌가. 만약 그대가 말하는 것을 불성이라고
인정한다면 그것은 마치 맹인이 코끼리의 귀와 코와 상아를 더듬는 것과
같다.

---

144)『林間錄』卷下, (卍續藏87, p.272下) 참조.

만약 침묵하는 것을 불성이라 하고 사유도 없고 상념도 없는 것을 불성이라 간주한다면 그것은 코끼리의 꼬리를 더듬는 것과 같다. 그렇다고해서 만약 말도 하지 않고 침묵도 하지 않는 것을 곧 중도라고 간주한다면 그것은 마치 코끼리의 등을 더듬는 것과 같다. 만약 말하는 것과 침묵하는 것을 모두 불성이라고 말한다면 그것은 코끼리의 네 다리를 더듬는 것과 같다.

만약 말하는 것과 침묵하는 것을 모두 불성이 아니라고 말한다면 본래의 진짜 코끼리는 버려두고 공견에 떨어지는 것과 같다. 이와 같이 모든 맹인들이 다 코끼리를 보았다고 말하지만 그것은 단지 코끼리의 명칭과 모습의 차별에 불과한 것이다. 만약 그대가 육구(六句)145)를 투과한다면 코끼리를 더듬어 볼 필요가 없이 최고로서 제일이 될 것이다. 지금 보고 느끼는 것을 불성이라 말하지 말고, 또한 불성이 아니라고도 말하지 말라.

때문에 조사는 다음과 같이 말했다.

보리는 본래 불성이 아니지만　菩提本無是
또 불성 아닌 보리 없지 않다　亦無非菩提
다시 보리의 처소를 찾는다면　更覓菩提處
종신 및 누겁토록 미혹하리라　終身累劫迷
　또한 다음과 같이 말했다.
본래부터 집착할 것도 없거늘　本來無一物
어디에 티끌 먼지가 끼겠는가　何處惹塵埃"

師一日坐次 忽有異僧禮拜 師不顧 僧問和尚還識字否 師曰粗識些小 僧
於面前 劃一劃 師乃添爲十字 僧又添成卍字 師畫一圓相 圍卍字 僧右旋
一匝 翹一足於師前 作樓志佛勢 師曰是諸佛護念 汝亦如是 吾亦如是
僧曰善哉善哉 本謂來東土禮文殊 如今却見小釋迦 禮拜出門 騰空而去
因此號小釋迦 師順寂時 數僧侍立 師乃有頌示之 一二二三子 平目復仰
視 兩口無一舌 即<此=>是吾宗旨 至日午陞座<座?> 辭衆了 復說偈曰

---

145) 말하는 것이 불성이다, 침묵하는 것이 불성이다, 말하는 것과 침묵하는 것이 다 불성이다, 말하는 것과 침묵하는 것이 다 불성이 아니다, 말도 않고 침묵도 않는 것이 중도다, 침묵하는 것을 불성이라 하고 사유도 없고 상념도 없는 것을 불성이라고 간주하는 것 등 여섯 가지를 가리킨다.

平昔<年滿?>七十七 無常在今日 日輪正當午 兩手抱<攀?>屈膝 言訖
以兩手抱膝歸寂<而終=> 僧臘五十四 勅賜通智大<禪?>師 妙光之塔
懿宗賜知宗大師 禧宗賜澄虛大師 額號弘祖禪院

　　앙산이 어느 날 좌선을 하고 있는데 홀연히 괴이한 승이 와서 예배를
드렸다. 그런데도 앙산이 돌아보지 않으니 승이 물었다.
"화상께서는 글자를 아십니까."
　　앙산이 말했다. "어설프지만 조금은 압니다."
　　승이 면전에다 일획을 그었다. 이에 앙산이 한 획을 그어서 십자(十字)를
만들었다. 승이 다시 획을 가하여 만자(卍字)를 만들었다. 앙산이 일원상을
그려서 만자를 둘러버렸다. 승이 오른쪽으로 한 바퀴를 돌더니 한 발을
앙산 앞에다 턱 짚고서 누지불(樓志佛)146)의 형상을 만들었다.
　　이에 앙산이 말했다.
"이것은 제불이 호념하신 것인데, 그대도 또한 그와 같고 나도 또한 그와
같다."
　　승이 말했다.
"훌륭합니다. 참으로 훌륭하십니다. 본래 동토에 가면 문수를 예배할
수 있다고들 말하는데, 지금 와보니 소석가를 친견하게 되었습니다."
　　그러더니 예배를 드리고 문을 나가더니 허공으로 치솟아 사라져버렸다.
이로 인하여 앙산은 소석가라 일컬어졌다.

　　앙산이 입적할 때가 되자 여러 명의 승이 곁에 서 있었다. 이에 앙산이
그들에게 다음과 같은 게송으로 지시하였다.
"여기 모인 그대 제자들이여　一二二三子
　바른 눈으로 다시 바라보라　平目復仰視
　두 개의 입에 혀 없는 것이　兩口無一舌
　곧 우리 위앙종의 종지이다　即是吾宗旨"147)

---

146)『慈悲道場懺法』卷10, (大正藏45, p.966下)
147) 앙산혜적의 臨終偈에 해당한다.『袁州仰山慧寂禪師語錄』(大正藏47,
　　　p.588上)

해가 정오에 이르자 법좌에 올라서 대중과 작별을 말하고나서, 다시 다음과 같은 게송을 설하여 말했다.

"나이가 일흔 일곱이 찼지만　年滿七十七

무상은 오늘에 다가와 있네　無常在今日

태양이 한낮에 달해 있으니　日輪正當午

두 손을 무릎위에 얹어놓네　兩手攀屈膝"[148]

말을 마치고는 두 손으로 무릎을 감싸고는 귀적하였다. 승랍은 54세이고, 칙시는 통지선사이며, 탑명은 묘광탑이다. 의종황제는 지종대사라는 시호를 내렸다. 희종황제는 징허대사라 시호를 내렸으며, 사찰의 액호는 홍조선원이다.

(42)

○ 香嚴智閑禪師(嗣潙山) 來禮潙山 語不相契 祐曰 我不問汝平生學解 向父母未生時 道將一句來 師累次一語 皆不契 乃曰告和尚 爲某甲說 祐曰 吾說得自是吾見 於汝何益 師歸房 檢諸方語錄冊字上 並無一句可對 乃自歎曰 畫餅不可充飢 於是盡焚之曰 此生更不叅問也 且作一箇長行粥飯師<師-?>僧免勞役心神 乃泣辭潙山而去 至南陽忠國師遺跡處 遂憩止焉 一日因山中 芟除竹木併淨次 抛瓦礫著竹作聲 師忽然有省 遽歸沐浴焚香 遙禮潙山曰 和尚大慈恩 逾於父母 當時若爲我說破 豈有今日 仍述一偈 一擊忘所知 更不自修持(他本云可修治) 動容揚古路 明妙乃方知(他本云 不墮稍<悄?>然機) 處處無蹤跡 聲色外威儀 諸方達道者 咸言上上機

향엄지한 선사(위산의 법사)가 위산을 참례하여 예배를 드리고 문답을 했지만 서로 계합되지 못하였다. 그러자 영우가 말했다.

"나는 그대가 평생 동안 배우고 이해한 것에 대하여 묻지 않겠다. 다만 부모미생시(父母未生時)[149]에 대하여 한마디 말해 보라."

148) 앙산혜적의 辭世頌에 해당한다. 『袁州仰山慧寂禪師語錄』 (大正藏47, p.588上.)

향엄이 누차에 걸쳐서 한마디를 말씀드렸지만 모두 계합되지 못하자, 이에 부탁하였다.

"화상께 묻겠습니다. 저를 위해서 한 말씀해주십시오."

영우가 말했다.

"내가 말해준다면 자연히 그것은 내 견해일 뿐이다. 그대한테 무슨 이익이 되겠는가."

향엄은 방으로 돌아가서 제방의 어록과 책자를 통해서 살펴보았지만 한마디도 대답할만한 것이 없었다. 이에 스스로 탄식하고 말했다.

"그림의 떡으로는 굶주림을 충족할 수 없다."

이에 모든 것을 불에 태워버리고 말했다.

"이 생에서 다시는 참문하지 않겠다. 장차 한 사람의 죽반승 노릇이나 계속하고 살면서 심신(心神)의 고단함이나 면해야겠다."

그리고는 울면서 위산을 하직하고 떠났다.

남약혜충 국사의 유적지에 이르러서 마침내 멈추었다. 어느 날 산중에서 대나무를 베고 정리[併淨]하는 차에 내던진 와력이 대나무에 부딪쳐 나는 소리에 향엄은 홀연히 깨쳤다. 이에 서둘러 돌아가서 목욕하고 향을 사루어 놓고 멀리 위산을 향해 예배를 드리고 말했다.

"화상의 대자비의 은혜는 부모를 능가합니다. 당시에 만약 저한테 설명해 주셨더라면 어찌 오늘이 있었겠습니까."

이에 대음과 같은 게송을 하나 지었다.

"딱 하는 소리에 분별지를 잊으니   一擊忘所知

이후 다시 수행할 필요 없어졌네   更不自修持

(타본에 의하면 '수행하여 다스릴 필요가 없네'이다)(他本云 可修治)

마음 및 행위를 옛길에다 두고서   動容揚古路

묘도 발명해야 이해할 수 있다네   明妙乃方知

(타본에 의하면 '하찮은 근기에 결코 빠지지 않네'이다)(他本云 不墮悄然機)150)

---

149) 父母未生時는 질문을 받는 당사자에게 분별심이 발생하기 이전의 상황을 가리킨다.

150) 제3구 및 제4구에 대해서는 『禪門諸祖師偈頌』 下之下, (卍續藏66, p.744下)

모든 곳에 종적을 남기지 않으니　　處處無蹤跡

소리 및 형색을 벗어난 위의로다　　聲色外威儀

곧 불도에 통달한 제방의 사람은　　諸方達道者

다 그런 사람을 상상기라 말하네　　咸言上上機"151)

却廻潙山 伸部所省之由 祐示許之 又擧似仰山 <仰山+?>曰 遮箇是紐
捏得來 若實有省 更請道看 師曰 去年貧未是貧 今年貧始是貧 去年有卓
錐之<之-?>地 今年<和+?>錐也無 山曰如來禪即許老兄 祖師禪即未
<夢見+?>在 師又一偈 我有一機 瞬目視伊 若也不會 別喚沙彌 山聞
乃報潙山曰 且喜閑兄 會祖師禪也 上堂曰 如人在樹上 口啣樹枝 脚不踏
樹枝 手不把樹枝 下面忽有人問 如何是祖師西來意 當恁時 若不對伊
違他所問 若開口答 又喪身失命 且作麼生即是 時有虎頭招尚座<座?>
問 樹上時即不問 樹下時請和尚道 師呵呵大笑 便歸方丈 問如何是聲色
外 相見一句子 師曰我未住香嚴時 且道 在什麼處 僧曰恁麼則<時?>亦
未敢道<有所+?>在 師曰如幻人心心所法 妙旨迅速 言說來遲 纔隨語
會 迷却神機 揚眉當問 對面熙怡 是何境界 同道方知 師示徒 語多簡直
二百餘篇 盛行於世 謚襲燈大師

참조. 제3구와 제4구와 관련하여『전등록』권11에서는『通明集』에 의거했
다고 주석을 붙이고 있다.『통명집』은 雪竇明覺의 法嗣인 天衣義懷의『通明
集』으로서『嘉泰普燈錄』卷2, (卍續藏79, p.298中) "又撫古今尊宿契悟因緣
號通明集 盛行於世" 참조.

151) 이 두 게송을 산문으로 풀어보면 다음과 같다. "딱 하고 대나무에 돌멩이가
부딪치는 소리를 듣고서, 그 동안 분별지로 이해해왔던 일체의 번뇌를 초월
하여 다시는 功用 및 造作의 勳修 내지 作修를 할 필요가 없어지고 말았다.
때문에 납자라면 모름지기 모든 행·동·거·지는 옛날부터 전승해오던 계율의
규범을 따르면서도, 현묘한 도리를 발명해야만 바야흐로 진정한 불법의 도
리를 알 수가 있다.(不墮悄然機 결코 흑산귀굴에 살고 있는 귀신과 같이
悄然한 무리의 반열에 빠지지 않는다. 悄然은 감정을 모두 버린 적연한 모습
이다. 문어로는 맥이 빠져서 풀이 죽어 있는 모습이지만 구어로는 고요한
경계에 매몰되어 있는 청각적인 의미가 포함되어 있다) 다다르는 곳마다
아무런 자취도 남겨두지 않고, 일체의 경계를 벗어나서 자신의 威儀를 온전
하게 보전한다. 이와 같은 납자를 두고서 시방의 지인달사들은, 그런 사람을
향해 모두가 최상상의 근기를 지닌 사람이라고 칭송을 한다."

향엄은 위산으로 돌아가서 자신이 깨침 연유를 자세하게 말씀드렸다. 이에 영우가 지시하여 그것을 인가하였다. 위산은 그 소식을 앙산에게 말해주었다.

그 말을 들은 앙산이 향엄에게 말했다.

"그 소식은 조작한 것[紐捏]이다. 만약에 실제로 깨쳤다면 다시 한마디 일러보십시오."

향엄이 다음과 같이 말했다.

"작년의 가난은 곧 가난이 아니었네　去年貧未是貧
금년의 가난이 곧 진정한 가난이네　今年貧始是貧
작년에는 송곳 꽂을 땅은 있었지만　去年有卓錐地
금년엔 아예 꽂을 송곳조차 없다네　今年和錐也無"

앙산이 말했다.

"여래선의 입장이라면 곧 노형을 인정하겠지만, 조사선이라면 곧 꿈에서도 보지 못한 것입니다."

이에 향엄은 다시 다음과 같은 게송 하나를 지었다.

"나는 하나의 선기를 지니고 있는데　我有一機
눈만 깜빡거려도 곧 그것을 본다네　瞬目視伊
만약 내 그것을 이해하지 못했다면　若也不會
나를 가리켜 특별히 사미라 말하게　別喚沙彌"

앙산이 듣고는 이에 위산에게 말씀드렸다.

"몹시 기쁘게도 지한 사형은 조사선을 이해하고 있습니다."

향엄이 상당하여 말했다.

"저 어떤 사람이 나무 위에 올라가 있다. 입으로는 나뭇가지를 물고 있고, 발은 나무를 밟지 않고 있으며, 손은 나뭇가지를 잡을 수가 없다. 그런 상황인데 나무 아래에서 홀연히 어떤 사람이 문물었다.

'달마조사가 서쪽에서 오신 뜻이 무엇입니까.'

이러한 경우를 맞이하여 만약 그 질문에 대하여 대답하지 않으면 그 질문을 위반하는 것이고, 만약 입을 벌려 대답을 하면 또 상신실명하고 말 것이다. 자, 어찌 해야 곧 옳겠는가."

그때 호두초 상좌가 물었다.

"나무에 올라가 있을 때의 상황에 대해서는 묻지 않겠습니다. 나무에 오르기 이전의 상황에 대하여 화상께서 말씀해주십시오."

향엄이 껄껄껄 크게 웃어버렸다. 그러더니 곧장 방장실로 돌아가버렸다.

어떤 승이 물었다.

"소리와 형색을 벗어나 있는 모습인지 한마디로 보여주시기 바랍니다."

향엄이 말했다.

"내가 향엄산에 주석하기 이전이 바로 그것이다. 그러면 자, 말해 보라. 내가 어디에 있었겠느냐."

승이 말했다.

"그런 때에도 또한 소재처에 대해서는 말할 수가 없습니다."

향엄이 말했다.

"허깨비와 같은 사람의 심법 및 심소법이 그것이다. 현묘한 종지는 신속한 것이므로 언어로 설하면 늦어버리고 만다. 따라서 언설을 따라서 이해하려고 하면 곧장 신기(神機)에 미혹해지고 만다. 그렇다면 눈썹을 치켜뜨는 것으로 질문에 응답하고 빤히 쳐다보면서 빙그레 웃는 것은 도대체 무슨 경계인가. 불도의 경지가 똑같아야 바야흐로 알 수가 있다."

향엄이 대중에게 지시한 것은 말은 많았지만 무척 간결하였다. 그 저술 200여 편이 세간에 성행하였다. 시호는 습등대사이다.

(43)

○ 牛頭山慧忠禪師(嗣智威) 初謁智威 纔見乃曰 山主來也 師感悟微旨 後 詣諸方巡禮 威於具戒院 見凌霄華藤 遇夏委悴 人欲伐之 乃曰勿翦 慧忠還時 此藤更生 忠廻果如其言 師平生一衲不易 器用唯一鐺<鑑?> 嘗有供 僧穀兩廩盜者窺伺 虎爲守之 縣令張遜 至山頂謁問 師有何徒弟 師曰三五人 遜曰如何得見 師敲禪狀 有三虎哮吼而出 遜驚怖而退 後衆 請入城居 莊嚴舊寺 師欲於殿東 別創法堂 先有古木 群鵲巢其上 工人將 欲伐之 師謂鵲曰 此地建堂 汝等何不速去 言訖群鵲乃遷巢他樹 策基有 二神人 定其四角 復潛資夜役 遂不日而就 繇是四方學徒 雲集座下矣

得法三十四人 各住一方 轉化多衆 師有安心偈曰 人法雙淨 善惡兩忘
直心眞實 菩提道場 唐大歷三年 石室前挂鐺<鐺?>樹挂衣 藤忽盛夏枯
死 <四年六月十五日+?> 至夜有瑞雲 覆其精舍 空中復聞天樂之聲 詰
旦怡然坐化 時風雨暴作 震折林木 復有白虹 貫于巖壑 五年春茶毗 獲舍
利不可勝計 壽八十七

　　우두산의 혜충선사(지위의 법사)가 처음에 지위를 뵈었다. 지위가 그를
보자마자 다음과 같이 물었다.
"산주가 왔구나."
　　이에 혜충이 현묘한 종지를 깨친 이후에 제방에 나아가 순례하였다.
지위의 구계원에 능소화 덩굴을 보았는데 여름이 되었는데 시들어 죽었다.
사람들이 그것을 베려고 하니 이에 혜충이 말했다.
"베지 마시오. 혜충이 돌아올 때 이 덩굴이 다시 살아날 것입니다."
　　혜충이 돌아오자 과연 그가 말한 그대로였다. 혜충은 평생 동안 한
벌의 납의를 바꾸지 않았고, 그릇은 유일하게 솥 하나였다. 일찍이 누가
스님에게 공양한 곡식이 두 창고였는데 도둑이 훔치려고 엿보자 호랑이가
그것을 지켜주었다. 현령이었던 장손이 산머리까지 찾아와서 뵙고 물었다.
"스님은 도제가 얼마나 됩니까."
　　혜충이 말했다.
"서너 명 됩니다."
　　장손이 말했다.
"좀 만나볼 수 있겠습니까."
　　혜충이 선상을 두드리자 호랑이 세 마리가 포효하면서 나왔다. 장손이
놀라서 도망갔다.
　　후에 대중의 요청으로 성안에 들어가서 장엄사라는 오래된 사찰에 주석
하였다. 혜충이 대전(大殿)의 동쪽에다 별도로 설법당을 지으려고 하였는
데, 이전부터 있었던 고목(古木) 위에 까치들이 보금자리를 틀고 있었다.
공인들이 고목을 베려고 하니 대사가 까치들에게 일러 말했다.
"이 곳에다 설법당을 지을 터인데 그대들은 어찌 속히 물러나지 않는가."
　　말을 마치자 까치들이 곧 다른 나무로 보금자리를 옮겼다. 터를 잡는데

두 신인이 네 모퉁이를 정해주었고, 또 남모르게 밤에 일을 도와주어 마침내 며칠 가지 않아서 마쳤다. 이를 따라서 사방의 학도들이 그 법좌 아래로 운집하였다. 득법한 제자가 34인이었는데, 각자 한 지방에 주석하면서 많은 대중을 끊임없이 교화[轉化]하였다.

혜충에게는 다음과 같은 안심게(安心偈)가 있다.

"사람과 불법이 모두 청정하고　人法雙淨
　선함과 악함을 모두 잊었다네　善惡兩忘
　본래의 마음은 진실한 것이니　直心眞實
　보리의 도량이 바로 그렇다네　菩提道場"

당 대력 3년(768)에 석실 앞에다 솥을 걸어놓고 나무에는 가사를 걸어두니 능소화 덩굴이 성하인데도 홀연히 말라죽었다. 대력 4년(769) 6월 15일 밤이 되자 상서로운 구름이 그 정사를 뒤덮었고, 허공에서는 또 천상음악의 소리가 들렸다.

이튿날 새벽이 되자 편안하게 앉은 채로 천화하였다. 그때 폭풍이 불고 폭우가 내리며 숲의 나무가 벼락을 맞아 부러지더니, 다시 흰 무지개[白虹]가 뜨더니 바위 골짜기를 꿰뚫었다. 대력 5년(770) 봄에 다비를 하여 수없이 많은 사리를 얻었다. 세수는 87세이다.

(44)
○ 務州金華山俱胝和尙(嗣天龍) 初住菴時 有尼名實際來 戴笠執錫 繞師三匝曰 道得即下笠子 如是三問 師皆無對 尼便出去 師曰日勢稍晚 且留一宿 尼曰道得即宿 師亦無對 尼便出去 師自歎曰 我雖丈夫之形 而無丈夫之氣 不如棄菴徃諸方 叅尋知識去 其夜山神告曰 不須離此 將有菩薩來爲和尙說法也 不過旬日 果有天龍和尙到菴 師具陳前事 龍竪一指 師於此有省 便禮拜 自此凡有僧來 師唯竪一指 後有童子 於外被人詰 曰和尙說何法 童子亦竪一指 廻擧似師 師以刀斷其指 童子叫喚走出 師乃召一聲 童子廻首 師却<便?>竪一指 童子於此領旨 師將順世 謂衆曰 吾得天龍 一指頭禪 一生用不盡 言訖示滅

217

무주 금화산의 구지화상(천룡의 법사)이 처음에 암자에 주석하고 있을 때 실제라는 이름의 비구니가 있었는데, 머리에는 갓을 쓰고 석장을 집고는 구지를 세 바퀴 돌더니 말했다.
"한마디 말을 하면 갓을 벗겠습니다."
　　그와 같이 세 번을 물었지만 구지는 모두 대꾸하지 못했다. 비구니는 곧장 밖으로 나갔다. 이에 구지가 말했다.
"해가 얼마 남지 않고 저물었습니다. 그러니 하룻밤 머물고 가시지요."
　　비구니가 말했다.
"한마디 말을 하면 곧 하룻밤 머물겠습니다."
　　구지는 또 아무런 대꾸도 하지 못했다. 그러자 비구니는 곧장 떠나버렸다. 구지는 스스로 탄식하며 말했다.
"내가 비록 대장부의 형상은 하고 있지만 대장부의 기상이 없구나. 그러니 암자를 버리고 제방으로 다니면서 선지식들을 참문하는 것만 못하겠구나."
　　그날 밤에 산신이 고하여 말했다.
"절대 이곳을 떠나지 마십시오. 장차 어떤 보살이 찾아와서 화상을 위해 설법해줄 것입니다."
　　열흘이 지나지 않아서 과연 천룡화상이 암자에 도착하였다. 구지가 이전의 일화를 말씀드리자 천룡이 한 손가락을 치켜들었다. 구지는 이에 깨치고는 곧장 예배를 드렸다. 이로부터 무릇 어떤 승이 찾아오더라도 구지는 오직 한 손가락을 치켜들 뿐이었다. 후에 어떤 동자가 외출을 했다가 다음과 같은 질문을 들었다.
"구지화상께서는 어떤 설법을 하는가."
　　그러자 동자도 역시 한 손가락을 치켜들었다. 외출에서 돌아와서는 구지화상에게 그 일화를 말씀드렸다. 그러자 구지는 칼로 동자의 그 손가락을 잘라버렸다. 동자가 울면서 밖으로 뛰쳐나가자 구지가 큰 소리로 동자를 불렀다. 동자가 고개를 돌리자 구지가 갑자기 한 손가락을 치켜들었다. 이에 동자가 뜻을 터득하였다.

　　구지가 장차 세상을 떠나려는 때에 대중에게 말했다.
"나는 천룡의 일지두선을 터득하여 일생 동안 활용했지만, 아직까지 그것을 다 쓰지 못했다."

　말을 마치고는 입멸하였다.

通錄撮要 卷第三 終

『통록촬요』 제삼권을 마치다152)

---

152) 여기 제삼권 말미에 다음과 같은 화주자의 이름이 붙어 있다. [먹을 화주한
　　사람은 성욱이고, 칠을 화주한 사람은 학정, 성조, 이익심, 김계상, 주인세,
　　박원손, 강나똥, 이언이, 윤금, 정창손, 금두지, 이유정, 이성주, 호군(조선시
　　대에 五衛의 정사품 벼슬에 해당한다) 김숙동, 사비, 빠끔, 강후지, 상장 금윤
　　손 부부, 상장 이근손 부부, 이춘보, 박요정, 각응 이순동, 이윤손, 이지손,
　　이형, 이숭, 장막실, 박연손, 금동이, 막동이, 전말의 을동이, 신마의 을동이,
　　상장 임석산, 사직 박치량, 사직 주영명, 호군 채눌동, 전범이, 조련손 墨化主
　　性旭 漆化主 學正 性祖 李益心 金繼尙 周仁世 朴元孫 姜內ㄱ同 李彦伊 尹金
　　鄭唱孫 金豆之 李有正 李成住 護軍金叔同 四非 白ㄱ今 姜厚知 上將金允孫兩
　　主 上將李根孫兩主 李春甫 朴伏定 覺凝 李順同 李允孫 李枝孫 李亨 李崇
　　長莫實 朴延孫 金同 莫同 田末乙同 辛馬乙同 上將林碩山 司直朴致良 司直周
　　永明 護軍蔡訥同 田凡伊 曹連孫]

4.

通錄撮要 卷之第四

『통록촬요』 제사권

通錄撮要 卷之第四

4. 『통록촬요』 제사권

(45)

○ 鎭州臨濟義玄禪師(嗣黃蘗<檗?>) 曹州南華那<邪?>氏 幼負出塵
之志 及落髮進具之後 便慕禪宗 初在黃蘗會下 時第一座曰 何不去 問和
尙如何是佛法的的大意 師蒙敎便徃問 問聲未絶 黃蘗便打 師却下 座問
問話作麼生 師曰問聲未絶 便被打 義玄不會 座曰汝但更去問 師如是三
度發問 三度遭打 遂告辭曰 早來承激勸問話 唯蒙和尙賜棒 所恨愚魯
且行脚去也 座曰汝若去 須是辭和尙 始得 座却徃告和尙曰 問話底僧
雖是後生 甚是如法 今要去諸方 若來辭時 和尙須方便接取伊 蘗<檗?>
曰吾亦自知已後作一株大樹 與天下人爲陰涼去在 師來日徃辭 蘗
<檗?>曰汝須去叅大愚

    진주의 임제의현 선사(황벽의 법사)는 조주 남화의 형씨이다. 어려서
출가할 뜻을 품었다. 마침내 낙발하고 구족계를 받은 이후에 곧장 선의
종지를 따랐다. 처음에 황벽의 회하에 있었다. 그때 제일좌가 말했다.
"어찌 화상한테 찾아가서 '불법의 적적대의가 무엇입니까.'라고 묻지 않는
가."
    임제는 제일좌가 시킨대로 곧장 화상을 찾아가서 물었다. 그러자 질문이
미처 끝나기도 전에 황벽은 임제를 때려주었다.
    임제가 물러나오자 제일좌가 물었다.
"질문했던 이야기는 어찌 되었는가."
    임제가 말했다.
"질문이 끝나기도 전에 곧장 얻어맞고 말았습니다. 저는 그 이류를 모르겠
습니다."
    제일좌가 말했다.

"그대는 무릇 다시 가서 물러 보라."

임제는 이와 같이 세 차례나 질문을 하였지만 세 차례나 얻어맞고 말았다. 마침내 작별을 고하여 말했다.

"일찍이 격려와 권유를 받들어 물었지만 오직 화상의 몽둥이만 맞았을 뿐입니다. 제가 어리석고 아둔한 것이 한스럽습니다. 그러니 행각이나 떠날까 합니다."

제일좌가 말했다.

"그대가 여기를 떠난다면 화상에게 모름지기 하직인사라도 해야 하지 않겠는가."

그리고 제일좌는 먼저 화상에게 가서 말했다.

"질문을 했던 승은 비록 후생이지만 무척 여법한 녀석인데 지금 제방으로 행각을 떠나려 합니다. 만약 하직인사를 드리러 오거든 화상께서 방편으로 그놈을 잘 제접해주시기 바랍니다."

황벽이 말했다.

"나도 잘 알고 있다. 그는 이후에 한 그루의 거대한 나무가 되어 천하의 사람들에게 시원한 그늘이 되어줄 것이다."153)

임제가 다음 날 화상에게 하직인사를 드리러 가자 황벽이 말했다.

"그대는 반드시 대우한테 참문하거라."

師蒙指便徃 大愚問 什麼處來 答蘖<檗?>來 愚曰彼近日有何言敎 答義玄三度問佛法的的大意 三度被打 未審有什麼過 愚曰蘖<檗?>恁麼老婆 爲汝得徹困 更來遮裏 問有過無過 師言下有省 不覺失聲叫喚 元來黃蘖<檗?>佛法無多字<子?> 愚把住曰 遮尿牀子 適來問有過無過 而今却道 黃蘖<檗?>佛法無多字<子?> 汝見箇什麼道理 便恁麼道 師於大愚脇下築三拳 愚拓開曰 汝師黃蘖<檗?> 非干吾事

153) 『임제록』, (大正藏47, p.504下)에는 "황벽이 말했다. 나도 또한 알고 있다. 이후에 한 그루의 거대한 나무가 되어 천하의 사람들에게 시원한 그늘이 되어줄 것이다."는 대목에서 "황벽이 말했다. 나도 또한 알고 있다."는 대목이 생략되고 "이후에 한 그루의 거대한 나무가 되어 천하의 사람들에게 시원한 그늘이 되어줄 것이다."는 대목이 제일좌 곧 목주도종의 말로 기록되어 있다.

임제는 황벽의 지시를 받고 곧장 떠났다. 대우가 물었다.

"어디에서 왔는가."

임제가 답했다.

"황벽에서 왔습니다."

대우가 물었다.

"황벽은 요즈음 어떤 언교를 베풀던가."

임제가 말했다.

"제가 세 번이나 불법의 적적대의에 대하여 여쭈었는데 세 번이나 얻어맞았습니다. 저한테 어떤 잘못이 있는 것입니까."

대우가 말했다.

"황벽은 그러한 노파심으로 그대를 위하여 사무치도록 애써주었는데, 다시 여기까지 찾아와서 허물이 있느냐 허물이 없느냐를 묻는단 말인가."

임제가 언하에 깨치고나서 엉겁결에 큰소리로 말했다.

"원래부터 황벽의 불법은 대단히 명쾌했었구나."

대우가 임제의 멱살을 잡고 말했다.

"이 오줌싸개 같은 놈아. 아까전에는 허물이 있느니 허물이 없느니 그러더니, 지금은 도리어 황벽의 불법이 대단히 명쾌하다고 말하는구나. 그대는 어떤 노리를 터득했실래 곧상 그렇게 말하는가."

임제가 대우의 옆구리를 주목으로 세 차례나 때렸다. 그러자 대우가 잡고 있던 멱살을 놓고서 말했다.

"그대의 스승은 황벽이다. 나와는 상관이 없다."

師却廻 黃蘗<蘗?>見便問 遮漢來來去去 有甚了期 師曰祇爲老婆心切 便禮拜起 侍立次 蘗<蘗?>問汝去什麼處來 師曰昨日蒙和尚慈旨 徃大愚處來 蘗<蘗?>曰彼有什麼言句 師曰義玄遂擧前來問和尚因緣 問伊有什麼過 他曰黃蘗<蘗?>恁麼老婆 爲汝得徹困 更來遮裏 問有什麼過 義玄於此有省 蘗<蘗?>曰作麼生是得大愚多口老漢來 師曰 要伊來作什麼 蘗<蘗?>曰待伊來痛與一頓 師曰說什麼待伊來 即今便與便打一掌 蘗<蘗?>曰遮風<顚+?>漢 却來遮裏捋虎鬚 師便喝 蘗<蘗?>召侍者 引遮風<顚+?>漢叅堂去 師下叅堂 一日師同蘗<蘗?>種<栽?>松次

師問深山裏種<栽?>如許多樹子 作什麼 蘗<檗?>日一與山門作境致
二與後人作標榜 師便钁地 蘗<檗?>日雖然如是 已喫三十棒了也 師長
噓一聲 蘗<檗?>日吾宗到汝 大興於世

　임제가 돌아오자 황벽이 보고서 곧 물었다.
"이 녀석은 괜히 왔다 갔다 하네. 언제까지 그럴 건가."
　임제가 말했다.
"그저 화상의 노파심절 때문입니다."
　그러더니 곧바로 예배를 드리고 일어나 옆에 서 있었다.
　이에 황벽이 물었다.
"어디에 다녀왔는가."
　임제가 말했다.
"어제 화상의 자비로운 가르침을 받들어 대우의 처소에 다녀왔습니다."
　황벽이 말했다.
"대우에게 어떤 말을 들었는가."
　임제가 말했다.
"제가 이전에 화상께 여쭈었던 인연을 말씀드리고나서 어떤 잘못이 있는
가를 물었습니다. 그랬더니 대우화상은 '황벽은 그러한 노파심으로 그대
를 위하여 사무치도록 애써주었는데 다시 여기까지 와서 허물이 있느냐
허물이 없느냐를 묻는단 말인가.'라고 말했습니다. 제가 그 말에 깨쳤습니
다."
　황벽이 말했다.
"그래, 저 수다쟁이 늙은이한테서 깨친 것이 뭔가."
　임제가 말했다.
"어찌 대우화상까지 언급할 필요가 있습니까."
　황벽이 말했다.
"대우가 오는 것을 기다렸다가 일돈방[一頓]을 때려줘야겠다."
　임제가 말했다.
"대우화상이 올 때까지 기다릴 것이 뭐 있겠습니까. 지금 당장 때려주시지
요."
　그리고는 곧장 황벽을 손으로 때렸다.

이에 황벽이 말했다.

"이 풍전한(風顚漢)154)이 여기에 돌아와서 호랑이 수염을 뽑는구나."

그러자 임제가 갑자기 할을 하였다. 황벽은 시자를 불러서 그 풍전한을 법당으로 올려보냈다. 이에 임제가 법당을 참배하고 내려왔다.

어느 날 임제가 황벽과 함께 소나무를 심고 있었다.

임제가 물었다.

"이 깊은 산속에다 이렇게 많은 나무를 심어서 무엇에 쓰려고 합니까."

황벽이 말했다.

"첫째는 산문의 풍치를 아름답게 하고, 둘째는 후인들에게 본보기를 만들어주려고 한다."

그러자 임제가 곧장 괭이를 들어 땅을 쳤다. 황벽이 말했다.

"비록 그렇지만 그대는 이미 30방을 얻어맞고 말았다."

이에 임제가 크게 고함을 질러대자, 황벽이 말했다.

"우리의 종지가 그대에 이르러 세간에 크게 번성할 것이다."

潙山擧此語 問仰山 當初黃蘗<檗?> 祇囑付臨濟一人 別更有在 山曰有
即有 祇是年代深遠 不欲擧似和尚 潙山曰 雖然如是 吾亦要知 <汝但擧
看+?> 山曰有一人指南 吳越令行 遇大風即止 師辭黃蘗<檗?> 問什麼
處去 師曰不是河南 便是河北 蘗<檗?>便打 師約住棒 便打一掌 蘗
<檗?>大笑 喚侍者 將百丈先師禪版机案來與遮僧 師曰侍者將火來 蘗
<檗?>曰雖然如此 汝但將去 已後坐却天下人舌頭去在 潙山問仰山 蘗
<檗?>當初分付禪版机案 臨濟莫辜負他也無 山曰不然 潙山曰子又作
麼生 山曰知恩方解報恩 潙山曰 從上古人 還有相似者也無 山曰有即有
祇是年代深遠 不欲擧似和尚 潙山曰 雖然如此 吾亦要知子但擧看 山曰
楞嚴會上 阿難<讚佛+?>曰 將此深心奉塵刹 是則名爲報佛恩 豈不是

---

154) 風顚漢은 보통사람으로서는 흉내내기도 어려운 언행과 책략을 구사하는 사
람으로서 의기가 뛰어나고 거칠 것이 없는 헌헌대장부를 가리킨다. 때문에
그것을 이해하지 못하는 경우에는 간혹 미치광이로 취급당하기도 한다. 여
기에서는 스승의 技倆을 초월하여 무애한 선기를 휘두르는 영리한 납자를
가리킨다.

報恩之事 潙山曰 如是如是 師上堂曰 赤肉團上 有無位眞人 常在諸人面
門出入 未證據<者+?>着看 時僧纔出眾 師下禪牀把住曰 道道 僧擬擬
師曰無位眞人是什麼乾屎橛拓開 便歸方丈

　　위산이 이 이야기를 들어 앙산에게 물었다.
"당초에 황벽은 단지 임제 한 사람에게만 부촉한 것인가, 아니면 다른
사람에게도 부촉한 것인가."
　　앙산이 말했다.
"있기는 있습니다. 다만 먼 훗날에 해당하기 때문에 화상에게 말씀드리고
싶지 않습니다."
　　위산이 말했다.
"비록 그렇기는 하다만 내가 알고 싶다. 그러니 어쨌든 말해 보라."
　　앙산이 말했다.
"한 사람의 지남으로 인하여 오·월 지방에서 법령이 실행되었는데, 대풍을
만나면 그만 그쳐버립니다."155)

　　임제가 황벽에게 하직인사를 드리자, 황벽이 물었다.
"어디로 가는가."
　　임제가 말했다.
"하남이 아니면 곧 하북으로 갈 것입니다."
　　황벽이 갑자기 석장으로 때려주었다. 이에 임제가 그 석장을 붙잡더니
곧장 한 대 갈겨주었다. 그러자 황벽이 크게 웃었다. 그리고는 시자를
불러서 선사(先師 : 백장회해)의 선판과 책상을 가져오라고 시키더니
임제에게 주었다.
　　그러자 임제가 말했다.
"시자께서는 불까지 갖다 주십시오."

─────────────

155) 指南은 임제의 종지가 흥화존장을 거쳐 남원혜옹에 이르는 것을 가리키고,
　　오·월 지방은 강남의 절강지방으로서 이 지방을 다스리는 것은 천하통일을
　　상징하며, 대풍을 만나서 그친다는 것은 이후 풍혈연소가 출현할 것에 대한
　　예언을 가리킨다. 임제의 법맥은 흥화존장 - 남원혜옹 - 풍혈연소로 계승되
　　었다.

황벽이 말했다.

"비록 그렇다만 어쨌든 그대가 갖고 가거라. 이후 천하 사람들의 입에 오르내리는 것을 대번에 틀어막아버릴 것이다."

위산이 앙산에게 물었다.

"황벽이 당초에 선판과 책상을 부촉하였는데, 임제는 황벽을 저버린 것이 아닌가."

앙산이 말했다.

"그렇지 않습니다."

위산이 물었다.

"그렇다면 그대는 어찌 생각하는가."

앙산이 말했다.

"은혜를 알아야 은혜를 갚는 것입니다."

위산이 물었다.

"옛적의 고인들에게도 그와 비슷한 경우가 있었는가."

앙산이 말했다.

"있기는 있습니다. 다만 먼 훗날에 해당하기 때문에 화상에게 말씀드리고 싶지 않습니다."

위산이 말했다.

"비록 그렇기는 하다만 내가 알고 싶다. 그러니 어쨌든 말해 보라."

앙산이 말했다.

"능엄회상에서 아난이 부처님을 찬탄하여 다음과 같이 말했습니다. '심심(深心)으로써 한량없는 국토에 봉사하는 것을 가리켜 부처님 은혜에 보답한다고 말합니다.'156)

이것이야말로 어찌 보은의 행위가 아니겠습니까."

위산이 말했다.

"그래, 바로 그렇다."

임제가 상당하여 다음과 같이 말했다.

---

156) 『楞嚴經』卷3, (大正藏19, p.119中)

"맨 몸뚱아리에 붙어있는 무위진인(無位眞人)이 늘상 그대들의 얼굴로 출입하고 있다. 아직 알아보지 못한 사람은 분명히 보라."

그때 한 승이 대중가운데서 나오자마자,[157] 임제가 선상에서 내려오더니 멱살을 집고 말했다.

"말해 보라. 어서 말해 보라."

그 승이 머뭇거리자 임제가 말했다.

"무위진인이라니, 그 무슨 간시궐(乾屎橛) 같은 소린가."

그리고는 곧장 그를 놓아주고 방장실로 돌아가버렸다.

師臨終時 上堂曰 吾滅後 不得滅吾正法眼藏 其時三聖 爲院主 乃曰爭敢
滅和尙正法眼藏 師曰已後有人問汝 向伊道什麽 主便喝 師曰誰知吾正
法眼藏 向遮瞎驢邊滅 言訖坐滅 時唐咸通七年丙戌四月十日 謚慧照禪
師 塔曰澄靈

임제는 임종이 다가왔을 때 상당하여 말했다.

"내가 입멸한 이후에도 내 정법안장을 단멸시켜서는 안된다."

그때 원주로 있었던 삼성혜연이 말했다.

"어찌 감히 화상의 정법안장을 단멸시키겠습니까."

임제가 말했다.

"이후에 어떤 사람이 그대한테 묻는다면 그에게 뭐라고 말할 것인가."

삼성 원주가 갑자기 할을 하였다.

그러자 임제가 말했다.

"내 정법안장이 여기 눈 먼 당나귀한테 단멸될 줄이야 누가 알았겠는가."

말을 마치고는 앉은 채로 입멸하였다. 그때가 당 함통 7년(867) 병술년 4월 10일이었다. 시호는 혜조선사이고, 탑명은 징령이다.

(46)

○ 筠州洞山良价禪師(嗣雲巖) 幼歲從師 因授心經 至無眼耳鼻舌身意

---

157) "時僧纔出衆"에 해당하는 말이 『임제록』에는 "한 승이 나와서 물었다. 무위
진인이란 무엇입니까. 時有僧出問 如何是無位真人"

處 師乃仰視本師面 却以手捫摸自面 遂曰 某甲見師面與吾面 俱有六根
因何却道無 其師骇其異 乃曰吾非汝師 發旨靈默<即指往五洩山禮靈默
禪師?> 又值南泉 爲馬大師諱日修齋次 泉垂問 來日爲大師設齋 大師還
來否 衆皆無對 師曰待有伴即來 泉曰子雖是後生 亦<甚?>堪彫琢 師曰
和尚莫壓良爲賤 師問嚴 百年後 忽有人問 還邈<貌?>得師眞<不+?>
如何祇對 嚴曰但向伊道 即這簡是 師良久 嚴云承當這<簡+?>事 大須
審細心 <師+?>猶涉疑 師後因過水 忽覩影大悟 偈曰 切忌從他覓 迢迢
與我疎 我今獨自徃 處處得逢渠 渠今正是我 我今不是渠 應須恁麼會
方得契如如

　　군주의 동산양개 선사(운암의 법사)는 어린 나이에 스님을 따라서 『반야
심경』을 공부하였는데 '안·이·비·설·신·의가 없다.'는 대목에 이르렀다.
동산은 스님의 얼굴을 우러러보고는 손으로 자기의 얼굴을 만져보았다.
그리고 물었다.
"제가 스님을 얼굴과 제 얼굴을 보니 육근이 갖추어져 있습니다. 그런데
어째서 경전에서는 그것이 없다고 말하는 것입니까."
　　그 스님은 동산의 특출난 재주에 놀라서 말했다.
"나는 그대의 스승이 아니다."
　　그리고는 곧 오설산에 가서 영묵선사에게 참례할 것을 지시하였다.

　　또한 남전을 뵈었다. 그곳에서는 마조의 기일을 맞이하여 재계를 준비하
던 참이었는데, 남전이 대중에게 물었다.
"내일 마조대사를 위하여 재를 베푸는데 대사께서 찾아오겠는가."
　　대중이 모두 대꾸하지 못했다. 그러자 동산이 말했다.
"도반이 있으면 곧 찾아올 것입니다."
　　남전이 말했다.
"그대는 비록 후생이지만 다듬으면 제법 쓸 만하겠구나."
　　동산이 말했다.
"화상께서는 양민을 압박하여 천민으로 만들지 마십시오."158)

---

158) 이 대목에 대해서는 『瑞州洞山良价禪師語錄』, (大正藏47, p.519中) "游方首

동산이 운암에게 물었다.

"화상께서 입적하신 이후에 홀연히 어떤 사람이 '화상의 영정을 그려볼 수 있겠습니까.' 라고 묻는다면, 어떻게 대답해야 합니까."

운암이 말했다.

"무릇 그 사람에게 '바로 그것에 즉해야 가능하다.'라고 말하라."

동산이 양구하자 운암이 말했다.

"그 도리를 이해하려면 모름지기 세심하게 살펴야 한다."

그러나 동산에게는 아직도 의심이 풀리지 않았다.

이후에 동산이 개울을 건너다가 홀연히 그림자를 보고는 대오하였다. 이에 다음과 같은 오도송을 지었다.

"남을 따라서 찾으려 하지 말라 切忌從他覓

점점 더 자신과 멀어지고 만다 迢迢與我疎

나는 이제 또 홀로 걸어가는데 我今獨自往

가는 곳마다 항상 그를 만난다 處處得逢渠

저것은 지금 바로 내가 되는데 渠今正是我

나는 지금 바로 그것이 아니네 我今不是渠

응당 다시 이와 같이 터득해야 應須恁麽會

바야흐로 진여세계 계합하리라 方得契如如"

因問和尙 <初+?>見南泉發迹 爲什麼却與雲巖設齋 師曰我不重先師道德 亦不重先師佛法 祇重他不爲我說破

승이 동산화상에게 물었다.

"화상께서는 처음에 남전을 친견하고 출세하셨는데[發迹] 어째서 도리어 운암을 위해 재를 차리는 것입니까."

동산이 말했다.

"나는 운암의 도덕을 소중히 여기는 것도 아니고, 운암의 불법을 소중히

謁南泉 値馬祖諱辰修齋 南泉問衆云 來日設馬祖齋 未審 馬祖還來否 衆皆無對 師出對云 待有伴即來 南泉云 此子雖後生 甚堪雕琢 師云 和尙莫壓良爲賤" 참조.

여기는 것도 아니다. 단지 운암스님이 나한테 말씀해주지 않은 것을 소중하게 간주할 뿐이다."159)

問和尚爲先師設齋 還肯先師也無 師曰半肯半不肯 僧曰爲什麼不全肯 師曰 若全肯即辜負先師也 問如何是祖師西來意 師曰待洞水逆流 即向 汝道 問和尚住百吉 何似住洞山 師曰一雨苧麻三尺布 問如何是毘盧師 法身主 師曰禾莖粟稈 問三身中那身不墮諸數 師曰 吾常於此切 問亡僧 遷化向什麼處去也 師曰火過後一莖菪 問如何是沙門行 師曰頭長三尺 頸短二寸

　한 승이 물었다.
"화상께서는 운암스님을 위해서 재를 차리는데 운암스님을 긍정하시는 것입니까."
　동산이 말했다.
"절반은 긍정하고 절반은 긍정하지 않는다."
　승이 물었다.
"어째서 온전히 긍정하지 않는 것입니까."
　동산이 말했다.
"만약 온전히 긍정한다면 그것은 운암스님을 저버리는 행위다."

---

159) 이 대목의 내용을 보충하면 다음과 같다. "동산이 운암의 기일에 재를 차리는데 어떤 승이 물었다. "화상은 운암스님의 처소에서 어떤 지시를 얻었습니까." 동산이 말했다. "운암의 처소에 있었지만 그로부터 지시를 받은 적이 없다." 승이 물었다. "아무런 지시도 받지 못했으면서 또 재는 차려서 무엇하려는 것입니까." 동산이 말했다. "비록 그렇기는 하지만 어찌 운암스님을 저버리겠는가." 승이 물었다. "화상께서는 처음에 남전을 친견하고 출세하셨는데[發迹] 어째서 도리어 운암을 위해 재를 차리는 것입니까." 동산이 말했다. "나는 운암의 도덕을 소중히 여기는 것도 아니고, 운암의 불법을 소중히 여기는 것도 아니다. 단지 운암스님이 나한테 말씀해주지 않은 것을 소중하게 간주할 뿐이다. 洞山因為雲巖諱日營齋 有僧問 和尚於先師處得何 指示 師曰 雖在彼中不蒙他指示 僧曰 既不蒙指示 又用設齋作什麼 師曰 然雖 如此焉敢違背於他 僧問 和尚初見南泉發迹 為什麼與雲巖設齋 師曰 我不重 先師道德 亦不為佛法 只重不為我說破"

승이 물었다.

"달마조사께서 서쪽에서 오신 뜻이 무엇입니까."

동산이 말했다.

"동산의 물이 역류하면 그때 가서 그대한테 말해주겠다."

승이 물었다.

"화상께서 주석하셨던 신풍의 백길(百吉)과 예장 고안의 주석처였던 동산과는 얼마나 닮았습니까."

동산이 말했다.

"한 냥의 모시[苧麻]는 곧 석 자의 베이다."160)

한 승이 물었다.

"어떤 것이 비로자나불의 스승이고, 또 법신불의 주인입니까."161)

동산이 말했다.

"그것은 볏짚이고 또한 조짚이다."

승이 물었다.

"삼신 가운데 분별[諸數]에 떨어지지 않는 신(身)은 어떤 것입니까."

동산이 말했다.

"나도 늘상 그 문제에 대하여 간절하게 생각해왔다."162)

한 승이 물었다.

"죽은 스님들은 천화하여 어디로 가는 것입니까."

---

160) 한 냥과 석 자는 각각 일구와 삼구를 상징한다. 곧 일구가 삼구이고 삼구가 일구라는 말로서 그만그만하다는 뜻으로서 피장파장, 막상막하, 난형난제 등의 의미이다.

161) 이 대목은 조산본적이 福州의 烏石靈觀 선사에게 질문한 내용을 들어서 동산에게 질문한 것이다. 『洞山錄』(大正藏47, p.513中) ; 『聯燈會要』卷8, (卍續藏79, p.80中) "曹山問 如何是毗盧師 法身主 師云 不道 曹擧似洞山 山云 好箇話頭 只欠進語 曹云 進甚麼語 洞云 何不問爲甚麼不道 曹復去進是語 師云 若言我不道 即啞却我口 若言我道 即禿却我舌 曹山擧似洞山 山深肯之"

162) '吾常於此切'이라는 대목에 대한 著語로는 『傳燈錄』卷15, (大正藏51, p.323上) "僧問曹山 先師道 吾常於此切 意作麼生 曹山云 要頭即斫將去 又問雪峯 雪峯以拄杖擬之云 我亦曾到洞山來" 참조.

동산이 말했다.
"다비를 마친 후에는 한 줄기 풀로 피어난다."163)

한 승이 물었다.
"어떤 것이 사문의 수행입니까."
동산이 말했다.
"머리의 길이는 석 자인데 목은 짧아서 두 치 밖에 안된다."164)

五位頌曰 正中偏 三更初夜月明前 莫怪相逢不相識 隱隱猶懷昔日嫌
<妍?> 偏中正 失曉老婆逢古鏡 分明覿面更無眞<他?> 休更迷頭猶認
影 正中來 無中有路隔<出?>塵埃 但能不觸當今諱 也勝前朝斷舌根
<才?> 偏中至 兩刃交鋒不須避<要回避?> 好手還同火裡蓮 宛然自有
衝天意<氣?> 兼中到 不落有無誰敢和 人人盡欲出常流 折合還歸炭裏
坐

동산은 다음과 같은 오위송을 지었다.
정중편
삼경 초야 또한 달 밝기 전이므로　三更初夜月明前
마주보고도 몰라보는 것 당연하니　莫怪相逢不相識
은은히 아름다운 추억에 젖어있네　隱隱猶懷昔日妍165)
편중정
잠을 잊은 노파 고경에 비춰 보니　失曉老婆逢古鏡
거울속 자신모습 타인이 아니라네　分明覿面更無他
거울속의 그림자를 착각하지 말라　休更迷頭猶認影166)

---

163) 『白雲守端禪師廣錄』卷1, (卍續藏69, p.312中) "上堂 舉僧問洞山 亡僧遷化
　　向什麼處去 洞山云 火過後一莖茅 龍門即不然 亡僧遷化 什麼處去 答云 墻壁
　　有耳" 참조.
164) 사문의 덕에 대한 내용으로서 많이 사유하고 배려하면서 말은 극히 삼가라는
　　의미이다.
165) 三更과 初夜와 月明前은 모두 칠흑같은 어둠을 나타낸다. 그 속에서는 아는
　　사람을 만나더라도 자타가 모두 누구인지를 식별할 수가 없다. 다만 예전의
　　情誼를 느낄 뿐이다.

정중래

無語 속에 번뇌 떠나는 길 있으니　無中有路出塵埃

무릇 천자를 저촉하지만 않는다면　但能不觸當今諱

이전 왕조의 단설재보다 뛰어나리　也勝前朝斷舌才[167]

편중지

두 칼날 교차하니 회피할 수 없네　兩刃交鋒要回避

호적수 만나니 불 속의 연꽃 같아　好手還同火裡蓮

그 사기가 곧 하늘을 찌를 듯하네　宛然自有衝天氣[168]

---

166) 失曉는 아직 여명이 트기 이전의 어둠을 말하고, 古鏡은 무엇하나 남김없이
있는 그대로를 비추어 내는 거울로서 『寶鏡三昧』의 보경이다. 아직 새벽이
밝지도 않은 어둠 속에서 눈마저 침침한 노파가 거울을 들여다보니 자신의
얼굴이 보이는 듯하나 제대로 파악할 수가 없어 어느 것 하나 분명한 것이
없다. 그러니 자기의 본래면목을 거울에서나 찾으려는 일은 그만 두는 것이
좋다. 여기에서 노파는 偏이고 고경의 작용은 正이다. 그래서 노파가 고경을
들여다보는 것[逢]은 偏中正, 즉 偏이 正을 향하여 회호하는 모습이다. 이
때 노파가 없으면 고경도 필요가 없고 고경이 없으면 노파가 거울을 들여다
볼 일도 없다. 이미 노파와 고경은 각각이면서 하나의 작용을 향해 있어서
각각으로 있는 것은 아무런 의미가 없어지고 만다. 노파는 그대로 노파이고
고경은 그대로 고경이어서 노파가 고경에 자신의 얼굴을 비추어 찾는다 해
도 고경은 여전히 고경이고 노파는 여전히 노파이다. 偏을 기초하면서 그
偏을 타고 넘어서 偏 속에 내재하는 正과 회호를 이룬다.

167) 無中有路는 無語中有語로서 이심전심이다. 當今은 굉지정각의 말을 빌리자
면 寶中天子로서 그 어느 누구도 범접할 수 없는 존엄한 신분이다. 無中有路
의 이심전심은 出塵의 경지로서 지존한 천자의 뜻을 함부로 거역할 수 없는
바에 비유되고 있다. 진실로 탈속한 깨침의 길이 언어도단인 것은 당시 당대
이전의 수대에 있었던 斷舌의 才士가 행한 懸河의 辯으로도 미칠 수 없다.
그 모든 것은 正位 속에서 은밀하게 행해지고 있어 겉모습의 현상으로는
알려지지 않지만 삼라만상이 推移하는 원리가 되어 있다.

168) 검도의 두 명인이 대결하면서 칼날이 맞부딪치는 입장이라 조금의 방심도
허용되지 않는다. 거기에는 승부나 우열이 없다. 이 비장한 모습은 마치
불 속에서 피어나는 연꽃처럼 희한하여 결코 무너지지 않는 절대경지를 나
타낸다. 一寸도 틈을 용납하지 않는 그 위용은 마치 하늘을 찌를 듯한 機鋒이
다. 이것은 일상생활의 어느 것 하나도 소홀히 여기지 않는 선가의 진정한
정신의 발로이다. 또한 불립문자의 선이 단순히 암묵의 선에 떨어지는 것이
아니라 항상 堅强不息하여 선지식을 참하고 경권을 가까이 하면서 주야로
참선변도에 힘쓰는 모습이 바로 편중지의 입장이다.

겸중도
유와 무를 초월한 자 그 누구인가   不落有無誰敢和
보통사람은 각각 깨침 추구하지만   人人盡欲出常流
자재하게 세간 속에서 화동한다네   折合還歸炭裏坐169)

師將圓寂 謂衆曰 吾有閑名在世 阿誰爲吾除得 衆皆無對 有沙彌出衆曰
請和尚法號 師曰吾閑名已謝 令擊鍾儼然坐化 大衆號慟移晷 師忽開目
而已 乃曰夫出家之人 心不附物 是眞修行 勞生息死 於悲何有 乃召主事
僧 令辨愚癡齋一中 盖責其戀情也 衆猶戀慕不已 延至七日 食具方備師
亦隨齋畢曰 僧家勿事大率臨行之際 喧動如斯 是不可也 至八日浴訖 端
坐長往 壽六十有三 臘四十二 敕諡悟本大師 塔曰慧覺

　동산이 입적하려는 즈음에 대중에게 말했다.
"나는 부질없이 이름을 세간에 남겨버렸다. 누가 나를 위해 내 이름을
단제해주겠는가."
　대중이 아무도 말하지 못했는데 어떤 사미가 대중 가운데서 나오더니
말했다.
"화상의 법호를 알려 주십시오."
　동산이 말했다.
"부질없는 내 이름은 이미 사라져버렸다."170)

　동산은 대중에게 종을 치게 하더니 엄연하게 앉은 채로 입적하였다.
대중이 해가 넘어가도록 슬프게 울었다. 그러자 동산이 홀연히 눈을 뜨더니

---

169) 有無를 초월해 있으니 뉘라서 이것과 화동할 것인가. 명안종사가 아니면
　　얼토당토 않는 말이다. 미혹한 사람들은 正邪와 迷惑을 다투면서 本來面目
　　에 노닐기를 바란다. 그러나 窮坐實際中道床한 사람이 아니면 불가능하다.
　　왜냐하면 心과 境과 事와 理로써 파악할 것이 아니고, 名狀을 떠나 천진스레
　　性相을 잊었기 때문이다. 計較對應:賓主:凡聖:迷悟 등을 이탈하여 단호하게
　　대도에 나아가는 것을 折合이라 한다. 그래서 大道에서 살아가는 것을 炭裏
　　에 앉는다고 말한다. 그래야만 指東劃西하는 愚를 범하지 않는다.
170) 똑똑한 제자를 얻어서 정법안장을 계승시킬 수 있었다 내지 동산의 경지를
　　따를 사람이 없다는 의미이다.

이에 말했다.

"대저 출가한 사람이라면 어떤 것에도 마음을 붙이지 말아야 진정한 수행인이다. 살아 있는 경우는 수고해야 하지만 죽으면 쉴 수가 있다. 그런데 어찌 슬퍼해야 할 필요가 있겠는가."

이에 주사승(主事僧)[171]을 불러서 우치재(愚癡齋)를 한번 변별해 주어 대중의 속정(俗情 :戀情)을 일깨워주었다. 그러나 대중의 속정은 그치지 않았다. 7일이 지난 후에 공양준비가 갖추어졌다. 이에 동산도 또한 공양을 마치고 말했다.

"승가에는 번거로운 일이 없어야 한다. 그런데 대저 떠나야 할 때인데도 이처럼 법석을 피우는 것은 옳지 못한다."

다음 날 목욕을 마치고는 단정하게 앉아서 입적하였다. 세수는 63세이고, 법랍은 42세이다. 칙시는 오본대사이고, 탑명은 혜각이다.

(47)

○ 撫州曹山本寂禪師(嗣洞山) 洞山一見乃問闍梨名什麼 曰耽章 山曰 那箇聻 曰不名 耽章於是 盤桓數載 一日乃辭 山問什麼處去 曰不變異處 去 山曰不變異 豈有去耶 曰去亦不變異 山曰 善爲 師便禮拜 師云世間塵 重之事 但知有便<卽?>得不要免 免卽同變易去也 成佛成祖 菩提涅槃 此等殃禍爲不小 因什麼如此 只爲變易 若不變易 直須觸處自由 始得

무주의 조산본적 선사(동산의 법사)가 언젠가 동산을 뵈었는데 동산이 물었다.

"그대는 이름이 뭔가."

조산이 말했다.

"탐장입니다."

동산이 말했다.

"저런, 맙소사."

조산이 말했다.

"이름이라 할 수 없습니다."[172]

---

171) 인과의 도리를 알고 자비와 지혜를 널리 활용하는 훌륭한 승을 가리킨다.

탐장은 이로부터 동산 곁에서 몇 년을 지냈다. 어느 날 하직인사를 드리자, 동산이 물었다.

"어디로 가려는가."

조산이 말했다.

"불변이처로 갈 것입니다."

동산이 물었다.

"불변이라면 어찌 간다는 행위가 있겠는가."

조산이 말했다.

"가는 행위도 또한 불변이입니다."

동산이 말했다.

"참으로 훌륭하구나."

그러자 조산이 곧 예배를 드렸다.

조산이 말했다.

"세간의 번뇌[塵重之事]는 무릇 번뇌가 있는 줄 알아차리면 되는 것이지 그것을 군이 벗어날 필요가 없다.173) 번뇌를 벗어나려고 하면 곧 변역처(變易處)로 가는 행위와 동일하다. 부처가 되는 것과 조사가 되는 것 및 보리와 열반 등은 빈뇌[殃禍]로서 걸고 작지 않다. 왜냐하면 그것은 단지 변역일 뿐이기 때문이다. 만약 변역이 없는 곳에 처해서도 자유로울 수 있다면 곧 번뇌를 벗어나 있는 것이다."174)

<僧擧+?>香嚴因僧問 如何是道 閑曰枯木裏龍吟 又問如何是道中人 閑曰觸髏裏眼睛 其僧不領 又問石霜諸禪師曰 如何是枯木裏龍吟 諸曰

172) '그것은 언설로 표현된 명칭일 뿐이지 저 자신의 본래이름이라고는 할 수 없습니다.'는 뜻이다.
173) 번뇌가 본래 공인 줄 알아차리면 그것이 바로 번뇌를 벗어나는 행위임을 가리킨다.
174) 『曹山錄』, (大正藏47, p.540中)의 "問 如何是莽莽蕩蕩招殃禍 曰只這箇總是 問云 如何免得 曰知有即得 用免作麼 但是菩提涅槃煩惱無明等 總是不要免 乃至世間塵重之事 但知有便得 不要免 免即同變易去也 乃至成佛成祖 菩提涅槃 此等殃禍為不小 因甚麼如此 只為變易 若不變易 直須觸處自由始得" 내용 참조.

猶帶喜在 又問如何是髑髏裏眼睛 諸曰猶帶識在 又問章曰 如何是枯木
裏龍吟 章曰血脉不斷 問如何是髑髏裡眼睛 曰乾不盡 問有得聞者否 章
曰盡大地未有一人不聞 問未審<龍吟+?>是何章句 章曰不知是何章句
聞者皆喪 乃作偈曰 枯木龍吟眞見道 髑髏無識眼初明 喜識盡時消息盡
當人那辨濁中淸

　어떤 승이 조산에게 다음과 같은 이야기를 꺼냈다.
[향엄지한에게 어떤 승이 물었다.
"깨침이란 무엇입니까."
지한이 말했다.
"고목에서 나는 피리소리다."
승이 다시 물었다.
"어떤 것이 깨친 사람입니까."
지한이 말했다.
"해골에 눈동자가 있다."
　승이 이해하지 못하고, 다시 석상경제 선사에게 가서 물었다.
"고목에서 나는 피리소리라는 것은 무엇입니까."
　경제가 말했다.
"아직도 번뇌감정이 남아 있다는 것이다."
　승이 또 물었다.
"해골에 눈동자가 있다는 것은 무엇입니까."
　경제가 말했다.
"아직도 분별의식이 남아 있다는 것이다."]

　그리고나서 그 승이 조산탐장에게 물었다.
"고목에서 나는 피리소리라는 것은 무엇입니까."
　탐장이 말했다.
"혈맥이 단절되지 않았다는 것이다."
　승이 물었다.
"해골에 눈동자가 있다는 것은 무엇입니까."

탐장이 말했다.

"해골이 바짝 마르지 않았다는 것이다."

승이 물었다.

"고목에서 나는 피리소리를 듣는 사람이 있습니까."

탐장이 말했다.

"온 대지에서 그 소리를 듣지 못하는 사람은 아무도 없다."

승이 물었다.

"고목에서 나는 피리소리란 어느 글귀에 있는 말입니까."

탐장이 말했다.

"어느 글귀에 나오는지는 모르지만 그 소리를 듣는 사람은 모두 죽는다."

그리고는 다음과 같은 게송을 지었다.

"고목의 소리 들어야 진정한 견도자이고　枯木龍吟眞見道

해골의 눈에 의식이 없어야 견명자라네　髑髏無識眼初明

감정 및 의식 모두 없고 소식도 없는데　喜識盡時消息盡

뉘라서 탁구에서 청구를 어찌 변별하랴　當人那辨濁中淸"

有僧以紙爲衣 號爲紙衣道者 自洞山來 章問如何是紙衣下事 僧曰一裘
纔挂體 萬事悉皆如 又問如何是紙衣下用 其僧<近+?>前而拱立曰 應
諾卽脫去 章笑曰 汝但解恁麼去 不解恁麼來 僧忽開眼曰 一靈眞性 不假
胞胎時如何 章曰未是妙 僧曰如何是妙 章曰不借借 其僧退坐於堂中而
化 章作偈曰 覺性圓明無相身 莫將知見妄踈親 念異便於玄體昧 心差不
與道爲鄰 情分萬法沉前境 識鑑多端喪本眞 若向句中專曉會 了然無事
昔時人

어떤 승은 종이로써 옷을 만들어 입었기 때문에 지의도자(紙衣道者)라
불렸다. 동산에서 찾아오자 탐장이 물었다.

"어떤 것이 종이옷 속의 거시기인가."

승이 말했다.

"한 겹을 몸에 걸치기만 해도 만사가 모두 여여합니다."

탐장이 다시 물었다.

"어떤 것이 종이옷 속의 작용인가."

그 승이 앞으로 가까이 다가와서 팔짱을 끼고 선 채로 말했다.

"예."

그러더니 곧 옷을 벗어버렸다.

탐장이 웃으면서 말했다.

"그대는 단지 하나만 알고 둘은 모르는구나."

그러자 그 승이 홀연히 눈을 뜨고는 말했다.

"하나의 신령스러운 진성이 어머니의 포태를 의지하지 않을 때는 어떻습니까."175)

탐장이 말했다.

"그것은 신묘한 작용이 아니다."

승이 물었다.

"그렇다면 신묘한 작용이란 어떤 것입니까."

탐장이 말했다.

"불차차(不借借)의 경지이다."176)

---

175) 하나의 신령스러운 진성이 윤회를 하지 않는 소식은 무엇인가를 묻고 있다.
176) 宏智 四借頌의 셋째에 해당하는 개념이다. 功用 및 體에 의지하지 않고 體와
　　　用을 모두 초월한 第一義諦의 경지를 가리킨다.[宏智正覺의 四借頌]
借功明位 蘋末風休夜正央 水天虛碧共秋光 月船不犯東西岸 須信篙人用意良
사(事)에 의지하여 본(本)을 해명하다
바람 멎으니 개구리밥도 한밤처럼 고요하고
물빛 허공처럼 푸르니 가을날처럼 호젓하네
달빛 실은 배는 동으로 서로 왔다갔다 하니
삿대 잡은 사람에게 모든 것 내맡겨 버렸네
借位明功 六戶虛通路不迷 太陽影裡不當機 縱橫妙展無私化 恰恰行從鳥道歸
본(本)에 의지하여 사(事)를 해명하다
여섯 창문 훤히 트이니 길에 미혹하지 않고
태양 햇살 아래 어떤 근기도 상대하지 않네
종횡으로 묘용을 펼치더라도 사심이 없으니
마치 집을 찾는 새를 따라 교화하듯 한다네
借借不借借 識盡甘辛百草頭 鼻無牽纏得優游 不知有去成知有 始信南泉喚作牛
차차이되 그 차차에 머물지 않다
달고 매운 맛이 나는 온갖 풀 다 알고 나니
소의 코뚜레를 꿰뚫지 않아도 유유자적하네

그 승이 자리에서 물러나더니, 승당으로 가서 앉은 채로 입적하였다.
이에 탐장이 다음과 같은 게송을 지었다.

"깨침의 자성은 원명하여 형상 없는 몸이니　　　覺性圓明無相身
지견을 가지고 함부로 친소를 논하지 말라　　　莫將知見妄疎親
일념이 달라지면 현묘한 바탕 어둡게 되고　　　念異便於玄體昧
마음이 어긋나면 곧 깨침과 가까이 못하네　　　心差不與道爲鄰
성정이 만법에 나뉘면 목전 경계에 빠지고　　　情分萬法沉前境
분별식으로 만단을 비추면 본래 진실 잃네　　　識鑑多端喪本眞
이와 같은 언구의 속뜻을 완전히 깨달으면　　　若向句中專曉會

───────────────

유를 알지는 못해도 도리어 유를 알게 되니
이에 남전이 소가 곧 되겠다는 예언을 믿네
全超不借借 霜重風嚴景寂寥 玉關金鎖手慵敲 寒松盡夜無虛籟 老鶴移棲空月巢
불차차에 집착 없이 초월하다
찬바람 불고 또 된서리 치니 더욱 고요하고
옥문관의 금빗장을 아예 손으로 두드린다네
찬 소나무 밤이 새도록 허공에 피리를 불고
노학은 둥지 떠나 허공 달속에 둥지를 트네
(『永覺和尙廣錄』卷27, 卍續藏72, p.548中) 참조. 宏智四借頌은 네 가지外 借를
통하여 수행자의 要路를 제시한 것이다. 첫째의 借功明位는 현상계의 만물의 작용
[功]에 의지하여 그 자체의 본체[位]를 해명한 것이다. 둘째의 借位明功은 만물의
체[位]에 의지하여 그 작용[功]을 해명한 것이다. 셋째의 借借不借借는 만물의
작용과 그 본체를 모두 잊는 空의 경지로서 일물도 존재하지 않는 것이다. 넷째의
全超不借借는 셋째의 空位마저 초월하여 공에도 떨어지지 않는 것이다. 기타『宏
智語錄』卷1, (大正藏48, p.17上) "소참법문에서 말했다. "형제들이여, 걸어갈 때
종적을 남기지 말아야 한다. 그것은 마치 석마에 무쇠채찍을 가하는 것과 같다.
그리고 머물러 있을 때는 가만히 멈추어 있어서는 안된다. 그것은 마치 허수아비
규방을 두드리는 것과 같다. 수행[事]에 의지하여 깨침[本]을 해명하는 경우[借功
明位]에 작용은 바탕에 있고, 깨침[本]에 의지하여 수행[事]을 해명하는 경우[借
位明功]에 바탕은 작용에 있다. 설령 이와 같이 실천하여 완성[十成]을 터득했다
할지라도 그것은 마치 傍參의 경우일 뿐이다. 자, 말해 보라. 그러면 不借借의 경우
에는 어디에 떨어지는가." 양구하고 말했다. "자세하게 알아들었는가. 별이 손에
잡힐듯한 산봉우리에 누워있으면/ 불조라 하도라도 거시기를 통 알 수가 없네/
小參云 好兄弟 行行沒蹤跡 石馬著金鞭 住住不凝停 木人敲玉戶 借功明位 用在體
處 借位明功 體在用處 直饒恁麽履踐 得十成去 猶是傍參邊事 且道 不借借時 落在
甚麽處 良久云 還相委悉麽 星前人臥千峰室 佛祖無因識得渠" 참조.

분명히 번뇌 없는 옛적 그대로의 사람이네　了然無事昔時人"

僧問五位君臣旨訣 章曰正位卽空界 本來無物 偏位卽色界 有萬形像 偏
中至者 捨事入理 正中來者 背理就事 兼帶者 冝應衆緣 不隨諸有 非染非
淨 非正非偏 故曰虛玄大道 無著眞宗 從上先德 推此一位 最妙最玄 要當
審詳辨明 君爲正位 臣是偏位 臣向君 是偏中正 君視臣 是正中偏 君臣道
合 是兼帶語<語-?> 問如何是君 曰 妙德尊寰宇 高明朗太虛 問如何是
臣 曰靈機弘<宏=>聖道 眞智利群生 問如何是臣向君 曰不墮諸異趣 凝
情望聖容 問如何是君視臣 曰妙容雖不動 光燭不無偏 問如何是君臣道
合 曰混然無內外 和融上下平 又曰以君臣偏正言者 不欲犯中 故臣稱君
不敢斥言是也 此吾法之宗要 作偈曰 學者先須識自宗 莫將眞際雜完
<頑?>空 妙明體盡知傷觸 力在逢緣不借中 出語直敎燒不著 潛行須與
古人同 無身有事超歧路 無事無身落始終 又曰 凡情聖見是金鑽 玄路直
須回互 云云 師天復辛酉六月十五日 焚香宴坐而化 閱世六十有二 坐三
十有七 謚元證大師 塔曰福圓

　한 승이 [오위군신지결]에 대하여 묻자 탐장이 말했다.
[정위는 곧 공계로서 본래무물이다. 편위는 곧 색계로서 만유의 형상이다.
편중지는 사(事)를 버리고 이(理)에 나아가는 것이다. 정중래는 이(理)를
등지고 사(事)에 나아가는 것이다. 겸대는 온갖 반연에 반드시 대응하면서
도 제유(諸有)177)에 떨어지지 않고 염(染)도 없고 정(淨)도 없으며 정(正)
도 없고 편(偏)도 없다. 때문에 허현한 대도이고 집착이 없는 진종으로서
종상의 훌륭한 대덕들은 그 경지를 가리켜 가장 오묘하고 가장 현현하기
때문에 반드시 자세하게 살피고 분명하게 가려야 한다고 말했다.
　임금은 정위이고, 신하는 편위이며, 신하가 임금을 향하는 것은 편중지
이고, 임금이 신하를 바라보는 것은 정중편이며, 임금과 신하의 도리가
합치되는 것은 겸대이다.
　어떤 승이 조산에게 물었다.
"임금이란 무엇입니까."

---

177) 중생의 과보로 나타나는 二十五有의 미혹한 경계를 가리킨다.

조산이 답했다.

"묘덕이 하늘처럼 높고 고명하기가 태허처럼 밝다."

어떤 승이 조산에게 물었다.

"신하란 무엇입니까."

조산이 답했다.

"뛰어난 기틀로 부처님 깨침을 넓히고 진실한 지혜로 중생을 이롭게 한다."

어떤 승이 조산에게 물었다.

"신하가 임금을 향하는 것은 무엇입니까."

조산이 답했다.

"모두가 불세계와 다른 세계에 떨어지지 않고 마음을 집중하여 부처님의 상호를 우러러본다."

어떤 승이 조산에게 물었다.

"임금이 신하를 바라보는 것은 무엇입니까."

조산이 답했다.

"미묘한 상호는 부동이지만 그 자비의 광촉은 두루하지 않음이 없다."

어떤 승이 조산에게 물었다.

"임금과 신하의 도리가 합치되는 것은 무엇입니까."

조산이 답했다.

"혼연히 뒤섞여 있어 안과 밖이 없고 서로 융화하여 상하가 평등하다."

또한 다음과 같이 물었다.

"군·신의 오위 및 편·정의 오위에서 했던 말들은 결코 중(中)을 침범하지 않는다. 때문에 신하가 임금을 불러도 그것은 감히 배척해서 하는 언설이 아니다. 이것이야말로 우리 조동법의 종요이다."]

그리고는 다음과 같은 게송을 지었다.

"수행납자라면 먼저 자기네 종지를 알아야 한다   學者先須識自宗
반야의 지혜를 자칫 무기공과 혼동해선 안된다   莫將眞際雜頑空
묘명의 체득이 깨침에 저촉됨을 알아야만 하니   妙明體盡知傷觸
힘써서 반연을 만날 뿐 중도를 빌릴 것이 없다   力在逢緣不借中
말을 꺼내서는 입방아에 오르내리지 않게 하고   出語直教燒不著
은밀한 자비행은 옛적 사람들과 같이 실천하라   潛行須與古人同

주체가 없고 객체가 있음은 분별의 초월이지만 無身有事超歧路
객체 및 주체 다 없어도 되레 분별에 떨어진다 無事無身落始終"

또 다음과 같이 시중설법을 하였다.178)
"범부의 생각과 성인의 견해는 곧 쇠사슬과 같은 그윽한 길이다. 그러니
모름지기 그것을 잘 활용할 줄만 알면 그만이다. 대저 불조의 혜명을
올바르게 계승하려는[正命食] 자라면 모름지기 삼종타(三種墮)를 갖추어
야 한다.
첫째는 털을 덮어쓰고 뿔을 받아 태어나는 것, 곧 축생으로 태어나는
보살의 변역생사이다.[披毛戴角, 沙門墮] 둘째는 소리와 색깔 등 감각세
계를 배제하지 않은 채 그대로 자유롭게 수용하는 것이다.[不斷聲色,
類墮, 隨類墮] 셋째는 음식을 받아먹지 않는 것, 곧 나한이 되어 분별심을
내지 않는 것이다.[不受食, 尊貴墮]"
그러자 조포납(稠布衲)이 물었다.
"피모대각(披毛戴角)이란 어떤 것입니까."
조산이 말했다.
"그것은 사생육도의 부류에 들어가 이류중행(異類中行 : 和光同塵·拖泥帶
水)하는 것이다."
또 물었다.
"부단성색(不斷聲色)이란 어떤 것입니까."

---

178) 이 대목은 조산의 [三種墮]의 가르침인데 그 전모를 여기에서 보충해둔다.
三種墮는 조산이 학인에게 제시해 준 세 가지 수행방식으로 일종의 機關이
다. 여기에서 墮는 빠진다는 뜻이 아니다. 일체에 걸림이 없는 무애자재한
지혜이고 능수능란한 수완을 말한다. 그래서 첫째의 피모대각의 沙門墮는
중생세간에 몸을 던져 중생제도에 몰입하는 것이다. 사문이 지위나 어떤
깨침의 경지에 구속되는 것이 아니라 그것을 초월하여 어떤 중생이라도 수
순하여 더불어 자유를 터득하는 것이다. 둘째의 부단성색의 隨類墮는 감각
의 육진 경계에 집착을 끊고 어떤 절대적인 경지를 추구하는 것도 아니며
회피하는 것도 없이 지각을 초월한 자유를 터득하는 것이다. 셋째의 불수식
의 尊貴墮에서 여기 不受食의 食은 자기의 본분사를 가리키는 것이다. 납자
의 본분사인 상구보리 하화중생을 지각하고 그것에 집착도 없는 본래면목과
본지풍광을 말한다. 자신의 신분을 초월하여 일체의 중생과 더불어 노닐
수 있는 자유로운 본분이다.

245

조산이 말했다.

"외부대상의 경계에 지배되지 않는 것이다."

또 물었다.

"불수식(不受食)이란 어떤 것입니까."

조산이 말했다.

"자신이 존귀하다는 상을 내어 본분사를 아는 것이다."

조산은 천복 신유년(901) 6월 15일에 향을 사루고 좌선하다가 천화하였다. 세상살이[閱世]는 62세이고, 좌랍은 37세이다. 시호는 원증대사이고, 탑명은 복원이다.

(48)

○ 杭州鳥窠道林禪師(嗣磨十一世道欽和尚) 本郡富陽潘氏 母朱氏 夢日光入口 因而有娠 及誕異香滿室 遂名光焉<香光?> 九歲出家 後詣復禮法師 學華嚴經起信論 復禮示以眞妄頌 俾修禪那 師問曰 初云<何+?>觀 云何用心 禮久而無言 師三拜而退 後謁經山道欽禪師 遂得正法而後 於孤山永福寺 時道俗共爲法會 師振錫而入 韜光法師問 此之法會 何以作聲 師曰無聲誰知是會 後見秦望山 有長松 枝葉繁茂 盤屈如盖 乃棲止其上 時人謂之鳥窠禪師 復有鵲巢其側 自然馴押 人亦謂之鵲巢和尚 有侍者會通 忽一日欲辭去 師問汝今何往 對曰會通爲法出家 以和尚不垂慈誨 今往諸方 學佛法去 師曰若要佛法 吾此間亦有少許 通曰如何是和尚佛法 師於身上 拈起布毛吹之 通便領悟玄旨

항주의 조과도림 선사(달마의 제11세 경산도흠 화상의 법사 : 741-824)는 절강성 항주 부양현 출신으로 속성은 반씨이다. 어머니는 주씨가 햇빛이 입으로 들어오는 꿈을 인하여 임신하였다. 태어났을 때 기이한 향기가 방에 가득하였기 때문에 이름을 향광(香光)이라 하였다. 9세 때 출가한 이후에 장안 서명사의 복례법사에게 나아가서 『화엄경』 및 『기신론』을 배웠다.

복례가 진망송(眞妄頌)으로 지시하고 선나(禪那)를 닦으라고 시키자

도림이 물었다. "처음부터 어떻게 관찰을 하고 어떻게 용심해야 합니까."

이에 복례가 오랫동안 아무런 말을 하지 않자 도림은 삼배를 드리고 물러났다.

이후에 경산도흠 선사를 참문하여 마침내 정법안장을 터득하고나서 고산 영복사에 갔는데 그때 출가자와 재가인들이 모여 법회를 하고 있었다. 도림이 석장을 흔들면서 들어가자 도광법사가 물었다.

"이곳은 법회가 열리는 곳인데 어째서 소리를 내는가."

도림이 말했다.

"소리가 없다면 여기에서 법회하는 줄을 누가 알겠는가."

후에 진망산을 바라보니 낙락장송이 있었는데 가지와 잎이 무성하고 둥글게 휘어져서 마치 일산과 같이 생겼기에 그 위에 터를 잡았다. 때문에 당시 사람들이 그를 조과선사라 일컬었다. 또한 곁에서 둥지를 틀고 있는 까치가 자연히 길들여졌기 때문에 또한 사람들은 그를 작소화상이라 불렀다.

회통이라는 시자가 어느 날 갑자기 떠나려고 하직인사를 드리자 도림이 물었다.

"그대는 지금 어디로 가려는 것인가."

회통이 대답하였다.

"저는 불법을 위하여 출가하였는데 화상께서는 가르침[慈誨]을 내려주지 않으니 이제 제방으로 다니면서 불법을 배우려고 합니다."

도림이 말했다.

"만약 불법이 필요하다면 나한테도 여기에 조금은 있다."

회통이 물었다.

"그러면 화상의 불법은 어떤 것입니까."

도림이 자기의 몸에서 터럭을 하나 뽑아서 훅! 하고 불어대자, 회통이 곧장 현묘한 도리를 깨쳤다.

(49)

○ 會通禪師(嗣鳥窠) 本郡吳氏 名元卿 形相端嚴 幼而聰敏 唐德宗時 爲六官<宮?>使 王族咸美之 春時見昭陽宮 華卉敷榮翫而久之 欻聞空 中有聲 曰虛幻之相 開謝不停 能壞善根 仁者安可嗜之 元卿省念 稚齒崇 善 極生厭患 帝一日遊宮 問卿不樂 對曰臣幼不食葷羶 志願從釋 帝曰朕 視卿 若昆仲但富貴 欲出于人表者不遑 卿唯出家不可 旣浹旬 帝觀其容 惟頓 詔王賓相之 奏曰此人當紹隆三寶 帝謂元卿 如卿願 任選日遠近奏 來 師荷德致謝 尋得鄉信言母患 乞歸寧省 帝厚其所賜 敕有司津遣師至 家 未幾會韜光法師 勉之謁鳥窠爲檀越 與結菴創寺 寺成啓曰 弟子七歲 蔬食 十一受五戒 今年二十有二 爲出家故休官 願和尚授與僧相 曰今時 爲僧 鮮有精苦者 行多浮濫 日本淨非琢磨 元明不隨照 曰汝若了淨智妙 圓 體自空寂 卽眞出家 何假外相 汝當爲在家菩薩 戒施俱修 如謝靈運之 儔也 曰然理雖如此 於事何益 儻垂攝受 則誓遵師敎 如是三請 皆不諾 時韜光堅白鳥窠曰 官<宮?>使未嘗娶 亦不畜侍女 師若不拯接 誰其度 之 鳥窠卽與披剃具戒 通常卯齋 晝夜精進 誦大乘經典 而習安般三昧(此 云出息入息) 得法之事 在鳥窠章也

항주 초현사의 회통선사(조과의 법사)는 항주의 오씨이고, 이름은 원경
이다. 형상은 단엄하였고, 어려서부터 총민하였다. 당나라 덕종시대에
후궁을 관리하는 벼슬[六宮使]을 하였는데 왕족들이 모두 좋아하였다.
봄날에 소양궁 뜰에서 아름답게 피어있는 꽃들을 보고 있는데, 홀연히
허공에서 다음과 같은 소리가 들려왔다.
"텅빈 허깨비 같은 형상이 끊임없이 피었다 지면서 선근을 파괴하는데,
그대는 어찌하여 그것을 즐기고만 있는가."
원경은 곰곰이 생각해보니, 젊고 아름답다고 좋아하는 것들도 참으로
싫고 더럽다는 생각이 들었다. 어느 날 황제가 궁궐에서 노닐다가 물었다.
"그대는 즐겁지 않는가 보군."
원경이 말씀드렸다.
"신은 어려서부터 비리고 누린내가 나는 것은 먹지 않았고, 마음에 출가승
이 되려는 뜻을 품었습니다."

황제가 말했다.

"짐이 그대를 형제와 같이 보아왔다. 그래서 무릇 남보다 뛰어난 부귀를 바란다면 그 뜻을 어기지 않겠지만, 그대가 출가하는 것만은 불가하다."

어느덧 열흘이 지났는데 황제가 초췌해진 그 얼굴을 보고 신하 왕빈(王賓)을 불러서 관상을 보게 하니, 왕빈이 말씀드렸다.

"이 사람은 반드시 삼보를 이을 것입니다."

황제가 원경에게 말했다.

"그대의 소원대로 할 것이다. 그러니 날을 잡아서 조만간 말해다오."

회통은 황제의 허락을 받고 감사를 드렸다. 그런데 고향에서 어머니에게 병환이 있다는 소식을 듣고는 고향으로 돌아가 문안할 것을 청하였다. 황제는 후하게 하사품을 보내고 유사(有司)를 시켜서 원경[회통]이 집에 이를 때까지 길을 안내토록 하였다.

집에 온지 얼마 지나지 않아서 도광법사를 뵈었는데, 그의 주선으로 조과선사를 찾아뵙고 그 단월이 되어 암자를 짓고 절을 지었다. 절의 낙성식이 열리는 날에 말했다.

"제자는 7세 때부터 채식을 하였고, 11세 때에 오계를 받았으며, 금년 22세에 출가하려고 관직을 그만두었습니다. 바라건대 화상께서는 출가승의 모습을 만들어 주십시오."

도림이 말했다.

"요즘에는 출가승이 되어서도 열심히 정진하는 사람이 드물고 그 행위도 대체로 여법하지 못하다."

원경이 말했다.

"본래의 청정은 탁마해서 되는 것이 아니고, 원래의 광명도 비추어서 되는 것이 아닙니다."

도림이 말했다.

"만약 그대가 청정한 지혜는 미묘하게 원만하고 본체는 본래부터 공적한 줄을 이해했다면 그것이 곧 진정한 출가인데 어찌 출가승이라는 겉모습이 필요하겠는가. 그대는 반드시 재가보살이 되어 지계와 보시를 두루 닦아서 사령운(謝靈運 : 385-433. 남조 송나라의 시인이면서 거사로서 덕망이 높았던 사람)과 같은 부류의 사람이 되거라."

원경이 말했다.

"그러나 도리로서는 그럴지라도 현실로서는 무슨 이익이 있겠습니까. 만약 저를 섭수해주신다면 맹세코 스님의 가르침을 따르겠습니다."

이와 같이 세 차례나 간청을 했지만 모두 허락하지 않았다. 그때 도광법사도 한사코 조과선사에게 다음과 같이 말하였다.

"궁리(宮使)는 일찍이 장가도 들지 않았고, 또한 시녀도 둔 적이 없습니다. 그러니 만약 선사께서 거두어주지 않는다면 누가 그를 득도(得度)해주겠습니까."

이에 조과는 곧 머리를 깎아주고 구족계를 주었다.

회통선사는 늘상 묘시의 공양을 지켰고, 밤낮으로 정진하였으며, 대승경전을 독송하였고, 나아가서 안반삼매(출식과 입식)를 익혔다. 회통이 득법한 내용은 위의 조과도림장에 수록되어 있다.

(50)

○ 福州雪峯山義存禪師(嗣山) 泉州曾氏 家世奉佛 師生惡葷茹 於襁褓中 聞鍾梵之聲 或見幡華像設 必爲之動容 年十二從父遊玉潤寺 見慶玄律師 遽拜曰 我師也 遂留侍焉 久歷禪會 三度到投子 九度轉上洞山因緣不契 後造德山之門 乃問從上諸聖 以何法爲人 山曰我宗無語句 實無一法與人 師曰後代子孫 以何傳授 山曰將謂汝是箇人便起 師於此有省 隨後入方丈禮謝 自後入室 日益奧旨 師住閩川四十餘年 學者冬夏不減千五百人 閩王施銀交牀與師 僧問受大王如此供養 將何報答 師以手托 <拓?>地曰 少<輕?>打我少打我 問路逢達道人 不將語默對 未審將何祇對 師曰喫茶去 問學人乍入叢林 乞師指示 師曰寧自碎身如微塵 終不敢瞎却一僧眼 問透網金鱗 以何爲食 師曰待汝出得網來 即向汝道 僧曰千五百人善知識話頭也不識 師曰老僧住持事繁 師問靈雲曰 古人道 前三三後三三意旨如何 雲曰水裡魚天上鳥 問畢竟如何 雲曰高可射兮深可釣 上堂曰 我若東道西說 汝便尋逐言句 我若似羚羊挂角 汝又向什麼處捫摸 便下座<座?>

복주 설봉산 의존선사(덕산의 법사)는 천주의 증씨로서 집안은 대대로 불법을 숭봉하였다. 설봉은 태어나면서부터 오신채를 싫어하였다. 강보에 싸여있을 때부터 범종소리를 듣거나 혹 당기나 꽃이나 불상이 있는 것을 보면 반드시 엄숙한 자세를 지녔다.

12살 때 아버지를 따라서 포전현의 옥윤사(玉潤寺)에 갔는데 경현율사를 친견하고는 곧 절을 예배를 드리고 말했다.

"저의 스승이십니다."

그리고는 마침내 거기에 머물면서 시봉을 하였다. 이후로 오랫동안 선회를 유력하였는데, 세 번이나 투자산의 대동선사에게 나아갔고, 아홉 번이나 계속하여 동산의 양개선사에게 나아갔지만 인연이 계합되지 못하였다.

후에 덕산선감의 문하에 나아가서 이에 물었다.

"종래의 모든 부처님들은 어떤 법으로 중생을 제도하셨습니까."

덕산이 말했다.

"우리네 종지는 어구가 없다. 그래서 실로 어떤 법도 중생에게 베풀어준 것이 없다."

설봉이 물었다.

"그렇다면 후대의 자손에게는 어떤 법으로써 전수하실 것입니까."

덕산이 말했다.

"그대가 후대에 바로 그런 사람이라고 말하겠다."179)

그러더니 갑자기 일어섰는데,180) 이에 바로 설봉이 깨우쳤다. 그리고는 잠시 후에[隨後]181) 방장실로 들어가 감사의 예배를 드렸다. 이로부터 입실하여 깨침의 소식[奧旨]이 나날이 깊어졌다.

설봉은 민천에 40여 년 동안의 주석하였는데 납자가 여름이나 겨울에도 1500명 이상이었다. 이에 민왕이 설봉에게 은으로 만든 평상[交牀]을

---

179) '나는 그대가 바로 후대에 법을 전수받는 그런 사람에 해당한다고 말하겠다.' 는 의미이다.

180) 덕산은 갑자기 자리에서 일어나서 그 자리를 떠나 방장실로 돌아갔다는 뜻이다.

181) 隨後는 '뒤이어', '잠시 후', '바로 뒤에'의 시간적인 개념으로 쓰인 말이다. '뒤를 따라가다' 내지 '뒤로부터'와 같은 동작상황 내지 공간적인 상황의 뜻이 아니다.

시주하였다. 그러자 어떤 승이 물었다.

"화상께서는 대왕으로부터 이와 같은 공양물을 받았는데 장차 무엇으로 보답할 것입니까."

설봉이 손으로 흙을 움켜쥐고 말했다.

"이것으로 나를 한대 때려라. 이것으로 나를 가볍게 때려 달라."182)

어떤 승이 물었다.

"길을 가다가 수도인을 마주치면 말이나 침묵으로 응대하지 말라는 말이 있습니다. 그러면 어찌 응대해야 합니까."

설봉이 말했다.

"차나 한 잔 들어라."

어떤 승이 물었다.

"저는 총림에 이제 갓 들어왔습니다. 화상에게 바라건대 잘 부탁드립니다."

설봉이 말했다.

"차라리 내가 이 몸을 부수어 미진을 만들지언정 끝내 어떤 승의 안목을 애꾸눈으로 만들어줄 수는 없는 노릇이다."183)

한 승이 물었다.

"그물 속의 금린어는 무엇을 먹고 삽니까."

설봉이 말했다.

"그대가 그물 밖으로 벗어나면 그때 가서 말해주겠다."

승이 말했다.

"천 오백 명이나 거느린 선지식이면서 화두하나도 모르고 있군요."

이에 설봉이 말했다.

---

182) 민왕으로부터 받은 시주물에 대하여 남들은 ‧대단한 것으로 간주하지만, 정작 설봉 자신은 그것을 한 줌의 흙만큼 밖에 간주하지 않는다는 것을 뜻한다.

183) 납자 개개인 그대로가 완전한 깨침의 모습인데 수행을 지도한답시고 굳이 이러쿵저러쿵 미주알고주알 일러주어 괜시리 긁어 부스럼을 만들어서는 안 된다는 것을 가리킨다.

"노승은 이제 주지노릇 하는 것이 번거롭단다."

　설봉이 영운지근에게 물었다.
"고인이 전삼삼 후삼삼이라 말했다는데, 그게 무슨 뜻입니까."
　영운이 말했다.
"물속에는 물고기가 살고, 허공에는 새가 산다."
　설봉이 물었다.
"그게 결국 무슨 뜻입니까."
　영운이 말했다.
"높은 허공을 나는 새는 활을 쏘아서 잡고, 깊은 물에 사는 물고기는
낚시질을 하여 잡는다."

　상당하여 다음과 같은 설법을 하였다.
"만약에 내가 동쪽에 대하여 말하고 서쪽에 대하여 설하면 그대들은 곧장
그 언구만 찾아서 뒤쫓는다. 그렇지만 만약 내가 영양괘각(羚羊挂角)처럼
한다면184) 그대는 이제 무엇을 향해서 추구하겠는가."
　그리고는 곧 법좌에서 내려왔다.

(51)
○ 高亭簡禪師(嗣山) 隔江見德山 遙遙合掌曰 不審 德山以扇子招之
師於此有省 乃橫趨而去 更不廻顧

　고정간 선사(덕산의 법사)가 강 건너에 있는 덕산을 보고는 멀리서
합장을 하고 말했다.
"안녕하십니까."
　덕산이 부채를 가지고 고정간 선사를 불렀다. 이에 고정간 선사가 깨우쳤
다. 이에 슬금슬금 피하면서 그 자리를 떠나더니 다시는 돌아보지도 않았
다.

---

184) 바로 앞의 경우는 언설의 방편이라면, '羚羊挂角처럼 한다.'는 것은 곧 언설과
　　제스처를 초월하여 아무런 흔적도 없고 분별과 집착이 없는 제일의제의 가
　　르침을 말한다.

(52)

○ 玄沙宗一大師(嗣雪峯) 法名師備 福州謝氏 幼好垂釣 泛一小舟於南
臺江 狎諸漁者 年甫三十 忽慕出塵 乃棄釣舟 徃開元寺道玄律師 受具布
衲芒屨 食纔接氣 常終日宴坐 衆皆異之 峯以其苦行 呼爲頭陁 每見之曰
再來人也 <異日雪峯召曰+?> 何不徧參去 對曰達磨不來東土 二祖不
徃西天 峯曰然 師住玄沙山 望風來集八百餘 師有偈曰 萬里神光頂後相
沒頂之時何處望 事已成就意亦休 此簡來蹤觸處周 智者撩著便<聊聞
猛?>提取 莫待須臾失却頭 又曰 玄沙遊遶別 時人切須知 三冬陽氣盛
六月降霜時 有語非關舌 無言切莫詞<辭?> 會我最後句 出世少人知 又
云 奇哉一靈叟 那頓許哎哎(音兜) 風起引筌筷 迷子爭頭湊 設使總不是
何<蝦?>驀大張口 開口不開口 終是犯靈叟 欲識簡中意 南星直<眞?>
北斗

현사종일 대사(설봉의 법사)의 법명은 사비이고 복주 사씨이다. 어려서
부터 낚시질을 좋아하여 작은 고깃배를 남대강에 띄워놓고 많은 어부들과
어울렸다. 30살이 되었을 때 홀연히 세간을 벗어나고자 하여 마침내 낚싯
배를 버리고,[185] 개원사의 도현율사한테 가서 구족계를 받았다.

이로부터 베옷과 짚신을 신었고, 음식은 숨이 끊어지지 않을 만큼만
먹었으며, 늘상 종일토록 좌선을 하자 대중들이 기이하게 간주하였다.
이에 설봉은 그 고행하는 것을 가리켜 비두타(備頭陀)라고 불렀다. 그리고
설봉은 현사를 볼 때마다 말했다.
"다시 태어난 사람이다."[186]

어느 날 설봉이 사비를 부르더니 물었다.
"어째서 편참(徧參)하러 떠나지 않는가."
사비가 말했다.

---

185) 도현율사에게 나아가기 이전에 芙蓉山의 靈訓禪師에게 머리를 깎았다.
186) 설봉과 현사는 사형사제지간이지만, 현사는 설봉을 스승처럼 따르고 존경하
    였다. 함께 象骨峰에 절을 짓기도 하고, 서로 탁마하면서 지냈다. 혹『능엄경
    』을 공부하다가 설봉이 물으면 현사는 막힘없이 답변해주기도 하였다. 이에
    설봉은 備頭陀[玄沙]를 가리켜서 '다시 태어난 사람'이라고 찬탄하였다.

"달마는 동토에 오지도 않았고, 이조혜가는 서천으로 가지도 않았습니다."

설봉이 말했다.

"하긴 그렇구나."

사비가 현사산에 주석하니 그 선풍을 따라서 모인 사람이 800명을 넘었다.

사비가 게송으로 다음과 같이 말했다.

"만리의 신광이 정수리 뒤에서 빛나는데　萬里神光頂後相
머리가 사라지면 어디를 향해야 하는가　沒頂之時何處望
깨침을 성취하고 마음도 또한 휴식하니　事已成就意亦休
그 깨침 종적 닿는 곳마다 두루 미치네　此箇來蹤觸處周
지자는 귀를 기울여보면 곧 알아차리니　智者聊聞猛提取
찰나라도 망설이면 머리를 잃고 만다네　莫待須臾失却頭"

또한 게송으로 다음과 같이 말했다.

"현사가 걸어가는 길은 특별히 다르므로　玄沙遊逡別
오늘날 사람들은 반드시 알아채야 한다　時人切須知
한겨울 추운 날씨에도 햇살이 왕성하고　三冬陽氣盛
한여름 유월에도 차가운 서리 내린다네　六月降霜時
언설을 내뱉어도 혓바닥과 상관이 없고　有語非關舌
침묵 지켜도 언사는 반드시 필요하다네　無言切莫辭
현사의 말후구 무엇을 말하는지 아는가　會我最後句
출세한 사람이라도 아는 자가 드물다네　出世少人知"

또한 게송으로 다음과 같이 말했다.

"참으로 기이하구나 저 영특한 늙은이여　奇哉一靈叟
어째서 저리도 구라를 많이 피워대는가　那頓許哎哎
바람을 일으켜 공후라도 켜는 곳이라면　風起引箜篌
어리석은 아이들 앞을 다투어 모여드네　迷子爭頭湊
설령 아이들에게 다투지 말라고 말해도　設使總不是
마치 두꺼비가 크게 입을 벌린 것 같네　蝦蟆大張口
입을 벌리거나 입을 벌리지 않거나간에　開口不開口

곤 그것은 영특한 늙은이는 못마땅하네　終是犯靈叟
영특한 늙은이의 속뜻을 알고자 하는가　欲識箇中意
남극성이 곧 그대로 진짜 북극성이라네　南星眞北斗"

師垂示曰 諸方老宿盡道 接物利生 且問汝 秖如盲聾瘂三種病人 作麼生
接 汝<若?>拈槌竪拂向他 眼且不見 共他<說+?>話 耳又不聞 口復瘂
若接不得 佛法無靈驗 時僧問 三種病人 <和尚+?>還許學人商量也無
師曰許汝<作麼生商量+?> 其僧珍重 便出去 師曰不是不是 桂琛曰 <桂
琛+?>見有眼耳口和尚作麼生接 中塔曰 三種病人 即今在什麼處 有
<一+?>僧曰 非唯謾他<兼+?>亦自謾 示衆曰 有一般之輩便說 昭昭靈
靈 靈靈智性 能見能聞 向五蘊身<田+?>裡 得作主宰爲善知識 大賺人
知麼 我今問汝 汝若認昭昭靈靈 是汝眞實 爲什麼 瞌睡時 又不成昭昭靈
靈 此 只因前 六塵<=塵色聲香等法?> 而有分別 便認<道?>此<是+?>
昭昭靈靈 是汝眞實 此是認賊爲子 正是生死根本 若無前塵 汝此昭昭靈
靈 同於龜毛兔角 仁者 眞實在什麼處 汝今欲得出他 五蘊身田主宰 但識
取汝祕密金剛體 <古人向汝道+?> 圓成正遍 遍周沙界 譬如日輪 世間
種種興營<=世間人所作興營養身活命?> 種種心行作業 莫非承他日光
成立 只如日體 還有多般及心行麼 還有不周遍處麼 <欲識+?>此金剛
體亦如是 只如今山河大地<十方國土+?>色空明暗及汝身心 莫非盡承
汝圓成威光所現 <知麼+?>汝旣有如是奇特 當陽出身處 何不發明取
便隨他 向五蘊身田中鬼趣裡作話計 云云

　사비가 다음과 같이 시중설법을 하였다.
["제방의 노숙들은 모두 중생을 제접하여 그들을 이롭게 한다고들 말한다.
그렇다면 자, 그대들에게 묻겠다. 소경·귀머거리·벙어리의 삼종병자들의
경우는 어떻게 제접하겠는가.
　만약 그들을 향해서 방망이[槌]를 번쩍 들거나 불자를 치켜세운다해도
그들은 눈으로 보지 못할 것이고, 그들에게 더불어 설법을 해주더라도
또한 귀로 듣지 못할 것이며, 입으로도 또한 말을 하지 못할 것이다.
그렇다고 만약 그들을 제접하지 못한다면 불법은 영험이 없을 것이다."

그때 한 승이 물었다.

"삼종병자에 대하여 제가 상량해볼 수 있도록 화상께서는 허락해줄 수 있습니까."

사비가 말했다.

"그대가 어떻게 상량하는지 허락하겠다."

그러자 그 승이 작별인사를 드리고는 곧장 밖으로 나가버렸다. 이에 사비가 말했다.

"그게 아니다. 그렇게 해서는 안된다."

나한계침이 말했다.

"계침에게는 보시다시피 눈과 귀와 입이 있습니다. 화상께서는 어떻게 저를 제접해주시겠습니까."

어른스님[中塔] 곧 사비가 말했다.

"삼종병인은 지금 어디에 있는가."

한 승이 물었다.

"그것은 비단 남을 속이는 것뿐만 아니라 또한 자신까지 속이는 것입니다."]

다음과 같은 시중설법을 하였다.

"어떤 사람들은 말한다.

'소소영령(昭昭靈靈)에 대해서는 영령한 지성(智性)을 가져야만 볼 수가 있고 들을 수가 있다. 그 소소영령은 오온의 몸속에서 주인공 노릇을 하고 있다.'

이와 같이 말하는 선지식들은 사람을 크게 속이는 것이다.

알겠는가.

내가 지금 그대들에게 묻겠다. 그대들이 만약 소소영령을 인정하여 그것을 그대들의 진실한 것이라고 간주한다면 어째서 잠을 잘 때는 또 소소영령하지 못하는 것인가.187) 그것은 단지 바로 면전에 있는 육진번뇌

---

187) 이 대목과 관련하여 『경덕전등록』에서는 다음과 같이 말한다. "만약 잠을 잘 때에 그렇지 못한다면 어찌 소소영령하는 때가 있겠는가. 그대들은 알겠는가. 그것이야말로 도적을 자기의 아들로 잘못 아는 격이다. 그것은 생사의 근본이고 망상인연의 기운이다. 그대들은 근본연유를 알고자 하는가. 내가

곧 색진·성진·향진·미진·촉진·법진을 인하여 존재하는 분별을 곧 그 소소영령이라 말하는 것일 뿐이다. 그런데도 그것을 그대들의 진실한 것이라고 간주하는 것은 곧 도적을 아들로 잘못 아는 것으로서 바로 생사의 근본이다. 만약 그와 같은 면전의 육진번뇌가 없다면 그대들의 그 소소영령이야말로 거북이의 터럭과 토끼의 뿔과 같을 뿐이다.

그렇다면 과연 그대들의 진실한 것은 어디에 있는가. 만약 그대들이 지금 오온의 몸속에서 주인공 노릇을 하고 있는 그것을 꺼내보고자 한다면 무릇 그대들의 비밀스러운 금강체를 알아차려야 한다.

고인은 그대와 같은 사람들에게 다음과 같이 말했다.
'원만하게 성취되어 있고 널리 갖추어져 있어서 항사세계에 가득하다. 비유하면 태양과 같다. 세간의 사람들이 몸을 양생하고 생활을 도모하는 갖가지 경영과 마음으로 행하는 갖가지 작용은 저 햇빛을 받아 성립되지 않는 것이 없다. 그러나 저 태양의 바탕에도 허다한 마음작용이 있는가, 가득하지 않는 곳이 있는가. 이 금강체도 또한 그와 같은 줄 알고자 하는가. 다만 저 산·하의 대지와 시방의 국토와 색·공·명·암 및 그대들의 몸과 마음은 모두 그대들에게 원만하게 성취되어 있는 위광(威光)에서 드러나지 않는 것이 없다.'

알겠는가.

그대들에게는 이미 그와 같은 기특하고 밝은 출신처를 지니고 있는데도 불구하고 어째서 그것을 발명하여 취하지 못하고, 도리어 오온의 몸속에 있는 귀신세계를 향해서 활계를 도모하는 것인가. 운운."

(53)

○ 韶州雲門山文偃禪師(嗣雪峯) 謁雪峯 峯方堆桅坐 爲衆說法 偃犯衆 出熟視曰 頂上三百斤鐵枷 何不脫却 峯曰因甚到與麽 偃以手自拭其目 趨去 峯心異之 明日陞座曰 南山有鼈鼻蛇 諸人出入好看 偃以桂杖攛出 又自驚慄 自是輩流改觀 又訪乾峯 峯示衆曰 法身有三種病二種光 須是 一一透得 更有照用同時 向上一竅 偃乃出衆曰 庵內人爲什麽 不見庵外 事 於是峯大笑 曰 猶是學人疑處在 峯曰子是什麽心行 曰也要和尙相委

그대들에게 그대들의 진짜 소소영령에 대하여 말해주겠다."

峯曰直須恁麼始得穩坐 偃應喏喏 又訪曹山章公問 如何是沙門行 章曰
喫常住苗稼者 曰便與麼去時如何 章曰汝還畜得麼 曰學人畜得 章曰汝
作麼畜 曰著衣喫飯 有什麼難 章曰何不道披毛戴角 偃即禮謝 又訪踈山
仁 仁問得力處 道將一句來 曰請高聲問 仁即高聲問 偃笑曰 今早喫粥麼
仁曰喫 曰亂叫 喚作麼 仁公駭之 上堂 僧問 如何是雲門一曲 師曰臘月二
十五 僧曰唱者如何 師曰且緩緩 問如何是祖師西來意 師曰日裡看山 問
如何是和尚家風 師曰久雨不晴 僧曰如何是久雨不晴 師曰曬却著 問如
何是不帶脈 師曰天台普請 南嶽遊山 問如何是向上一路 師曰九九八十
一 <上堂云+?> 汝且看他德山和尚 <纔+?>見僧入門 便打 睦州和尚
見僧<入門來+?>便云 現成公按<案?> 放汝三十棒 叅 頌曰 擧不顧 即
差互 擬思量 何劫悟 師乾和中 端坐長逝 全身入塔後 空請吾在塔時多
宜令出塔 開塔果見眞軀如昔 紺髮猶生出 塔記云 七十年矣 從師各爲一
方師者七十九人 諡號大慈雲匡眞弘<明禪師+?>

　소주 운문산 문언선사(설봉의 법사)가 설봉을 찾아뵈었다. 설봉이 바야
흐로 의자에 앉아서 대중에게 설법을 하였다. 그때 문언이 대중가운데
있다가 불쑥 나와서 빤히 쳐다보면서 말했다.
"머리 위에 있는 삼백 근이나 되는 형틀을 어찌해야 벗어버릴 수 있습니
까."
　설봉이 말했다.
"어쩌다가 그런 지경이 되었는가."
　그러자 문언이 손으로 자기의 눈을 비비고는 물러났다. 이에 설봉은
마음속으로 문언이 보통이 아님을 알아차렸다. 이튿날 법좌에 올라서
말했다.
"남산에 별비사(鼈鼻蛇)188)가 있으니 여러분들은 그곳을 출입할 때 조심
해야 한다."
　문언이 주장자를 불쑥 꺼내더니 또한 스스로 놀래키는 시늉을 하였다.
이로부터 도반들은 문언을 다시보게 되었다.

---

188) 기량이 뛰어난 훌륭한 선지식을 가리킨다.

또한 건봉을 찾아뵈었는데, 건봉이 다음과 같은 시중설법을 하였다. "법신에 삼종의 병통과 이종 광명189)이 있다. 모름지기 그 삼종과 이종을 통과해야 조·용(照·用)190)을 마음대로 할 수 있고, 거기에서 향상일규(向上一竅)의 도리를 찾을 수가 있다."

그러자 문언이 대중 가운데 있다가 나와서 말했다.

"암자 안에 있는 주인공은 어째서 암자 밖의 소식을 모르는 것입니까."

건봉이 껄껄 웃자, 문언이 말했다.

"아직도 학인의 의심은 풀리지 않았습니다."191)

건봉이 말했다.

"그대는 무슨 생각을 하고 있는가."

문언이 말했다.

"스님께서 자세히 설명해 주시기 바랍니다."

건봉이 말했다.

"참으로 진지하고 치밀해야 깨침의 경지를 알 수가 있다."

---

189) 삼종병은 다음과 같다. 첫째로 未到造作은 아직 본래자리에 도달하지 못한 상태로서 갖가지 분별행위를 짓는 것이다. 둘째로 已到住著은 본래자리에 도착하여 거기에 주착해버리는 것이다. 셋째로 透脫無依는 본래자리에 도착했지만 어디에 발을 디딜 자리가 없는 상태이다. 그리고 이종광은 能取光과 所取光이다. 여기에서 광光은 어둡고 희미한 광으로서 확실하게 터득하지 못하고 어정쩡한 상태로서 불투명한 것을 나타낸다. 삼종병과 이종광 모두가 한켠에 치우친 것으로 어설픈 상태이다. 무언가 분명하고 확실하게 파악하지 못하고 있다.

190) 照用은 先照後用·先用後照·照用同時·照用不同時의 四照用을 가리킨다. 照照는 안으로 통하는 것이고, 用用은 밖으로 드러나는 것이다. 마치 봉화불이 환하게 타오르면 급히 성중에서는 무기를 갖추어들고 성채에 오르는 것과 같다. 그래서 선조후용은 사람 곧 주체가 있는 것이고, 선용후조는 법 곧 객체가 있는 것이며, 조용동시는 말을 몰아 밭을 갈면서 말먹이를 빼앗는 것이고, 조용부동은 질문도 있고 답변도 있는 것이다. 晦巖智昭, 『人天眼目』卷1, (大正藏48, p.304上~下) 이것을 풀어서 설명하면 다음과 같다. 첫째의 先照後用은 먼저 점검하고 나중에 제접하는 것으로서 사람을 내세운 것이다. 둘째의 先用後照는 먼저 제접하고 나중에 점검하는 것으로서 법을 내세운 것이다. 셋째의 照用同時는 점검과 제접을 동시에 하는 것으로서 밭가는 소를 빼앗고 배고픈 사람의 밥을 빼앗는 것이다. 넷째의 照用不同時는 점검과 제접을 따로 하는 것으로서 질문도 있고 답변도 있는 것이다.

191) 건봉의 웃음과 같은 그것이야말로 문언이 의심하는 것이라는 말이다.

문언이 말했다.

"예, 잘 알았습니다."

또한 조산탐장을 찾아뵙고는 물었다.

"사문의 행위란 어떤 것입니까."

탐장이 말했다.

"절에 붙어있으면서 직접 운력한 농작물을 먹는 것이다."

문언이 물었다.

"그렇게 되는 경우에는 이제 어찌 됩니까."

탐장이 물었다.

"그대는 농작물을 비축할 수 있겠는가."

문언이 말했다.

"저는 비축할 수 있습니다."

탐장이 물었다.

"그대는 어떻게 비축한다는 것인가."

문언이 말했다.

"옷을 입고 밥을 먹는 일인데 어찌 어렵겠습니까."

탐장이 물었다.

"어째서 보살행[披毛戴角]을 하겠다고는 말하지 않는 것인가."

그러자 문언이 곧 감사의 예배를 드렸다.

또한 소산광인을 찾아뵈었다. 광인이 물었다.

"깨친 것이 있으면 어디 한마디 말해 보라."

문언이 말했다.

"좀더 큰 소리로 물어주십시오."

그러자 광인이 곧 소리를 높여서 묻자, 문언이 웃고나서 말했다.

"오늘 아침에 죽은 드신 것입니까."

광인이 말했다.

"그래, 먹었다."

문언이 말했다.

"그런데 어찌 그렇게 큰소리로 떠드신 것입니까."

광인이 무척 놀라는 모습이었다.

문언이 상당을 하자 한 승이 물었다.
"운문의 한 곡조는 어떤 것입니까."
　문언이 노랫말로 말했다.
"오늘은 바야흐로 섣달 스무 닷새라네."[192]
　승이 물었다.
"그렇게 불러대는 사람은 도대체 누구입니까."
　문언이 말했다.
"그렇게 서두를 것이 없다."

한 승이 물었다.
"달마조사가 서쪽에서 오신 뜻이 무엇입니까."
　문언이 말했다.
"대낮에 산의 경치를 감상하는 것과 같다."
　한 승이 물었다.
"화상의 가풍은 어떤 것입니까."
　분언이 말했다.
"오랜 장마에 맑게 개인 날이 없다."
　한 승이 물었다.
"오랜 장마에 개인 날이 없다는 것이 무슨 말입니까."
　문언이 말했다.
"햇빛에 바짝 말린다는 것이다."

한 승이 물었다.
"조짐도 보이지 않는 것이란 어떤 것입니까."
　문언이 말했다.
"천태산에서는 보청을 하고, 남악산에서는 산놀이를 간다."

---

192) 섣달 스무 닷새는 한 해의 마지막 절기를 가리키는 말로서 한 해의 마지막을
　　의미한다.

한 승이 물었다.
"향상일로란 무엇입니까."
문언이 말했다.
"구구는 팔십일이다."

다음과 같은 상당설법을 하였다.
"그대들은 또 다음과 같은 말을 들어보지 못했는가.
'덕산은 어떤 승이든지 문에 막 들어오는 것을 보면 곧장 때려주었다.
이에 목주화상은 한 승이 문에 들어오는 것을 보자 곧장 말했다.
'현성공안(現成公案)[193]이로다. 그대는 30대를 맞아야겠구나. 참!!'"

문언이 게송으로 다음과 같이 말했다.
"말에 대꾸하지 않는다면　擧不顧
　곧장 그대로 어그러지고　即差互
　무어라고 따지려 한다면　擬思量
　어느 세월에 깨치겠는가　何劫悟"

문언은 건화 7년(949)에 단정하게 앉아서 입적하였다. 전신을 탑에 모셨다.
훗날에 허공에서 '나는 탑 안에서 오랫동안 머물렀다. 나를 탑에서 꺼내 달라.'는 말이 들렸다. 이에 탑을 열어보니 과연 선사의 육신이 옛날과 똑같았는데 검은 색 머리카락이 자라나 있었다. 그런데 탑기를 보니 70년이 지났다. 선사를 따른 사람으로서 각각 한 지역의 스승이 된 자가 79명이었다. 시호는 대자운광진홍명선사이다.

(54)
○ 風穴延沼禪師(嗣惠顒和尙) 餘抗劉氏 小魁壘有英氣 於書無所不觀
遊講肆玩法華玄義 脩止觀定慧 寓止華嚴 時僧守廓者 自顒公所來 華嚴
陞座曰 若是臨濟德山 高亭大愚 鳥窠船子下兒孫 不用如何若何 便請單

---

193) 공안 곧 깨침이 온전하게 그대로 눈앞에 드러나 있다는 뜻이다.

刀直入 廓出衆便喝 嚴亦喝 廓又喝 嚴亦喝 廓禮拜起 指以顧衆曰 者老漢
一場敗缺 喝一喝歸衆 風穴心奇之 因結爲友 遂默悟三玄旨要 嘆曰臨濟
用處如是耶 廓使更見南院 問曰入門須辨主 端的請師分 顯左手拊膝一
下 穴便喝 顯以右手拊膝一下 穴又喝 顯擧左手曰 遮箇即且置 又擧右手
曰 遮箇又作麼生 穴曰瞎 顯拈柱<拄?>杖 穴曰作什麼奪却柱<拄?>杖
打著老和尚 莫言不道 顆<顥?>擲下柱<拄?>杖曰 今日被黃面浙子 鈍
置一場 穴曰和尚大似持鉢不得許<詐?>道不飢 顯曰子曾到此間也無
穴曰是何言歟 顯曰好好借問 穴曰也不得放過 便禮拜 顯喜賜之坐 問所
與游者何人 對曰與廓侍者過夏 顯曰親見作家來 穴於是 俯就弟子之列
從容承稟 曰聞智證 顯曰汝乘願力 來荷大法 非偶然也 問曰汝聞臨濟將
終時語不 曰聞之 顯曰臨濟 曰誰知吾正法眼藏 向者瞎驢邊滅却 渠平生
如師子見即殺人 及其將死 何故屈膝妥尾如此 對曰密付將終 全主即滅
又問三聖如何 亦無語乎 對曰親承入室之眞子 不同門外之遊人 顯領之
後 師法席 冠天下 學者 自遠而至 陞座<座?>曰 先師曰欲得親切 莫將問
來問 會麼 問在答處 答在問處 雖然如是 有時問不在答處 答不在問處
汝若擬議 老僧在汝脚服<跟?>底 大凡叅學眼目 直須臨機大用現前 莫
自拘於小節 設使言前薦得 猶是滯殼迷封 縱然句下精通 未免觸途狂見
<觀汝諸人+?> 應是從前依他作解 明昧兩歧 與汝一時掃却 直教箇箇
如師子兒吒呀地 對衆證據 嘘吼一聲 壁立千仞 誰敢正眼 覷著覷著 即瞎
却渠眼 問古曲無音韻 如何和得齊 師曰木雞啼子夜 芻狗吠天明 問如何
是佛 師曰如何不是佛 曰未曉玄言 請師直指 師曰家住海門洲 扶桑最先
照 師宋開寶六年 登座偈曰 道在乘時須濟物 遠方來慕自騰騰 他年有叟
情相似 日日香烟夜夜燈 加<跏?>趺而化

　풍혈연소 선사(남원혜옹의 법사 895-973)는 여항의 유씨이다. 어려서
부터 몸이 우람하고 힘이 아주 세었으며,[魁壘] 영특한 기개를 지녔고
책이라면 읽지 않은 책이 없었으며, 강사에 노닐면서『법화현의(法華玄義)
』에 통달하였고, 지관 및 정혜를 닦았다. 잠시 화엄원(華嚴院)의 휴정(休
靜)에게 의탁하고 있었을 때, 수곽(守廓：남원혜옹의 시자)이라는 스님이
남원혜옹의 처소에 머물다가 왔다.

어느 날 화엄휴정이 법좌에 올라서 말했다.

"임제·덕산·고정·대우·조과·선자 등의 아손들이라면 이런저런 방법을 따지지 않고 곧바로 단도직입의 방법을 청했을 것이다."

수곽이 대중 가운데 있다가 나와서 문득 할을 하였다. 이에 화엄휴정도 맞서서 또한 할을 하였다.

그러자 수곽이 예배를 드리고는 일어나더니 손가락으로 화엄휴정을 가리킨 채로 대중을 돌아보며 말했다.

"저 늙은이가 한바탕 크게 당했구나."

그리고는 할을 한번 해대고는 대중 가운데로 돌아갔다. 풍혈은 마음속으로 그것을 기특하게 간주하여 이로써 그와 벗이 되었다.

마침내 삼현(三玄)의 지요(旨要)를 깊이 깨치고는[默悟] 탄식하며 말했다.

"임제의 교화방식[用處]이 이와 같았던가."

이에 수곽은 풍혈로 하여금 남원혜옹을 참문하도록 하였다. 풍혈이 남원혜옹을 참문하고 물었다.

"남의 집 문에 들어왔으면 모름지기 그곳의 주인을 알아봐야 합니다. 단적으로 청하건대, 노화상[남원혜옹]의 분상은 어떤 것입니까."

이에 혜옹은 왼손으로 무릎을 한번 치자, 풍혈이 문득 할을 하였다. 그러자 혜옹은 오른손으로 무릎을 한번 치자, 풍혈이 또 할을 하였다.

혜옹은 왼손을 들고 말했다.

"그런 짓거릴랑 그만두라."

또 오른손을 들고 말했다.

"이것은 또 뭐냐."

풍혈이 말했다.

"노화상께서는 애꾸눈이로군요."

혜옹이 주장자를 집어들자, 풍혈이 말했다.

"무엇을 하시는 겁니까. 주장자를 빼앗아서 노화상을 때릴 것인데, 제가 답변하지 못했다고는 말하지 마십시오."

혜옹은 주장자를 내던지고 말했다.

"오늘은 내가 누런 얼굴의 절강성의 촌놈한테 한바탕 바보가 되어버렸구나."

풍혈이 말했다.

"화상께서는 마치 발우도 없으면서 배고프지 않다고 속이는 것과 같습니다."

혜옹이 말했다.

"그대는 일찍이 여기에 와본 적이 없었던가."

풍혈이 말했다.

"그게 무슨 말씀이십니까."

혜옹이 말했다.

"대단히 좋은 질문이다."

풍혈이 말했다.

"그렇다고해서 또한 그대로 간과해서는 안될 것입니다."

그리고는 문득 예배를 드렸다.

그러자 혜옹은 기꺼이 자리에 앉을 것을 권하고는 누구와 더불어 유행했는지를 물었다.

이에 풍혈이 대답하였다.

"화상의 수곽 시자와 함께 한철을 지냈습니다."

혜옹이 말했다.

"본분삭가(本分作家)를 친견했구나."

이에 풍혈은 공손한 자세로 제자의 반열에 나아가서 조용히 가르침을 이었다. 매일 가르침을 듣고는 지혜를 증득하자, 혜옹이 말했다.

"그대가 원력을 가지고 대법을 짊어진 것은 결코 우연이 아니다."

혜옹이 물었다.

"그대는 임제스님께서 임종에 이르러서 했던 법어를 들은 적이 있는가."

풍혈이 말했다.

"예, 들은 적이 있습니다."

혜옹이 말했다.

"임제스님께서 는 '내 정법안장이 저 눈먼 당나귀194) 때문에 멸각해버릴 줄이야 누가 알았겠는가.'라고 말했다. 임제스님은 평생 동안 사자로 살면

---

194) 눈먼 당나귀는 임제의 제자 三聖慧然을 가리킨다.

서 만나는 사람마다 그 사람을 죽였다. 그런데 자신이 죽음에 이르러서는 무슨 까닭에 그와 같이 무릎을 꿇고 꼬리를 내렸던가."

풍혈이 대답하였다.

"은밀하게 부촉하고나서 임종에 이르러서는 온전한 주인공[全主]으로서 곧 입멸하신 것입니다."

혜옹이 다시 물었다.

"그렇다면 삼성은 어째서 또 말이 없었던가."

풍혈이 대답하였다.

"입실하여 친승(親承)한 진자(眞子)는 문밖의 떠돌이와는 같지 않습니다."

혜옹이 풍혈을 인가한 이후에 풍혈의 법석이 천하를 뒤덮자 납자들이 멀리에서 찾아들었다. 풍혈이 법좌에 올라 말했다.

"선사(先師 : 南院慧顒)께서는 다음과 같이 말씀하셨다.

'깨달음[親切]을 터득하고자 하는가. 질문거리를 가지고 묻지 말라. 알겠는가. 질문은 답변에 있고 답변은 질문에 있다. 비록 그렇다 하더라도 어떤 때는 질문이 답변에 있지 않고 답변이 질문에 있지 않다. 그런데도 만약 그대가 어떻게 헤아리려고 한다면 노승[임제]은 그대의 다리 밑바닥에 있을 것이다.'195)

그러므로 무릇 참학자가 안목을 갖추려면 모름지기 사람들을 상대하여 대용을 현전시켜야지 스스로 작은 구속되어서는 안된다. 설사 말을 듣기 전에 깨치더라도 그것은 껍데기에 막혀있는 미봉책일 뿐이고, 설령 언구를 듣고서 정통하더라도 그것은 거리에서 미치광이 견해를 벗어날 수가 없을 것이다.

그대들을 관찰해보건대 종전과 똑같이 타인에 의한 견해를 일으킨 것이므로, 이제 밝음과 어둠의 두 갈래 길을 일시에 없애주고, 당장 모든

---

195) "그대가 만약 어떻게 헤아리려고 한다면 노승은 그대의 다리 밑바닥에 있을 것이다. 汝若擬議 老僧在汝脚底"는 대목은 다른 본의 경우 거의가 "그대가 만약 질문거리를 가지고 묻는다면 노승은 그대의 다리 밑바닥에 있겠지만, 그대가 만약 어떻게 헤아리려고 한다면 곧 아무런 상관도 없다. 汝若將問來問 老僧在汝脚底 汝若擬議 即沒交涉"는 대목으로 기록되어 있다.

사람을 상대로 마치 사자가 땅을 굳게 버티고서 한번 사자후를 하매 천길 벼랑에 서 있는 것처럼 만들어줄 것이다. 이에 누가 감히 정안(正眼)을 가지고 똑바로 바라본다면 곧 그 눈을 멀게 해버릴 것이다."

어떤 승이 물었다.
"옛노래에는 음운이 없는데 어떻게 화음을 맞추는 것입니까."
혜옹이 말했다.
"나무닭[木雞]196)은 밤중에 꼬끼오! 울고, 풀강아지[芻狗]197)는 대낮에 짖어댄다."

어떤 승이 물었다.
"부처란 무엇입니까."
혜옹이 말했다.
"부처 아닌 것은 무엇인가."
어떤 승이 물었다.
"그렇게 어려운 말은 알 수가 없습니다. 바라건대 쉽게 가르쳐주십시오."
혜옹이 말했다.
"집이 해문(海門)에 있으므로 동쪽에서 가장 먼저 해가 뜬다."

혜옹은 송나라 개보 6년(973) 8월 초하루에 법좌에 올라서 게송으로 말했다.
"깨친 후에 시절인연 따라 중생제도하니   道在乘時須濟物
멀리서 찾아오니 깨침이 절로 등등하네   遠方來慕自騰騰
훗날에 나이가 들어가도 이와 같을진댄   他年有叟情相似
낮에는 향 피우고 또 밤엔 등불 밝히네   日日香烟夜夜燈"
가부좌한 자세로 천화하였다.

---

196) 멍청이 혹은 얼빠진 사람을 가리키는 말로 쓰인다.
197) 芻狗는 예전에 중국에서 제사지낼 때 쓰던 것으로 짚으로 만든 개를 일컫는다. 얼마 지나지 않아서 곧 아무런 소용이 없게 되어 버린 물건을 비유적으로 이르던 말이다. 필요할 때는 이용하지만 그 일이 끝나면 내버리는 물건이다.

○ 汝州寶應省念和尚(嗣風穴 926-993) 萊州狄氏 幼時弃家得度於南
禪寺 爲人簡重有精識 專脩頭陁行 誦法華經 叢<叢?>林畏敬之 目以爲
念法華 至風穴時 穴每念大仰有識 臨濟一宗 至風而止 懼當之 熟視座下
堪任法道 無如念者 一日陞座曰 世尊以靑蓮目顧迦葉 正當是時 且道簡
什麼 若言不說而說 又成埋沒 先聖語未卒 念便下去 侍者進曰 念法華無
所言而去何也 穴曰渠會也 明日念與眞上座 俱詣方丈 穴問眞曰 如何是
世尊不說而說 對曰鶷鴟樹頭鳴 穴曰汝作許多癡福何用 乃顧念曰 如何
對曰動容揚古路 不墮悄然機 穴謂眞曰 何不看渠語 又一日陞座 顧視大
衆 念便下去 穴卽歸方丈 自是聲名重諸方 因僧夜入室 念曰誰 僧不對
念曰識得汝也 僧笑念曰更莫是別人麼 因作偈曰 輕輕蹋地恐人知 語笑
分明更莫疑 知<智?>者只今猛提取 莫待天明失却雞 問如何是佛法大
意 師曰楚王城畔 汝水東流 問如何是祖師西來意 師曰風吹日炙 上堂曰
第一句薦得 堪與祖佛爲師 第二句薦得 堪與人天爲師 第三句薦得 自救
不了 時僧問 未審和尙第幾句薦得 曰月落三更穿市過 師淳化三年十二
月初四日 留僧過歲 作偈曰 吾今年邁六十七 老病相依且過日 今年記取
明年事 明年記著今年日 至明年十二月初四日 陞座辭衆曰 諸子謾波波
過却幾恒河 觀音指彌勒 文殊不奈何 良久曰 白銀世界金色身 情與無情
共一眞 明暗盡時都不照 日輪午後示全身 至午後泊然而化 闍維得五色
舍利建塔

여주 보응성념(풍혈의 법사 926-993)은 내주(萊州)의 적(狄)씨이다.
어려서 출가하였는데 남선사(南禪寺)에서 득도하였다. 사람을 대할 때는
엄숙하고 진중하였으며[簡重] 견해가 정밀하고 확실하였다.[精識] 그리
고 오로지 두타행을 닦으며 『법화경』을 염송하였는데 총림에서는 그를
외경하였기 때문에 지목하여 염법화(念法華)라 불렀다.

성념이 풍혈의 처소에 이르렀다. 그때 풍혈은 매양 '임제의 일종은
바람[풍혈]에 이르러 그친다.'는 참언을 철석같이 따르고 있었다. 때문에
그런 시기가 도래하는 것을 두려워하여 제자[座下]를 꼼꼼히 점검해보니,

임제종지[法道]를 감당할만한 사람은 그래도 성념밖에 없었다.

어느 날 풍혈연소가 법좌에 올라 말했다.
"세존께서는 청련목(靑蓮目)으로 가섭을 돌아보았다.198) 바로 그러한 때 그것이 무엇인지 어디 말해 보라. 그것에 대하여 만약 말 없는 설법[不說 而說]이라고 말한다면 또한 매몰되어버리고 말 것이다."
스님의 말씀이 끝나지도 않았는데 성념은 곧장 밖으로 나가버렸다. 이에 시자가 풍혈에게 다가와서 물었다.
"염법화[풍혈연소]는 어째서 아무런 말도 없이 밖으로 나가버렸습니까."
풍혈이 말했다.
"염법화는 내가 말한 뜻을 이해했기 때문이다."
다음 날 염법화와 진원두와 함께 방장실을 찾아가자 풍혈이 진원두에게 물었다.
"세존의 말 없는 설법이란 무엇인가."
진원두가 말했다.
"산비둘기가 나무 위에서 지저귑니다."
풍혈이 말했다.
"그대는 어리석은 복만 허다하게 지어서 어디에 쓸 참이냐."
그리고는 이에 염법화를 돌아보고 물었다.
"그대는 어떻게 생각하느냐."
염법화가 말했다.
"마음 및 행위를 옛길에다 두고서, 하찮은 근기에 결코 빠지지 않네."
풍혈이 진원두에게 말했다.
"그대는 어찌 염법화의 말을 알아듣지 못하는가."

또한 어느 날 풍혈이 법좌에 올라 대중을 돌아보자 염법화가 갑자기 밖으로 나가버렸다. 그러자 풍혈은 곧장 방장실로 돌아가버렸다. 이로부터 염법화[省念]의 명성은 제방에 더욱 유명해졌다.

---

198) 세존이 보여주신 이심전심의 무언설법을 가리킨다.

어떤 승이 밤에 성념의 조실에 찾아오자, 성념이 물었다.

"그대는 누구인가."

그 승이 아무 말도 하지 않자 성념이 말했다.

"그대가 누구인지 알겠구나."

그러자 그 승이 웃으면서 성념에게 말했다.

"다시는 저를 특별한 사람으로 간주하지 마십시오."

이에 성념은 다음과 같은 게송을 지어 말했다.

"살금살금 걷노라니 남이 잠을 깰까 두렵네　輕輕踏地恐人知

　말하나 웃으나 분명하니 다시 의심치 말라　語笑分明更莫疑

　지자는 지금 그 자리에서 용맹하게 찾으니　智者只今猛提取

　여명을 기다리지 말라 훼치는 시기 놓칠라　莫待天明失却雞"

어떤 승이 물었다.

"불법의 대의는 무엇입니까."

성념이 말했다.

"초왕성 곁의 여수는 동쪽으로 흐른다."

어떤 승이 물었다.

"달마조사가 서쪽에서 온 까닭은 무엇입니까."

성념이 말했다.

"바람은 불어오고 햇살은 따뜻하다."

다음과 같이 상당설법을 하였다.

"제일구를 통해서 깨치면 부처와 조사의 스승이 될 만하다. 제이구를 통해서 깨치면 인간과 천상의 스승이 될 만하다. 제삼구를 통해서 깨치면 자신조차 제도하지 못한다."

그때 어떤 승이 물었다.

"그렇다면 화상께서는 제 몇구를 통해서 깨친 것입니까."

성념이 말했다.

"달빛도 없는 삼경에 시장을 지나간다."

성념화상은 순화 3년(992) 섣달 초나흘에 사중의 스님들과 한 해를 보내면서 다음과 같은 게송을 지었다.

"내 나이 금년에 예순 일곱 살이 되도록　吾今年邁六十七
늙고 병들었지만 서로 의지하며 살았네　老病相依且過日
금년에 다시 내년의 모습을 생각하지만　今年記取明年事
명년에는 또 금년에 대하여 생각하겠지　明年記著今年日"

　이듬 해 섣달 초나흘에 법좌에 올라 대중에게 다음과 같이 작별인사를 하였다.

"그대들을 바쁘게 속이느라고　諸子謾波波
항사겁을 얼마나 지내왔던가　過却幾恒河
관음은 미륵을 가리킨다지만　觀音指彌勒
그렇다면 문수는 어이할까나　文殊不奈何"

　양구하고 말했다.

"청정한 세계에 계시는 부처님 몸에서는　白銀世界金色身
유정과 무정이 모두가 동일한 진여라네　情與無情共一眞
밝음과 어둠이 다하면 전혀 못비추지만　明暗盡時都不照
해가 떠 오후가 뇌년 온 몸을 보인나네　日輪午後示全身"

　오후가 되자 욕심이 없이 평정한 모습으로 천화하였다. 다비를 하고 오색의 사리를 수습하여 탑을 건립하였다.

(56)

○ 汾州太子院善昭和尚(嗣省念) 太原兪氏 器識沈邃 少緣飾有大智 於一切文字 不由師訓 自然通曉 年十四 父母相繼而亡 孤苦猒世相 剃髮受具 杖策遊方 所至少留 不喜觀覽 或譏其不韻 昭嘆之曰 是何言之陋哉 從上先德行脚 正以聖心未通 驅馳決擇耳 不緣山水也 昭歷諸方 見老宿者 七十有一人 皆妙得其家風 尤喜論 曹洞石門徹禪師者 盖其派之魁奇者 昭作五位偈 示之曰 五位叅尋切要知 纖毫纔動即差違 金剛透匣誰能曉 <解=用=> 唯有那吒第一機 擧目便令三界靜 <淨=> 振鈴還使九天

歸 正中妙挾通回互 擬議鋒鋩失却威 徹拊手稱善 然昭終疑臨濟兒孫 別
有奇處 最後至首山 問百丈卷簞意旨如何 山曰龍袖拂開全體現 昭曰師
意如何 曰象王行處絶狐蹤 昭於是大悟 拜起而曰 萬古碧潭空界月 再三
撈摝始應知 有問者曰 見何道理 便爾自肯 曰正是我放身命處 服勤甚久
辭去 上堂 僧問如何是學人著力處 師曰嘉州打大象 曰如何是學人轉身
處 師曰 陜府灌鐵牛 曰如何是學人親切處 師曰西河弄師子 復曰若會得
此三句語 卽辨三玄 旣辨三玄 更須知有三要在 切須薦取 不是等閑 更聽
一頌 三玄三要事難分 得旨亡言道易親 一句分明該萬像 重陽九日菊華
新

　분주 태자원의 선소화상(수산상념의 법사 947-1024)은 태원의 유(兪)
씨이다. 그릇됨과 식견이 깊어 겉치레[緣飾]가 적고, 대지(大智)를 지녀서
일체문자에 대하여 스승에게 배우지 않고도 자연히 통달하였다. 나이
14세 때 연달아 부모를 여의고 외롭고 가난하자 세간의 모습을 싫어하여
머리를 깎고 구족계를 받았다.

　자신을 채찍하고 제방을 유행하며 이르는 곳마다 오래 머물지 않고
산천구경을 즐기지 않자 혹자는 그를 운치가 없는 사람이라고 비난하였다.
이에 선소는 다음과 같이 탄식하였다.

"그것을 어찌 고루하다고 말하는 것인가. 옛날의 선덕(先德)들은 행각할
때 바로 성인의 마음과 통하지 못했다는 이유로 말을 달려 스승을 찾아가
결택을 했을 뿐 산천구경을 인연삼지 않았다."

　선소는 제방을 편력하면서 71명의 노숙들을 친견하고 그들의 가풍을
다 오묘하게 터득하여 더욱더 논쟁을 즐겼다. 조동종의 석문혜철(五代의
조동종 선사) 선사는 조동종파의 뛰어난 인물[魁奇]이었는데, 선소가
다음과 같이 오위게송을 지어서 보였다.

"오위의 공부에서 꼭 알아두어야 할 것은　　五位叅尋切要知
　여차하면 正中에서 어긋난다는 것이라네　　纖毫纔動卽差違
　금강이 철갑을 뚫는 줄을 누가 알겠는가　　金剛透匣誰能曉
　오로지 나타 홀로 제일 뛰어난 근기라네　　唯有那吒第一機199)

---

199) 那吒는 사대천왕 가운데 북방 毗沙門天王의 다섯 아들 중 맏아들 이름이다.

눈만 치켜떠도 곧 삼계가 다 고요해지고　擧目便令三界靜
방울을 흔들면 다 하늘로 돌아가게 되네　振鈴還使九天歸
정중묘협의 도리야말로 회호에 통하므로　正中妙挾通回互
창칼을 들려고만 해도 목숨을 잃고 마네　擬議鋒鋩失却威"200)

　혜철선사가 손으로 어루만지면서 선소를 칭찬하였다. 그러나 선소는
끝내 임제종의 아손에는 특별하고 기이한 가풍이 있음을 의심하여 최후로
수산성념에게 이르러 물었다.
"백장이 멍석을 말아버린 뜻은 무엇입니까."201)
　수산성념이 말했다.
"임금이 소매를 여미니 몸 전체가 드러난다."
　선소가 물었다.
"화상의 뜻은 어떻습니까."
　수산성념이 말했다.
"코끼리왕이 가는 길에는 여우의 자취가 끊긴다."
　이에 선소가 대오하고나서 예배를 드리고 일어나서 말했다.
"만고의 푸른 연못에 담긴 허공의 달빛을
　두세 번 건져봐야 진정으로 알게 된다네"

　어떤 승202)이 선소에게 물었다.
"스님은 어떤 도리를 보았길래 그렇게 자신만만합니까."
　선소가 말했다.
"그것이야말로 곧 제가 신명을 바치는 도리입니다."
　그리고는 수산성념 곁에서 오랫동안 시봉한 이후에 그곳을 떠났다.

　그 얼굴은 셋이고, 팔이 여덟이며, 힘이 매우 센 신이었다. 나타태자는 살을
　깎아서 어머니에게 드리고, 뼈는 아버지에게 드린 뒤 본래 몸을 나타내고서
　큰 신통을 부리면서 부모를 위해 설법하였다.
200) 正中妙挾에서 正中은 평등의 본체로서 진여법성이고, 挾은 끼워넣는 것으로
　만물을 함유한다는 뜻이다. 평등의 본체 가운데 자연의 천차만별적인 묘용
　을 지니고 있다는 뜻으로서 모든 존재의 실태를 드러내주는 것을 가리킨다.
201) 설법이 다 끝나버렸음을 의미하는 행동이다.
202) 당시에 그곳의 수좌로 있던 葉縣歸省을 가리킨다.

상당을 하자 어떤 승이 물었다.

"어찌하면 제가 힘을 얻을 수 있겠습니까.[得力處]"

　선소가 말했다.

"가주에서는 대상(大象)을 때린다."

　어떤 승이 물었다.

"어찌하면 제가 출신활로(出身活路)에 나아갈 수 있겠습니까.[轉身處]"

　선소가 말했다.

"협부에서는 철우(鐵牛)에게 물을 먹인다."

　어떤 승이 물었다.

"어찌하면 제가 깨칠 수 있겠습니.[親切處]"

　선소가 말했다.

"서하에서는 사자를 데리고 논다."

　그리고는 다시 말했다.

"만약 이 삼구어203)를 이해한다면 곧 삼현을 이해한다. 삼현을 이해하고
나면 곧 삼요가 있는 줄을 알아서 간절하게 터득해야지 등한히 해서는
안된다. 다시 내가 말하는 하나의 게송을 들어 보라.

삼현 및 삼요의 뜻은 알기가 어려우니　三玄三要事難分

종지 알면 말을 잊어야 깨침이 쉽다네　得旨亡言道易親

일구에 분명히 삼라만상이 담겨있으니　一句分明該萬像

구월구일 중양절이라 국화꽃이 새롭네　重陽九日菊華新"

(57)

○ 杭州永明寺延壽覺禪師(嗣韶國師) 餘杭王氏 總角之歲 歸心佛乘 旣
冠不茹葷 日唯一食 持法華經 七行俱下 纔六旬悉能誦之 感群羊跪聽
年二十八 爲華亭鎭將 時吳越文穆王 知師慕道 乃從其志 放令出家 禮翠
巖爲師 執勞供衆 都忘身宰 衣不繪繡 食不中<重?>味 野蔬布襦 以遣朝
夕 尋徃天台山天柱峯 九旬習定 有鳥類尺鷃 巢于衣襦中 曁韶國師 一見
而深器之 密授玄旨 仍謂師曰 汝與元師<帥?>有緣 他日大興佛事 惜吾
不及見耳 初住雪竇山 學侶臻湊 上堂曰 雪竇遮裡 迅瀑千尋 不停纖粟

---

203) 여기에서 말하는 得力處 · 轉身處 · 親切處를 가리킨다.

275

奇巖萬仞 無汝立足處 汝等諸人 向什麼處進步 時有僧問 雪竇一徑如何
履踐 師曰步步寒華結 言言徹底氷<泳?> 山中作 孤猿叫落中巖月 野客
吟殘半夜燈 此景此時誰得意 白雲深處坐禪僧 又移住永明寺 衆盈二千
上堂 僧問如何是永明旨 師曰 更添香著 僧曰謝師指示去也 師曰且喜無
交涉 僧禮拜 師曰聽山僧一頌 欲識永明旨 門前一湖水 日照光明生 風來
波浪起 師便下座<座?> 問學人不會永明家風 答不會處會取 問不會如
何會 師曰牛胎生象子 碧海起紅塵 問一切諸法 皆從此經出 如何是此經
師曰長時轉不停 非義亦非聲 曰如何受持 師曰若欲受持者 應須用眼聽
曰願乞最後一言 師曰化人問幻士 谷響答泉聲 欲達吾宗旨 泥牛水上行
師度弟子一千七百人 又入天台山度戒 約萬餘人 常與七衆 受<授?>菩
薩戒 夜施鬼神食 朝放諸生類 不可稱筭 六時散花 行道餘力 念法華經一
萬三千部 著宗鏡錄 一百卷 萬善同歸集 百<三?>卷 又詩偈賦詠 凡萬言
播于海外 高麗國王 覽師言教 投書叙門弟子之禮 奉一切受用之物 并僧
三十六人 親承印記 前後歸本國 各化一方 師開寶八年 焚香加<趺?>跌
而化 閱世七十有二 坐四十二夏 太宗皇帝賜額曰壽寧院

항주 영명사 연수지각 선사(천태덕소 국사의 법사 904-975)는 여항의
왕(王)씨이다. 어린 나이에 마음을 불교에 귀의하여 이후로 오신채 내지
비릿내가 나는 것은 먹지 않고, 하루에 한 끼만 먹는 일종식(一種食)을
하였다.204) 『법화경』을 지송하여 한 번에 일곱 줄씩 읽어가서 겨우 두
달 만에 모두 송지하였고, 많은 양떼들조차 다리를 오므리고 경청하였다.
   28세 때 화정의 진장(鎭將)이라는 관리에 등용되었는데, 오월(吳越)의
문목왕(文穆王)은 그가 도(道)에 뜻을 두고 있음을 알고 이에 그 뜻을
따라서 출가토록 하였다.205) 취암영삼(翠嚴令參)에게 참례하여 스승으로
모시면서 대중에게 공양하는 일을 하면서 자신은 돌보지 않았는데, 옷은
화려하거나 솜은 걸치지 않았고, 밥은 여러 가지 반찬[重味]이 없이 야채로
채웠으며, 삼베옷으로 아침과 저녁을 지냈다.

---

204) 연수는 20세부터 一種食을 하였다.
205) 華亭鎭將이라는 관리였을 때 백성들로부터 거둔 세금을 모두 방생에 사용해
    체포되었다. 이로써 문목왕을 알현할 기회를 얻게 되어 출가를 허락받았다.

천태산의 천주봉으로 가서 90일 동안 선정을 닦았는데 메추라기와 같은 새들이 누비의 옷자락에다 둥지를 틀었다. 천태덕소 국사가 그 모습을 보고는 한눈에 깊은 그릇임을 알아보고 은밀하게 현지(玄旨)를 주고는, 이에 연수에게 말했다.

"그대는 원수(元帥 : 황제)와 인연이 있다. 그리하여 훗날에 불사를 크게 일으킬 것이다. 그러나 나는 그것을 보지 못할 것이다."

처음에 명주의 설두산에 주석하였는데 납자들이 구름처럼 모여들었다. 연수선사가 상당하여 말했다.

"설두의 이 자리는 쏟아지는 폭포가 천 길이라서 좁쌀 하나만큼도 멈출 수가 없고, 기암이 천 길이라서 그대들이 발붙일 곳이 없다. 그런데 그대들은 어느 곳을 향해 나아가겠는가."[206]

그때 어떤 승이 물었다.

"설두의 외길을 어찌하면 걸어갈 수 있습니까."

연수선사가 말했다.

"걸음마다 성애가 피어나고 말씀마다 밑바닥을 헤엄친다."

산속에서 다음과 같은 시를 읊었다.[山中作]

"외로운 원숭이 우는 소리는 바위의 달빛에 떨어지고 孤猿叫落中巖月
길손의 읊조리는 싯구는 깊은 밤 등잔불에 남아있네 野客吟殘半夜燈
이와 같은 경치에 이와 같은 시절을 그 뉘가 알리요 此景此時誰得意
흰구름 깊은 산속에서 좌선삼매에 들어있는 납자여 白雲深處坐禪僧"

다시 영명사로 이주하니 대중이 이천 명이 넘었다.

상당하자 어떤 승이 물었다.

"영명의 종지는 무엇입니까."

연수선사가 말했다.

"향이나 하나 더 피우거라."

---

206) '그대들은 어느 곳을 향해 앞으로 나아가겠는가.'라는 말은 결국 '그대들은 그곳을 향해 앞으로 나아가야 한다.'는 강력한 권유의 뜻이다.

승이 말했다.

"화상의 지시에 감사드립니다."

　연수선사가 말했다.

"그렇게 기뻐해도 영명의 종지와는 아무런 상관이 없다."

　승이 예배를 드리자 연수선사가 말했다.

"산승의 게송 하나를 들어 보라."

"영명의 종지를 알고자 하는가　欲識永明旨

　문전에 있는 호수물과 같다네　門前一湖水

　햇살 비춰니 광명이 일어나고　日照光明生

　바람 불어오니 파랑 일어나네　風來波浪起"

　연수선사가 곧장 법좌에서 내려왔다.

　어떤 승이 물었다.

"저는 영명의 가풍이 무엇인지 모르겠습니다."

　연수선사가 말했다.

"모른다는 그 자리에서 알아차려야 한다."

　승이 물었다.

"모른다는 깃을 어떻게 일아차리란 말입니까."

　연수선사가 말했다.

"소의 뱃속으로 코끼리를 낳고 푸른 바다에서 홍진이 일어난다."207)

　승이 물었다.

"일체제법이 모두 이 경전에서 나왔다는데, 그 경전이란 어떤 것입니까."

　연수선사가 말했다.

"영원히 굴려도 그치지 않으니 뜻도 아니고 소리도 아니다."

　승이 물었다.

"어떻게 수지해야 합니까."

　연수선사가 말했다.

"만약 수지하려는 자가 있다면 반드시 눈으로 소리를 들을 줄 알아야

---

207) 여기에 이어서 『전등록』 및 『오등회원』 등에는 "問 成佛成祖亦出不得 六道
輪迴亦出不得 未審出箇什麼不得 師曰 出汝問處不得"의 대목이 들어 있다.

한다."

　승이 물었다.
"바라건대 최후로 한 말씀 해주십시오."
　연수선사가 말했다.
"화인(化人)이 환사(幻士)에게 물으니, 계곡의 메아리가 샘물소리에 답한
다.
　우리의 종지에 통달하고자 하는가.
　진흙소가 물길로 걸어간다."

　연수선사의 제자는 천 칠백 명이었다. 또한 천태산에 들어가서 계를
받은 사람이 약 만여 명이었고, 늘상 칠부대중에게 보살계를 주었다.
밤에는 귀신에게 음식을 보시하였고, 아침에는 모든 생명을 방생하였는데
헤아리거나 계산할 수가 없을 정도였다.
　하루에 여섯 차례씩 꽃을 바치면서 정진하였고, 여력에는 만 삼천 부의
『법화경』을 염송하였다. 『종경록』100권 및 『만선동귀집』3권을 저술하
였다. 또한 시(詩)·게(偈)·부(賦)·영(詠) 등 무릇 일만 언을 지었는데
해외까지 퍼졌다. 고려의 국왕이 연수선사의 언교를 열람하고는 편지를
통해서 제자의 예를 갖추었고[叙] 일체의 필요한 재물을 바쳤다. 아울러
승려 36명이 친히 인가[印記]를 받아서 계속하여 고려국으로 돌아가서
각각 한 지역을 교화하였다.
　연수선사는 개보 8년(975)에 향을 사루고 가부좌의 자세로 천화하였다.
세랍 72세였고, 좌랍이 42세였다. 태종황제가 수녕원(壽寧院)이라는 편
액을 내려주었다.

(58)
○ 志逢大師(嗣韶國師) 生惡葷血 膚體香潔 幼歲出家 通貫三學 了達性
相 嘗夢陟須彌山 覩三佛列坐 初釋迦 次彌勒 皆禮其足 唯不識第三佛
但仰視而已 時釋迦示之曰 此是彌勒補處師子月佛 師方禮拜 覺後因看
大藏經 乃符所夢 叅國師 賓主相契 頓發玄機 一日入普賢殿中晏坐 忽有

神人 跪膝于前 師問汝其誰乎 曰護戒神也 師曰吾患有宿怨來殄 汝知之
乎 曰師有何罪 唯一過耳 師曰何也 曰凡折鉢水亦施主物 師每常傾棄
非所宜也 言訖而隱 師自此洗鉢水盡喫之(凡折退飲食及嚏唾便利並宜
鳴指默念呪發施心而傾弃之) 吳越國王 嚮其道風 召賜紫號普覺大師 上
堂良久曰 看看 便下座 (上堂曰) 古德爲法行脚 不憚勤勞如靈<雪?>峯
和尚三度到投子 九度上洞山 盤桓徃返 尚求箇入路不得 看汝近世叅學
人 繞跨門來 便要老僧接引指示 說禪說道 且汝欲造玄極之道 豈同
<當?>等閑 而況此事 亦自有時節 躁求焉得 汝等要知悟時麼 如今各自
<且?>下去 僧堂中静坐 直待仰家峯點頭 老僧即爲汝分說 時有僧出衆
曰 仰家峯點頭也 請師說 師召曰 大衆且道 此僧會老僧語 不會老僧語
僧禮拜 師曰今日偶然失鑒

　　항주 오운산 화엄도량의 지봉대사(덕소국사의 법사)는 태어나면서부터
비린내를 싫어하고 피부와 몸에서는 향기가 풍겼다. 어린 나이에 출가하여
삼학에 통관(通貫)하였고 성·상(性·相)에 요달하였다.

　　일찍이 꿈에 수미산에 올랐는데 세 부처님이 나란히 앉아있는 것을
보았다. 먼저 석가불에게 그리고 다음으로 미륵불에게 그 발에다 예배를
드렸다. 그러나 오직 세 번째 부처님은 누구인지 몰라서 그저 쳐다보고만
있었다. 그때 석가불이 그 부처님을 가리키며 말했다.
"이 분은 미륵의 보처인 사자월불이다. 예배를 올리거라."
　　지봉은 꿈에서 깬 후에 대장경을 읽었는데 꿈속의 경험과 부합되었다.

　　이에 천태덕소 국사에게 참문하여 빈주(賓主)가 서로 계합하고 곧장
현기(玄機)가 발현되었다. 어느 날 보현전에 들어가 좌선하고 있는데 홀연
히 어떤 신인(神人)이 앞에 무릎을 꿇었다.
　　지봉이 물었다.
"당신은 도대체 누구입니까."
　　신인이 말했다.
"호계신(護戒神)입니다."
　　지봉이 물었다.

"저는 과거의 허물이 다하였는지 궁금합니다. 당신은 그것을 아십니까."

신인이 말했다.

"대사께서 어찌 죄가 있겠습니까. 다만 허물이 하나 있을 뿐입니다."

지봉이 물었다.

"그게 무엇입니까."

신인이 말했다.

"발우의 물을 버리는데 그 또한 시주물입니다. 대사께서는 항상 기울여서 버리는데 그것은 옳지 않습니다."

말을 마치고는 사라졌다.

지봉은 그로부터 발우를 씻은 물까지도 모두 먹었다.208) 오월(吳越)의 국왕[錢弘俶]은 일찍부터 그 도풍을 듣고서 궁궐로 초청하여 자방포 및 보각대사(普覺大師)라는 호를 내려주었다.

상당하여 양구하고나서 말했다.

"살펴보라, 잘들 살펴보라."

그리고는 법좌를 내려왔다.

(상당하여 말했다.)

"고덕은 불법을 깨치기 위하여 행각할 때 수고를 마다하지 않았다. 가령 설봉화상은 투자산에 세 번이나 올랐고, 동산에 아홉 번이나 올랐지만, 늘상 서성거리다가 되돌아올 뿐이었다. 매번 깨침을 추구했지만 들어가는 길도 찾지 못했다. 보라. 그대들처럼 근세의 참학인들은 문턱을 넘자마자 곧바로 노승에게 접인해주고 지시해줄 것을 요구하여 선(禪)을 설하고 도(道)를 설한다.

자, 그대들이 현극의 도에 나아가고자 한다면 어찌 등한히 할 수가 있겠는가. 하물며 깨침[此事]도 또한 본래 시절인연이 있을 터인데 성급하게 추구할 수 있겠는가. 그대들은 깨침의 시절을 알고자 하는가. 이제 각각 여기에서 내려가 승당에 고요하게 앉아 앙가봉(仰家峯)이 고개를

---

208) 原註 : 무릇 음식과 콧물과 침 및 대소변까지도 버릴 때는 반드시 손가락을 튕겨서 소리를 내고 주문을 묵념하며 보시의 마음을 일으키고나서 발우를 기울여서 버려야 한다.

끄덕일 때까지 기다려라. 노승이 곧 그대들에게 말해주겠다."

그때 한 승이 대중가운데 있다가 나와서 물었다.

"청하건대 앙가봉이 고개를 끄덕였습니다. 바라건대 말씀해주십시오."

지봉선사가 대중을 불러 말했다.

"대중들이여, 자, 말해 보라. 이 승이 노승의 말을 이해했는가, 노승의 말을 이해하지 못했는가."

이에 그 승이 예배를 드리자, 지봉선사가 말했다.

"오늘은 우연히 거울을 잃어버렸다."[209]

(59)

○ 越州天衣義懷禪師(嗣雪竇) 上堂云 林間翠竹 陌上黃花 主伴交叅 共談斯事 不用南詢諸友 東見文殊 一時向目前叅取 行脚事畢 又云 鴈過 長空 影沉寒水 水無沉影之心 鴈無遺蹤之意 若能如是 方解向異類中行

월주의 천의의회 선사(설두중현의 법사 992-1064)가 상당하여 말했다.

"숲속의 푸른 대나무 및 거리의 누런 꽃을 보면 주반(主伴)이 뒤섞여 있으면서 서로들 깨침을 이야기한다. 때문에 선재동자는 여러 벗에게 물을 필요가 없이 복성의 동쪽에서 문수를 친견했다. 이처럼 일시에 눈앞에서 터득한다면 행각일랑은 그대로 끝이 난다."

또 다음과 같이 말했다.

"기러기가 하늘 높이 훨훨 날아가니　鴈過長空

그 그림자가 찬물에 고요히 잠겼네　影沉寒水

물은 그림자를 붙들어둘 마음 없고　水無沉影之心

기러기는 자취를 남길 뜻이 없다네　鴈無遺蹤之意"

만약 이처럼 할 수가 있다면 바야흐로 보살행[異類中行]으로 나아가는 도리를 이해할 것이다.

---

209) 거울의 속성은 반조해주는 것처럼 더 이상 승의 질문에 상응하여 답변해줄 것이 남아있지 않는 경우를 가리킨다. 곧 똑똑한 제자를 찬탄하는 말에 해당한다.

Ⅲ.-2 해동의 조사(34명)

(60)

○ 新羅國本如禪師(嗣讓和尙)

신라국 본여선사(회양화상의 법사)

(61)·(62)

○ 新羅國慧徹 ○ 洪直兩師(嗣虔州西堂智藏禪師)

신라국 혜철선사·홍척국사(건주 서당지장 선사의 법사)

(63)

○ 無染禪師(嗣麻谷山寶徹禪師)

무염선사(마곡산보철 선사의 법사)

(64)·(65)

○ 覺體 ○ 玄昱兩師(嗣章敬百巖懷輝禪師)

각체선사·현욱국사(장경 백암회휘 선사의 법사)

(66)

○ 道均(嗣南泉普願)

도균(남전보원의 법사)

(67)

○ 品日(嗣杭州齊安)

품일(항주제안의 법사)

(68)·(69)

○ 迦智 ○ 忠卉 兩師(嗣大梅山法常)

가지선사210)·충훼선사(대매산 법상선사의 법사)

(70)

○ 大芧<茅?>和尙(嗣盧<廬>山法常)上堂 欲識諸佛師 向無明心內識
取 欲識常住不凋性 向萬木遷變處識取(自惠徹至此 皆達磨九歲孫也)

대모화상(여산법상의 법사)이 상당하여 말했다.
"제불과 제조사를 알고자 하는가. 그러려면 무명심 가운데서 알아차려야
한다. 상주하여 시들지 않는 자성을 알고자 하는가. 바로 온갖 초목이
변천하는 가운데서 알아차려야 한다."211)
(혜철선사로부터 여기 대모화상에 이르기까지는 모두 달마의 9세손에
해당한다)

(71)

○ 彦忠(嗣杭州天龍)

---

210)『東國僧尼錄』, (卍續藏88, p.644上)에는 [한 승이 물었다. "달마조사가 서쪽
   에서 온 뜻은 무엇입니까." 가지화상이 말했다. "그대 속에서 나오기를 기다
   렸다가 나오면 그때 가서 그대한테 말해주겠다." 승이 물었다. "대매법상의
   근본적인 종지[的旨]는 무엇입니까." 가지화상이 말했다. "酪은 본래 일시
   에 사라진다." 僧問 如何是西來意 師云 待汝裏頭來 卽與汝道 僧問 如何是大
   梅的二<二-?>日<旨?> 師云 酪本一時<拋+?>]는 대목이 들어 있다.
211)『東國僧尼錄』, (卍續藏88, p.644中)에는 [한 승이 물었다. "대모화상의 경계
   는 어떻습니까." 대모화상이 말했다. "칼끝을 내보이지 않는다." 승이 물었
   다. "어째서 칼끝을 내보이지 않습니까." 대모화상이 말했다. "칼끝을 감당
   할 사람이 없기 때문이다." 僧問 如何是大茅境 師云 不露鋒 僧云 爲什麼不露
   鋒 師云 無當者]의 대목이 이어진다.

언충(항주천룡의 법사)

(72)
○ 五觀山順支和尙(嗣仰山)

오관산 순지화상(앙산혜적의 법사)212)

(73)
○ 智異山和尙(嗣臨濟)

지리산화상(임제의현의 법사)213)

(74)·(75)·(76)·(77)
○ 欽忠 ○ 淸虛 ○ 行寂 ○ 朗 師等四公(嗣石霜山慶諸)

흠충선사 · 청허선사 · 행적선사 · 낭선사 등 네 사람(석상산 경제화상의
법사)

---

212) 『東國僧尼錄』, (卍續藏88, p.644中)에는 [해동 사람으로서 호는 요오대사이
다. 한 승이 물었다. "달마조사가 서쪽에서 온 뜻은 무엇입니까." 순지화상이
불자를 세워보였다. 그러자 승이 물었다. "그것이면 충분하지 않겠습니까."
순지화상이 불자를 내려놓자, 승이 물었다. "以자로도 안되고 그렇다고 八자
도 아니라면 그것은 무슨 글자입니까." 순지화상이 圓相을 그려 내보였다.
어떤 승이 순지화상의 앞에서 다섯 꽃잎의 원상을 그려보였다. 그러자 순지
화상이 그 그림을 지워버리더니 일원상을 그려보였다. 本國號了悟大師 僧問
如何是西來意 師竪拂子 僧曰 莫遮箇便是 師放下拂子 問 以字不成 八字不是
是什麽字 師作圓相示之 有僧 於師前作五花圓相 師畫破 別作一圓相]의 대목
이 들어 있다.
213) 『東國僧尼錄』, (卍續藏88, p.644中)에는 [어느 날 시중하여 다음과 같이
설법하였다. "겨울에 춥지 않으면 섣달이 지난 후를 기다려 보라." 그리고는
곧 법좌에서 내려왔다. 一日示衆曰 冬不寒 臘後看 便下座]는 대목이 들어
있다.

(78)

○ 金藏禪師(嗣洞山良价)

금장선사(동산양개의 법사)

(79)

○ 清院(嗣九峯道虔)

청원(구봉도건의 법사)214)

(80)

○ 郢洲芭蕉山慧情(嗣南塔光湧)

영주 파초산 혜정(남탑광용의 법사)

(81)

○ 臥龍和尚(嗣潭州雲蓋山志元)

와룡화상(담주 운개산 지원선사의 법사)215)

---

214) 『東國僧尼錄』, (卍續藏88, p.644中)에는 [한 승이 물었다. "달리는 말을 타
고 공치기 경기를 하면 이기는 사람은 누구입니까." 청원화상이 말했다.
"그러면 지는 사람은 누구인가." 승이 말했다. "그러면 경기를 하지 않는
것이 좋겠습니다." 청원화상이 말했다. "공치기 경주를 하지 않는다해도
그 또한 허물이 된다." 승이 물었다. "그런 허물에서 벗어나려면 어찌해야
합니까." 청원화상이 말했다. "요컨대 일찍이 잘못을 저지르지 말았어야
한다." 승이 물었다. "어떻게 단련하면 잘못을 저지르지 않게 됩니까." 청원
화상이 말했다. "공손하게 두 손으로 받들어도 까딱하지 말아야 한다." 僧問
奔馬爭毬 誰是得者 師曰 誰是不得者 曰恁麼則不在爭也 師曰 直得不爭 亦有
過在 曰如何免得此過 師曰 要且不曾失 曰不失處如何鍛鍊 師曰 兩手捧不起]
는 대목이 들어 있다.
215) 『東國僧尼錄』, (卍續藏88, p.644下)에는 [한 승이 물었다. "어떤 것이 대인
의 상입니까." 와룡선사가 말했다. "자주색 장막 안에서는 가르침을 베풀
수가 없다." 승이 물었다. "어째서 가르침을 베풀 수 없다는 것입니까." 와룡

(82) · (83) · (84)

○ 瑞巖 ○ 大嶺 ○ 泊巖 等三公(嗣潭州谷山藏)

서암선사216) · 대령선사217) · 박암선사218) 등 세 사람(담주 곡산장
선사의 법사)

선사가 말했다. "존귀하지 못하기 때문이다." 승이 물었다. "하루종일 어떤
마음을 지녀야 합니까." 와룡선사가 말했다. "원숭이가 털이 난 벌레를 잡아
먹듯이 해야 한다." 問 如何是大人相 師曰 紫羅帳裡不垂手 曰 為什麼不垂手
師曰 不尊貴 問 十二時中間 如何用心 師曰 猢猻喫毛蟲]는 대목이 들어 있다.

216) 『東國僧尼錄』, (卍續藏88, p.644下)에는 [한 승이 물었다. "흑과 백의 분별
이 모두 사라지고 마침내 불상의 눈이 열릴 때는 어떤 상황입니까." 서암화
상이 말했다. "그대가 마음속으로 그것에 집착할까 염려된다." 승이 물었다.
"五位王子 가운데서 탄생왕자란 무엇입니까." 서암화상이 말했다. "깊은
궁궐의 사안이라서 뭐라 말할 수가 없다." 問 黑白兩亡開佛眼時如何 師曰
恐你守內 問 如何是誕生王子 師曰 深宮引不出]이라는 대목이 들어 있다.

217) 『東國僧尼錄』, (卍續藏88, p.644下)에는 [한 승이 물었다. "어렵게 潼關(黃
河의 남안에 있다. 이곳은 남쪽으로 흐르던 황허 강이 동쪽으로 방향을 바꾸
면서 웨이허 강[渭河]과 합류하는 곳 바로 아래쪽이며, 山西省의 펑링두[風
陵渡]와 마주보고 있다. 통관은 매우 협소하고 험난한 길목에 있다)까지
도착했는데 그곳에서 포기할 경우는 어떻습니까." 대령화상이 말했다. "그
것도 단지 수행의 과정에서 마주치는 활계일 뿐이다." 승이 물었다. "그
가운데서 이루어지는 활계란 도대체 어떤 것입니까." 대령화상이 말했다.
"그것은 직접 체험해보아야 하는 문제이다. 그런데 그런 상황에 처해서는
어쩔 수가 없게 된다." 승이 물었다. "체험했으면 그만인데 어째서 그런
상황에 처해서는 어쩔 수가 없게 된다는 것입니까." 대령화상이 도리어 물었
다. "그 체험이란 어떤 사람의 경지에서 가능하겠는가." 그러자 승이 다시
물었다. "그런 경지란 도대체 어떤 것입니까." 대령화상이 말했다. "존귀한
행위를 하지 않는 것이다." 僧問 只到潼關便却休時如何 師曰 只是途中活計
曰 其中活計如何 師曰 體即得 當即不得 曰 體得為什麼當不得 師曰 體是什麼
人分上事 曰其中事如何 師曰 不作尊貴]라는 대목이 들어 있다.

218) 『東國僧尼錄』, (卍續藏88, p.644下)에는 [한 승이 물었다. "선이란 무엇입니
까." 박암화상이 말했다. "고총에서는 선의 가풍을 형성하지 못한다." 승이
물었다. "깨침이란 무엇입니까." 박암화상이 말했다. 쓸데없이 마차의 수레
자국만 남기고 말았다." 승이 물었다. "불법의 가르침[敎]이란 무엇입니까."
박암화상이 말했다. "경전에다 다 기록할 수가 없다." 問 如何是禪 師曰
古塚不為家 問 如何是道 師曰 徒勞車馬迹 問 如何是教 師曰 貝葉收不盡]이
라는 대목이 들어 있다.

(85)

○ 大無爲禪師(嗣文偃匡眞)

대무위 선사(문언광진의 법사)

(86) · (87) · (88)

○ 慶猷 ○ 慧 ○ <雲+?>住 三公(嗣洪州雲居道膺)

경유선사 · 혜선사219) · 운주선사220) 등 세 사람(홍주 운거도응의 법사)

(89)

○ 惠雲(嗣白兆山志員顯敎大師)

혜운(백조산 지원현교 대사의 법사)

---

219) 혜선사 뒤에『東國僧尼錄』, (卍續藏88, p.644下)에는 강경혜릉의 법사로서 龜山和尚에 대하여 [구산화상이 다음과 같은 이야기를 꺼냈다. <상국 배휴 공이 법회를 열고 경전을 독송하는 승에게 물었다. "그것이 무슨 경전입니 까." 승이 말했다. "무언동자경입니다." 배공이 물었다. "몇 권이나 됩니까." 승이 말했다. "두 권입니다." 배공이 물었다. "무언이라 말했으면서 어째서 두 권이라 말하는 것입니까." 승이 대답하지 못했다.> 이에 대하여 구산화상 이 대신 말했다. "만약 무언에 대하여 논하자면 어찌 두 권 뿐이겠는가." 有擧相國裴公休啟法□會 問看經僧 是什麼經 僧曰 無言童子經 公曰 有幾卷 僧曰兩卷 公曰 旣是無言 爲什麼却有兩卷 僧無對 師代曰 若論無言 非唯兩 卷]라는 기록이 들어 있다.]

220)『東國僧尼錄』, (卍續藏88, p.644下)에는 [한 승이 물었다. "제불도 말하지 못한 것은 누가 말하는 것입니까." 운주화상이 말했다. "이 노승이 말한다." 승이 물었다. "제불도 말하지 못한 것을 화상께서 어찌 말한다는 것입니까." 운주화상이 말했다. "제불은 내 제자이기 때문이다." 승이 물었다. "그렇다 면 화상께서 그것을 말씀해주시기 바랍니다." 운주화상이 말했다. "상대가 군왕이 아니었다면 20대를 때려줬어야 좋았을 것이다." 問 諸佛道不得 什麼 人道得 師曰 老僧道得 曰 諸佛道不得 和尚作麼生道 師曰 諸佛是我弟子 曰 請和尚道 師曰 不是對君王 好與二十棒]는 법어가 기록되어 있다.

(90)

○ 雪嶽令光(嗣達磨十四世杭州天龍重機禪師)

설악영광(보리달마의 14세인 항주 천룡중기 선사의 법사)221)

(91)

○ 靈鑑禪師

영감선사

(92)

○ 又道峯山惠炬國師(嗣法眼) 國師始發機於淨慧之室 本國主思慕 遣使來請 遂廻故地 國主受心訣 禮待彌厚 一日請入王府 上堂 師指威鳳樓 示衆曰 威鳳樓爲諸尙<上?>座 擧揚了也 還會麼 儻若會得 且作麼生會 若道不會 威鳳樓作麼生不會 珍重222) (自新羅國本如禪師 至此惠炬 皆是新羅國人也) 又據延壽章 羅國人 紹祖位者 亦多可知矣

또한 도봉산 혜거국사(법안문익의 법사)

국사는 처음에 정혜대사[법안문익 885-958]의 조실에서 깨침을 개발[發機]하였다. 고려의 왕이 사모하여 사신을 파견하고 청익하였다. 마침내 고려에 돌아오니, 국주[광종]가 마음의 법문[心訣]을 받고 더욱더 크게 예우하였다.

어느 날 왕의 청을 받아 궁궐에 들어가서 상당하였다. 혜거선사는 위봉루

---

221) 『東國僧尼錄』, (卍續藏88, p.645上)에는 [한 승이 물었다. "화상의 가풍은 어떤 것입니까." 영광선사가 말했다. "똑똑히 명심하거라." 승이 물었다. "제법의 근원은 무엇입니까." 영광선사가 말했다. "알려주어 고맙다." 僧問 如何是和尙家風 師曰 分明記取 問 如何是諸法之根源 師曰 謝指示]라는 대목이 수록되어 있다.

222) 『傳燈錄』卷25, (大正藏51, p.414下)에는 이하에 "혜거선사의 법어는 중국에 널리 퍼지지 못하였고, 또한 그 임종의 모습도 알려지지 않았다. 師之言教 未被中華 亦莫知所終"는 대목이 기록되어 있다.

(威鳳樓)를 가리키며 시중설법을 하였다.

"저 위봉루가 이미 그대들한테 설법을 해버렸다. 그대들은 알겠는가. 만약 위봉루의 설법을 알아들었다면 그것을 어떻게 이해했는가. 그러나 만약 위봉루의 설법을 알아듣지 못했다고 말한다면 어째서 알아듣지 못하는 것인가. 이만 잘들 돌아가시오."[223]

(신라국 본여선사로부터 여기 혜거선사에 이르기까지는 모두 신라국 사람이다)

또한 영명연수를 기록한 대목에 의하면 신라국 사람으로서 조사의 지위를 계승한 사람도 또한 많은 수가 있었음을 알 수가 있다.

(93)

○ 王師普濟尊者(嗣平山) 師諱惠勤 號懶翁 舊名元惠 所居室曰江月軒 寧海牙氏 母鄭氏 夢見金色隼飛來 啄其頭墜卵 入懷中 因而有娠 延<延?>祐庚申正月十五日生 骨相異常 旣長 機神英邁 即求出家 父母不許 年至二十 見隣友亡 問諸父老曰 死何之 皆曰所不知也 中心痛悼 遂投功德山妙寂庵了然禪師 祝髮 然師問汝爲何事剃髮 曰超出三界 利益衆生 請師開示 師曰汝今來此 是何物耶 曰此能言能聽者能來耳 欲見無體可見 欲覓無物可覓 未審如何修進 師曰吾亦如汝 猶未之知 可往求之有餘師 於是辭退 遊歷諸山 至正十<十-?>四年甲申 到檜巖寺 宴處一室 晝夜長坐 時本石翁和尚 一日下僧堂 擊禪牀云 大衆還聞麼 衆無語 師呈偈曰 選佛場中坐 惺惺著眼看 見聞非他物 元是舊主人

○ 왕사 보제존자(평산처림의 법사)

선사의 휘는 혜근(慧勤)이고 호는 나옹(懶翁)이며, 어린 시절의 이름은 원혜(元惠)이고 주석하던 조실은 강월헌(江月軒)이며, 영해의 아(牙)씨이다. 어머니 정(鄭)씨는 꿈에 금빛이 나는 매가 날아와서 본인의 머리를 쪼아대더니 알을 자신의 품속에 떨어뜨려주는 모습을 보았다. 이로 인하여 회임을 하였다. 연우 경신년(1320) 정월 보름에 태어났다.

---

223) 『景德傳燈錄』 卷25, (大正藏51, p.414中)

골상이 비범하였고, 자라서는 기개와 정신이 뛰어났다. 이에 출가할 것을 추구했지만 부모가 허락하지 않았다.

나이 20세가 되어 가까운 친구의 죽음을 보고 마을의 어른들에게 물었다.

"죽으면 어디로 갑니까."

모두들 말했다.

"가는 곳을 알 수가 없다."

혜근은 그 말을 듣고 가슴이 답답하고 서글펐다. 마침내 공덕산 묘적암의 요연선사(了然禪師)에게 나아가서 삭발하였다. 요연선사가 물었다.

"그대는 어째서 머리를 깎으려고 하는가."

혜근이 말했다.

"삼계를 벗어나고 중생에게 이익을 주고자 합니다. 청하건대 선사께서는 개시하여 주십시오."

요연선사가 말했다.

"그대가 지금 여기에 와 있는데, 바로 그것은 무엇인가."

혜근이 말했다.

"이처럼 말을 할 줄도 알고 말을 들을 줄도 아는 바로 그것이 왔습니다. 보려고 해도 볼 수 있는 주체[體]가 없고 찾으려고 해도 찾을 수 있는 객체[物]가 없습니다. 그런데 어떻게 수행해야 합니까."

요연선사가 말했다.

"나도 또한 그대와 마찬가지로 아직 그것을 모르겠다. 다른 스승한테 찾아가서 물어 보라."

이에 요연선사를 하직하고 제산을 유력하였다. 지정 4년(1344) 갑신년에 회암사(檜巖寺)에 도착하여 방 한켠에서 조용히 앉아 밤낮으로 좌선[長坐]에 힘썼다.

그때 회암사의 석옹화상이 어느 날 승당에 내려와서 선상을 치고 말했다.

"대중들은 이 소리가 들리는가."

대중이 아무런 말도 하지 못했다. 그러나 혜근이 다음과 같이 게송을 지어 바쳤다.

"선불장 가운데 고요히 앉아서　選佛場中坐
　맑은 정신으로 자세하게 보니　惺惺着眼看

견문하는 것은 곧 다름아니라　見聞非他物
본디 옛날부터 곧 주인공일세　元是舊主人"

勤修四載 一旦忽開悟 欲徃中國 尋師訪道 丁亥十一月 發足向北 戊子三
月三日 行到大都法源寺 初參西天指空和尙 空云汝從甚處來 曰高麗來
空云船來耶 神來耶 曰神通來 空云 現神通看 師近前叉手而立 空又問
汝從高麗來 東海那邊都見來也未 曰 若不見 爭得到這裡 空云十二箇房
子將來否 曰將得來 空云誰敎伱來 曰某甲自來 空云爲何事來 曰爲後人
來 空然之 乃令隨衆 師一日作偈呈似 山河大地眼前花 萬像森羅亦復然
自性方知元淸淨 塵塵剎剎法王身 空云西天二十等人 東土七十二等人
這一等人 指空這裡都無 前無人後無將 指空出世法王也 再那裡有 師答
云 法王身法王身 三天爲主利群民 千劒單提斬佛祖 百陽(空方丈名)普
遍照諸天 吾今識得這消息 猶是儂家弄精魂 也大奇也大奇 扶桑日月照
西天 空云爺也是狗 娘也是狗 你亦是狗 師卽禮拜而退

　혜근은 4년 동안 부지런히 정진하였다. 어느 날 아침에 홀연히 개오하고
는 중국으로 가고자 하여 스승을 찾고 길을 물었다. 정해년(1347) 11월에
북쪽을 향해 출발하여 무자년(1348) 3월 3일에 대도(大都)의 법원사(法源
寺)에 도착하였다.
　처음에 인도에서 온 지공화상(指空和尙)에게 참문하자 지공이 물었다.
"그대는 어디에서 왔는가."
　혜근이 말했다.
"고려에서 왔습니다."
　지공이 물었다.
"배를 타고 왔는가, 신통력으로 왔는가."
　혜근이 말했다.
"신통력으로 왔습니다."
　지공이 말했다.
"신통력을 드러내 보라."
　혜근이 차수를 하고 서 있었다.

그러자 지공이 다시 물었다.

"그대가 고려에서 왔다는데, 동해의 끝자락을 다 보고 왔는가."

혜근이 말했다.

"보지 않았다면 어찌 여기에 도착할 수 있었겠습니까."

지공이 물었다.

"12개의 방224)은 가지고 왔는가."

혜근이 말했다.

"가지고 왔습니다."

지공이 물었다.

"그대를 여기까지 오게 한 것은 누구인가."

혜근이 말했다.

"제가 스스로 왔습니다."

지공이 물었다.

"그러면 무엇하러 왔는가."

혜근이 말했다.

"후인을 위해서 왔습니다."

지공이 그런 줄을 알고나서 이에 대중과 함께 하라고 말했다.

혜근은 어느 날 다음과 같은 게송 한 수를 지어 바쳤다.

"산하와 대지가 눈앞의 꽃이고   山河大地眼前花

 만상과 삼라도 또한 그러하다   萬像森羅亦復然

 자성이 원래청정한 줄 깨치니   自性方知元淸淨

 진진과 찰찰이 법왕 몸이라네   塵塵刹刹法王身"

그러자 지공이 물었다.

"서천의 20여 명과 중국의 72명은 그것이 다같은 사람인데 나 지공은 그 가운데 전혀 들어있지 않다. 그래서 내 앞에는 사람이 없었고 내 뒤에도 장차 없을 것이다. 그렇다면 나 지공은 세간에 나왔는데, 법왕은 또 어디에

---

224) 12房의 하늘을 가리킨다. 一行 記, 『大毘盧遮那成佛經疏』卷4, (大正藏39, p.618上) "言宿直者 謂二十七宿也 分周天作十二房猶如此間十二次 每次有九足 周天凡一百 每宿均得四足 卽是月行一日程 經二十七日 卽月行一周天也"

있단 말인가."

혜근이 대답하였다.

"법왕의 몸이여 저 법왕의 몸이시여 　法王身法王身
삼계천의 왕으로 백성 이롭게 하네 　三天爲主利群民
천개의 검을 單提하여 불조를 베니 　千劍單提斬佛祖
百陽이 널리 제천을 비추어 준다네 　百陽普遍照諸天225)
저는 지금 그 소식을 알아차렸지만 　吾今識得這消息
저희 가풍의 精魂에만 매여 있다네 　猶是儂家弄精魂
신기할 뿐이다 참 신기한 일이로다 　也大奇也大奇
부상의 해와 달이 서천을 비추도다 　扶桑日月照西天"

이에 지공이 말했다.

"아버지가 강아지이고 어머니도 강아지라면 그대도 또한 강아지일 것이
다."

혜근은 곧 예배를 드리고 물러났다.

又叅平山處林禪師 山適在僧堂 師直入堂內 東西信步 山云大德從何方
來 師云大都來 山云曾見甚麽人來 答見指空來 山云指空日用何事 答指
空日用千劍 山云指空千劍且置 將汝一劍來 師以座具打山 山倒在禪床
大叫云 這賊殺我 師便扶起云 吾劍能殺人 亦能活人 山呵呵大笑 即把手
歸方丈 請茶 留數月 一日手書囑云 三韓慧首座 來見老僧 看其出言吐氣
便與佛祖相合 宗眼明白 見處高峻 言中有響 句句藏鋒 兹以雪菴所傳
及菴先師法衣一領拂子一枝 付囑表信 作偈曰 拂子法衣令付囑 石中取
出無瑕玉 戒根永淨得菩提 禪定惠光皆具足 十一年辛卯二月初二日辭
退 又見枯木榮和尚 對座良久 木問首座坐禪不知如何用心 師云無心可
用 木曰旣無心可用 十二時中 誰將這箇去來 師擧目視之 木曰這箇是父
母所生底眼 父母未生前 將甚麽看 師喝一喝云 說什麽生與未生 木便把
手云 誰道高麗隔海 師拂袖便出

또 평산처림 선사를 참문하였는데, 마침 평산선사가 승당에 있었다.

혜근이 바로 승당 안으로 들어가서 이리저리 제멋대로 걸어다녔다. 그러자 평산이 물었다.

"대덕은 어디에서 왔습니까."

혜근이 말했다.

"대도(大都)에서 왔습니다."

평산이 물었다.

"대도에서 누구를 친견했습니까."

혜근이 답했다.

"지공화상을 친견했습니다."

평산이 물었다.

"지공화상은 평소에 무엇을 합니까."

혜근이 답했다.

"지공화상은 날마다 천개의 검을 사용합니다."

평산이 말했다.

"지공화상의 천개의 검은 차치하고 그대의 한 개의 검을 가져와 보시오."

그러자 혜근은 좌복으로 평산을 때렸다. 이에 평산이 선상에서 넘어지면서 크게 소리를 질렀다.

"이 도둑놈이 나를 죽인다."

혜근이 다시 부추겨 일으키고 말했다.

"제 검은 사람을 죽이기도 하지만 또한 사람을 살리기도 합니다."

평산이 껄껄껄 웃었다. 그러더니 곧 손을 잡고는 방장실로 돌아가서 차를 권했다.

이에 몇 개월을 머물게 되었다.

어느 날 평산은 몸소 글을 써서 부촉하며 말했다.

"삼한의 혜근수좌는 찾아와서 이 노승을 친견하였다. 그가 내뱉은 말이나 토해내는 기운을 보면 불조와 더불어 딱 부합된다. 그 종안(宗眼)은 명백하고 견처(見處)는 고준하다. 그의 말에는 메아리가 있고 그의 글귀에는 칼날이 감추어져 있다. 이에 설암조흠이 전승해주신 급암종신의 법의 한 벌과 불자 하나를 부촉하여 이것으로 믿음을 징표한다."

그리고는 게송을 지어 말했다.

"지금 불자 및 법의를 부촉하노라니   拂子法衣令付囑
돌 속에서 채취한 티없는 옥이라네   石中取出無瑕玉
늘 계율이 청정하여 보리를 얻었고   戒根永淨得菩提
선정의 지혜와 광명 다 구족되었다   禪定惠光皆具足"

　　지정 11년 신묘년(1351) 2월 초이튿날 평산에게 하직인사를 드렸다.

　　다시 고목영 화상을 친견하여 자리에 마주앉아서 양구하자, 고목영이
물었다.
"수좌는 좌선할 때에 어떻게 마음을 작용합니까."
　　혜근이 말했다.
"작용하는 마음이랄 것이 없습니다."
　　고목영 화상이 물었다.
"작용하는 마음이 없다면 하루종일 그대를 오고 가게 하는 것은 무엇입니
까."
　　혜근은 눈을 치켜뜨고는 고목영 화상을 바라보았다.
　　이에 고목영 화상이 물었다.
"그 눈은 바로 분별심에서 발생된[父母所生] 눈입니까. 그렇다면 분별심
이 발생하기 이전[父母未生前]의 눈으로는 무엇을 보는 것입니까."
　　혜근이 할을 한번 해대고는 물었다.
"무엇을 가리켜서 분별심이 발생했다 또 발생하지 않았다고 말하는 것입
니까."
　　그러자 고목영 화상이 손을 잡고는 말했다.
"고려가 바다 건너에 있다고 누가 말했던가."
　　이에 혜근은 소맷자락을 떨치고는 곧장 밖으로 나가버렸다.

又叅千巖長和尙 是日適集江湖千餘人 試選入室 師偈呈曰 擊擊雷音振
群聾盡豁開 豈限靈山會 瞿曇無去來 崑問大德從甚處來 曰淨慈來 巖云
父母未生前 從甚處來 曰今朝(壬申) 四月初二日 巖云明眼人難瞞 還叅
指空 空迎入方丈 請茶遂 以法衣一領 拂子一枝 幷梵草信書一紙 付囑云
百陽喫茶正安(空方丈名)果 年年不昧一通藥 東西看見南北然 明宗法

王結<給?>千釰<劍?> 師答云 奉喫 師茶了 起來即禮三 只這眞消息
從古至于今 因留一月辭退

　또한 천암원장(千巖元長) 화상을 참문하였다. 그날은 마침 강호의 천여명을 모아놓고 입실할 사람을 시험으로 선발하는 날이었다. 이에 혜근이 다음과 같은 게송을 바쳤다.
"우레 소리가 울리고 크게 울려대니　擊擊雷音振
　온갖 귀머거리가 다 귀가 열렸다네　群聾盡豁開
　그게 어찌 영산회상의 경우 뿐인가　豈限靈山會
　구담은 간 적도 없고 온 적도 없네　瞿曇無去來"

　그러자 천암이 물었다.
"대덕은 어디에서 왔는가."
　혜근이 말했다.
"정자선사(淨慈禪寺)의 몽당(蒙堂) 화상의 처소에서 왔습니다."
　천암이 물었다.
"분별심이 발생하기 이전[父母未生前]에는 어디에서 왔는가."
　혜근이 말했다.
"오늘 아침(壬申)은 사월 초이틀입니다."
　천암이 말했다.
"눈밝은 사람은 속이기가 어렵구나."

　그해 5월에 혜근이 다시 지공선사를 참문하자, 지공은 방장실로 맞아들여서 차를 권하였다. 그리고 마침내 법의 한 벌과 불자 하나, 그리고 범어로 쓴 편지 한 통을 부촉하고 말했다.
"백양에서 마신 차와 정안에서 먹은 과일　百陽喫茶正安果226)
　매 해마다 효과 나는 한결같은 약이라네　年年不昧一通藥
　동서를 바라보면 또 남북도 그와 같다네　東西看見南北然
　정법안장 깨친 법왕에게 천 검을 준다네　明宗法王給千劍"

---

226) 百陽은 지공방장의 이름이고, 正安은 지공 방장실의 이름이다.

혜근이 답하여 말했다.

"조사께서 주신 차 받들어 마시고　奉喫師茶了
곧 일어나 삼배로써 예배 드렸네　起來卽禮三
무릇 이처럼 깨침의 진정한 소식　只這眞消息
예나 지금이나 하나도 변함 없네　從古至于今"

　이로 인하여 그곳에서 한 달 동안 머물다가 하직하였다.

遊歷燕代山川數載 道行聞于帝 乙未秋 奉聖旨 住大都廣濟禪寺 丙申十
月十五日 設開堂法會 帝遣院使也 先帖木兒 賜金襴袈裟幷敝<幣?>帛
皇太子亦以金襴袈裟 象牙拂子賜之 是日千官僚佐及 與士庶 諸山長老
江湖衲子俱會 師受袈裟抬起 問中使云 山河大地草木叢林 盡是一箇法
王身 未審這箇向甚麼處被 中使云不會 師指肩云 向這裡披 又問大衆
湛然空寂 本無一物 璨兮爛兮 從何而出 大衆無對 師云 九重宮金口中乃
披 拈香祝聖罷 又拈香云 此一瓣香 奉爲西天一百八祖 指空大和尚 平山
和尚 用酬法乳之恩 陞座普說(見語彔)

　이후로 여러 해 동안 연대(燕代)의 산천을 유력(遊歷)하였다. 그 도행(道
行)이 황제에게까지 들렸기 때문에 을미년(1355) 가을에는 성지(聖旨)를
받고 대도의 광제선사(廣濟禪寺)에 주석하였다.
　이듬해 병신년(1356) 10월 15일에 개당법회를 시설하였다. 황제는
먼저 원사(院使) 첩목아(帖木兒)를 보내서 금란가사(金襴袈裟)와 폐백(幣
帛)을 하사하였고, 황태자도 또한 금란가사와 상아로 만든 불자를 혜근에
게 하사하였다. 이날에는 수많은 고위관료와 좌급(佐及) 및 사서(士庶)
그리고 제산의 장로와 강호의 납자들이 모두 모였다. 혜근은 가사를 집어들
고 중사(中使)에게 물었다.
"산하대지와 초목총림이 모두가 낱낱이 법왕의 몸인데 이 한 벌의 가사를
어디에다 입혀야 하겠습니까."
　중사가 말했다.
"저는 모르겠습니다."
　혜근이 자신의 왼쪽 어깨를 가리키며 말했다.

"바로 여기에다 입혀야 합니다."

　다시 대중에게 물었다.

"담연하고 공적하여 본래부터 일물도 없는데 참으로 찬란한 이것은 어디에서 출현하였습니까."

　대중이 아무런 말도 하지 못하였다.

　그러자 혜근이 말했다.

"구중궁궐의 금구(金口)에서 출현한 것입니다."

　그리고는 이에 가사를 수하고 향을 집어들어 축성(祝聖)을 마쳤다. 다시 향을 집어들고 말했다.

"이 하나의 향은 서천의 백 팔대 조사인 지공대화상 및 평산처림 화상께 바쳐서 법유(法乳)의 은혜에 보답합니다."

　그리고는 법좌에 올라서 보설(普說)을 하였다.227)

十七年丁酉 還見指空云 弟子當徃何處 空云汝還本國 擇三山兩水間居
之 則佛法自然興矣 伐伐<戊戌?>三月 禮辭指空 還於遼陽平壤東海等
處(原註:松廣讚 水勢重重包山 谷疊疊藏 三韓元不雙 一國更無雙) 隨機
說法 至庚子秋 入臺山象頭菴居 辛丑年冬 上召入內 請說心要 師普說作
二頌進呈(見語彔) 上嘆曰 聞名不如見面 賜滿繡袈裟水精拂子 公主亦
以瑪瑙拂子施之 太后親賜布施 請住神光 又上召辛亥八月日 賜金襴袈
裟 內外法服鉢盂 封爲王師 大曹溪宗師禪教都揔攝勤修本智重興祖風
福國祐世普濟尊者 太后亦獻金襴袈裟 謂松廣寺爲東方第一道場 乃命
居之 再到此寺

　지정 17년 정유년(1357)에 다시 지공선사를 친견하고 물었다.

"제자는 이제 어디로 가야 하겠습니까."

　지공이 말했다.

"그대는 본국으로 돌아가라. 그리고 삼산(三山)과 양수(兩水) 사이를 택하여 그것에 주석하면 곧 불법이 자연히 흥성할 것이다."

---

227) 자세한 내용은 『나옹화상어록』에 들어 있다.

무술년(1358) 3월 23일에 지공선사에게 하직의 예배를 드리고 다시 요양(遼陽)으로 돌아와 평양 및 동해 등에서[228] 기회가 날 때마다 설법을 하였다.

경자년(1360) 가을에는 오대산에 들어가서 상두암(象頭菴)에 주석하였다.

신축년(1361) 겨울에 왕은 궁궐로 불러서 심요(心要)의 설법을 청하였다. 혜근은 보설(普說)을 마치고 두 게송을 지어서 바쳤다.[229] 이에 왕은 찬탄하여 말했다.
"이름을 듣는 것이 직접 보는 것만 못하다는 말이 사실입니다."
그리고는 만수가사(滿繡袈裟)와 수정으로 만든 불자를 하사하였다. 그리고 공주는 마노로 만든 불자를 혜근에게 보시하였고, 태후는 친히 보시를 하사하고 신광사(神光寺)에 주석해줄 것을 청하였다.

또한 왕은 신해년(1371) 8월 26일에 혜근을 불러서 금란가사를 하사하고, 내외의 법복과 발우를 하사하였다. 그리고 '왕사 대조계종사 선교도총섭 근수본지 중흥조풍 복국우세 보제존자(王師 大曹溪宗師 禪敎都摠攝 勤修本智 重興祖風 福國祐世 普濟尊者)'로 봉하였고, 태후도 또한 금란가사를 봉헌하였다. 그리고 말하자면 동방의 제일도량인 송광사에 주석하도록 명하였기 때문에 다시 송광사에 도착하였다.

師還到檜巖 丙辰春 修營已畢 四月大設落成會 上遣具官柳之璘 爲行香使 京外四衆 雲臻輻湊 莫知其數 會臺評以謂檜喦密邇京邑 四衆徃還晝夜絡繹 或至癈業 於是有旨 移住瑩原寺 逼迫上道 師適疾作輿出三門至南池邊 自導輿者 還從涅槃門出 大衆咸疑 失聲號哭 師顧謂衆曰 努力努力 無以予故中報也 吾行當止驪興耳 五月初二日 到漢江謂護送官卓

---

228) 原註 : 송광사를 찬하다. 물 흐름은 중중으로 산을 감싸서 안고/ 계곡은 첩첩 겹쳐져 감추어 뵈지 않네/ 이러한 경치 삼한에 원래 둘도 없는데/ 우리나라에서는 더 이상 볼 수 없다네/
229) 게송의 내용은 『나옹화상어록』에 들어 있다.

詹曰 吾今病劇 願欲舟行沂流 七日方到驪興 語卓曰 吾疾益篤不可過
此寓神勒寺 五月十五日 卓又督行急 師曰是不難 吾當逝矣 時有僧問
正當伊麼時如何 師竪起拳頭 又問四大各離向什麼處去 師交拳當心云
只在這裡 問在這裡時如何 師云別無奇特 問如何是无奇特底道理 師瞪
目視之曰 吾與你相見時 有甚麼奇特 乃告衆云 汝等諸人 各冝諦看 老僧
今日爲汝等 作涅槃佛事畢矣 到辰時寂然而逝 郡人望見五彩雲盖山頂
又師所騎白馬 預前三日不喫草 垂首悲泣 茶毗已訖 頭骨五片牙齒四十
皆不燒 以香水洗之 時無雲 雨其地 其舍利不知其數 四衆撥灰爐而得之
者 亦不可勝數也 時郡人咸見山上 神光瑩徹 僧達如 夢見神龍 蟠繞焚臺
還入于江 其狀如馬 門人陪靈骨舍利 將舟還檜嵒 患旱久水淺 忽無雨而
水漲 與久滯衆舡 一時順流而下 則神龍之助可知也 因建塔 壽五十七
臘三十七 謚曰禪覺

혜근이 다시 회암사(檜巖寺)에 도착한 것은 병진년(1376) 봄에 공사를
마치고 4월 15일에 낙성법회를 베풀었다. 왕은 구관(具官) 유지린(柳之璘)
을 보내서 행향사(行香使 : 향을 분배해주는 사신)로 삼았다. 서울 밖의
사부대중이 구름처럼 모여들어 그 수를 헤아릴 수가 없었다.

그 법회에서 대평(臺評)이 말했다.

"회암사는 서울과 매우 가깝기 때문에 사부대중의 왕래가 밤낮으로 이어
져서 혹 폐업에 이르지 않을까 염려된다."

이에 왕의 명을 받아서 밀양의 영원사(瑩原寺)로 옮겨 주석케 하고는
길에 오를 것을 재촉하였다. 혜근은 그때 병을 얻어서 가마[藍輿]를 타고
삼문을 나와서 남쪽의 연못가에 이르렀다가 스스로 남여꾼을 인도하여
다시 열반문으로 나왔다. 이에 대중이 모두 의심을 품고 목을 놓아 울부짖
었다. 그러자 혜근은 대중을 돌아보고 말했다.

"정진하고 또 정진하십시오. 나 때문에 중간에서 그만두지는 마시오.
내 행차는 반드시 여흥(驪興)에서 그칠 것입니다."

5월 초이틀에 한강에 도착하자 호송관 탁첨(卓詹)에게 말했다.

"내가 지금 병이 심하니, 배를 타고 갔으면 좋겠습니다."

7일에 걸쳐 바야흐로 여흥에 도착하자 탁첨에게 말했다.

"내가 병이 더욱 심하여 더 이상 갈 수가 없습니다."

그리고는 신륵사(神勒寺)에 잠시 머물렀다.

5월 15일에 시자는 탁첨이 다시 행차를 재촉한다고 전언하자 혜근이 말했다.

"계속 가는 것은 어렵지 않다. 나는 장차 아주 갈 것이다."

그때 어떤 승이 물었다.

"바로 이러한 때는 어찌 해야 합니까."

혜근이 주먹을 불끈 세워보였다. 그러자 승이 다시 물었다.

"사대가 각각 흩어지면 어디로 가는 것입니까."

혜근은 두 주먹을 교차하여 가슴에 대고 말했다.

"바로 이 속에 들어 있다."

승이 물었다.

"가슴속에 들어 있을 때는 어찌 되는 것입니까."

혜근이 말했다.

"특별히 기특한 것이랄 것도 없다."

승이 물었다.

"기특할 것이 없다는 그 도리는 무엇입니까."

혜근은 눈을 똑바로 뜨고 그 승을 응시하고 밀했다.

"내가 그대와 더불어 서로 마주 볼 때 무슨 기특한 것이 있던가."

그리고는 이에 대중에게 고하여 말했다.

"그대들은 각자 잘 보아 두거라. 노승은 오늘 그대들에게 열반을 보여서 불사를 마쳐주겠다."

진시에 이르러 고요한 모습으로 세상을 떠났다. 고을 사람들은 오색의 채운이 산 정상을 뒤덮은 것을 바라보았다. 또 혜근이 타고왔던 백마는 사흘 이전부터 꼴을 먹지 않고 고개를 떨군 채 슬피 울었다.

다비를 마쳤지만 두개골 다섯 조각과 이빨 40개는 모두 불에 타지 않았기 때문에 향수로 씻었다. 그때 하늘에 구름이 없었지만 그 지역에 비가 내렸다. 사리의 수효는 셀 수가 없었는데, 사부대중이 재와 흙을 헤치고 사리를 수습한 사람도 또한 헤아릴 수가 없었다.

그때 고을 사람들이 모두 산 위의 신광을 바라보았고, 또한 승려 달여(達如)는 꿈에 신룡(神龍)이 요분대(繞焚臺)에 서려 있다가 다시 강물 속으로 스며드는 것을 보았는데 그 형상이 마치 말과 같았다.

문인들이 영골사리를 모시고 배편으로 회암사로 돌아가려고 할 때였다. 오랜 가뭄으로 물이 얕아서 걱정을 하자 홀연히 비도 오지 않았는데 물이 불어서 오랫동안 묶여있던 배들이 일시에 물을 따라 내려갔는데, 곧 그것은 신룡의 도움인 줄을 알 수가 있다.

이로써 탑을 건립하였다. 세수는 57세이고, 법랍은 37세이며, 시호는 선각(禪覺)이다.230)

熾盛光明經云 世尊告迦葉尊者曰 我滅度後 後五百歲 吾法乃行新羅 五種外道盛行於世 敢壞我法 庚申之間 有一比丘 作大沙門 作大佛事 破諸外道 號曰普濟懶翁 其會曰工夫選 迦葉當知 我身是也 以玆其後二三度重行而後 我法永滅 末劫已盡 人壽十歲爲限也 五種外道者 第一見聞覺知識心外道 第二無心自然外道 第三無想天外道 第四天魔外道 第五順魔外道 如是外道 如麻似粟 敢壞我法 如來再三重來也

『치성광명경(熾盛光明經)』에서는 다음과 같이 말한다.

[세존께서 가섭존자에게 고하여 말했다.

"내가 멸도한 이후 후오백세에 내 정법안장은 곧 신라로 갈 것이다. 5종의 외도가 성행하는 세상에서는 감히 내 정법안장을 파괴할 것이다. 그러나 경신(庚申) 연간에 어떤 비구가 대사문이 되어 대불사를 일으키고 모든 외도를 타파할 것인데, 그 사람의 이름은 보제나옹(普濟懶翁)이고, 그 법회의 이름은 공부선(工夫選)이다.

가섭이여, 반드시 알아야 한다. 내 후신이 바로 그 보제나옹이다. 이로써 그 이후에 두세 차례에 걸쳐서 거듭 시행되다가 내 정법안장은 영원히 소멸될 것이다. 말겁이 다한 후에는 사람들의 수명이 10세로 한정된다.

그리고 5종의 외도가 있다.

---

230) 7월 29일에 회암사에 도착하여 寢堂에 모셨다가 8월 15일에 그 절의 북쪽 언덕에 부도를 세웠는데, 가끔 신령스런 광명이 환히 비쳤다. 정골사리 한 조각을 옮겨 신륵사에 안치하고 石鍾으로 덮었다. 기타 나옹의 행장에 대해서는 『東國僧尼錄』[惠勤懶翁謚禪覺道號普濟尊者], (卍續藏88, pp.646上-647上) 참조.

첫째는 견문각지식심외도(見聞覺知識心外道)이고, 둘째는 무심자연외도(無心自然外道)이며, 셋째는 무상천외도(無想天外道)이고, 넷째는 천마외도(天魔外道)이며, 다섯째는 순마외도(順魔外道)이다.

이와 같은 외도가 마치 삼대와 조알처럼 많아서 감히 내 정법안장을 파괴하기 때문에 여래가 재삼 거듭해서 도래하는 것이다."]

又辨正經云 佛告阿難 汝於當知 正法千歲禪定堅固 像法千歲塔寺堅固
末法一萬年鬪諍堅固 外道熾盛 婬魔外道 口弄婬欲 不傳教學 憂愁戲魔
俗服妻子 食噉魚肉 說時悲泣 誑惑人間 無心外道 常說知覺 誹訪眞僧
無想外道 不展盂鉢 常用盤床 天魔外道 不禮先覺 無嗣說法 我慢高大
順魔外道 常毀靈山 脉氣情石 如是世中 恭敬大魔 最下外道 如麻似粟
天下大亂 陰陽不調 旱氣甚重 魔强法弱 善人者少 惡人者多 智人者少
愚痴者多 親近邪魔外道 知識墮無間獄 永無出期 迦葉<阿難?>當知 後
五百歲 破魔外道 我身是也 再三重來 作大比丘 作大佛事 佛說非虛 實知
無疑 此經爲宗 此偈爲仰 此經書寫讀誦 比丘不墮邪道 速成佛道 阿難大
衆 皆大歡喜 信受奉行 作禮佛足

또한 『변정경(辨正經)』에서는 다음과 같이 말한다.
[부처님께서 아난에게 말했다.
"그대는 반드시 알아야 한다. 정법(正法)의 천년은 선정견고(禪定堅固)의 시대이다. 상법(像法)의 천년은 탑사견고(塔寺堅固)의 시대이다. 말법(末法)의 만년은 투쟁견고(鬪諍堅固)의 시대로서 외도가 치성하다.

곧 첫째로 음마외도(婬魔外道)는 입으로 음욕을 희롱하고 교학을 전승하지 않으며, 근심하면서도 철없는 장난을 치고[戲魔] 속복을 걸친 채처자를 거느리며, 생선과 고기를 먹고 설법할 때는 슬프게 울어서 사람들을 속이고 미혹하게 만든다.

둘째로 무심외도(無心外道)는 늘상 지각(知覺)한 것을 설하면서도 진승(眞僧)을 비방한다.

셋째로 무상외도(無想外道)는 바닥에 발우를 펴지 않고 늘상 반상을 이용한다.

넷째로 천마외도(天魔外道)는 선각(先覺)에게 예를 차리지 않고 설법을 맡아서 하지도 않으며 아만이 높다.

다섯째로 순마외도(順魔外道)는 늘상 불법[靈山]을 훼손하고 육갑을 하고 사주팔자를 본다.

그러나 이와 같이 말법세상에서 대마(大魔)를 공경하는 최하의 외도가 삼대와 조알과 같이 많아서 천하가 크게 혼란하고 음양이 조화를 잃으며, 심각한 가문이 자주 들고 마는 강해지고 불법은 약해지며, 선인은 적어지고 악인은 많아지며, 사마외도를 친근하고 선지식은 무간지옥에 떨어져서 영원히 벗어날 기약이 없게 된다. 아난은 반드시 알아야 한다.

이와 같은 후오백세에 마와 외도를 타파하기 위하여 바로 내 후신이 재삼 거듭 도래하여 대비구가 되어 대불사를 일으킨다. 부처님의 설법에는 거짓이 없다. 그러므로 실로 의심이 없이 알아야 한다. 이 경전으로 종지를 삼고, 이 게송을 숭앙하며, 이 경전을 쓰고 베끼며 읽고 외우면 그 비구는 사도에 떨어지지 않고 속히 불도를 성취한다.”

이에 아난과 대중이 모두 크게 환희하면서 믿고 받아들이며 받들고 실천하며 부처님의 발에 예배를 드렸다.]

散聖品 第四(維摩·布袋·寒山·拾得·無著·傅大士+? 六則)

IV. 제사 산성품(유마·포대·한산·습득·무착·부대사 등 6칙)

[귀경게]
散聖慈悲來世上 語言流落滿人間

뭇 산성은 자비로 세상에 오시어
설법 통해 인간 세계에 베풀었네

(1)
維摩會上 三十二菩薩 各談不二法門 至文殊云 我於一切法 無言無說
文殊乃問維摩 維摩默然 文殊讚言 善哉善哉 眞入不二法門(出統要一
卷)

　『유마경』을 설하는 법회에서 32보살이 각각 불이법문에 대하여 말하였
다. 문수의 차례가 되자 말했다.
"나는 일체법에 대하여 무언이고 무설입니다."
　그리고는 문수가 유마에게 물었다. 그러나 유마는 침묵하였다.
　이에 문수가 찬탄하여 말했다.
"훌륭합니다. 참으로 훌륭합니다. 진정으로 불이법문에 들어가셨습니다."
(『종문통요』제1권에 나온다)

(2)
明州布袋和尚 常在通衢而立 僧問和尚在這裡作什麼 師云等个<箇=>
人來 曰來也 師遂於懷中 取一橘子度與 僧擬接 師縮手云 汝不是這个
<箇=>人 又僧問 如何是西來意 師放布袋 叉手而立 僧云 只此別更有在
師拈布袋 上肩而去

　명주의 포대화상은 늘상 사통팔달의 거리에 서 있었다. 어떤 승이 물었

다.

"화상께서는 거기에서 무엇을 하십니까."

포대화상이 말했다.

"그분[等箇人]이 온다고 해서 기다리는 중입니다."

승이 말했다.

"여기 이렇게 왔습니다."

포대화상은 마침내 품속에서 귤을 하나 꺼내어 그 승에게 건네자 승이 받으려는 찰나에 포대화상은 팔을 오므리며 말했다.

"그대는 그분이 아닙니다."

또한 어떤 승이 물었다.

"달마조사가 서쪽에서 오신 뜻이 무엇입니까."

포대화상은 포대를 내려놓고 차수하며 서 있었다. 그러자 그 승이 물었다.

"그뿐이 아니라 별도로 또 있지 않습니까."

이에 포대화상은 포대를 집어 어깨에 메고는 떠나버렸다.

(3)

寒山<子+?>因衆僧灸茄次 山將茄弗 向僧背上 打一下 僧廻<回?>首 山呈起茄弗云 是什麼 僧云 這風顚漢 山向傍僧云 你道這僧費却多少鹽醬

한산자에게 여러 승들이 연가지로 뜸을 떠주고 있었다. 한산자가 연줄기 묶음을 가지고 한 승의 등을 한번 후려쳤다. 승이 머리를 돌리자 한산자가 연줄기 묶음을 들어서 내밀고는 말했다.

"이것이 무엇인가."

승이 말했다.

"이 고약한 놈[風顚漢] 봐라."

이에 한산자가 곁에 있는 승에게 말했다.

"그대가 말해 보시오. 저 스님은 소금과 간장[鹽醬]을 얼마나 소비했습니까."231)

(4)

拾得掃地次 寺主問 汝因豊干拾得汝掃地<歸也?> 名爲拾得 汝畢竟姓
名什麼 拾得放下掃箒 叉手而立 主再問 拾得拈起掃箒 掃地而去

　　습득이 마당을 쓸고 있는데 사주(寺主)가 물었다.
"그대는 풍간이 그대를 습득하여 돌아왔기 때문에 이름이 습득이 되었다.
그대의 본래 성명은 무엇인가."
　　이에 습득이 빗자루를 내려놓고는 차수한 자세로 서 있었다. 사주가
다시 물었지만, 습득은 빗자루를 들고는 마당을 쓸더니 물러갔다.232)

(5)

無着和尚徃臺山 文殊迎問 大德何方而來 云南方 文殊云 南方佛法如何
住持 云 末法比丘少奉戒律 殊云 多少衆 云 或三百 或五百 著却問 和尚
此間如何住持 殊云 凡聖同居 龍蛇混雜 着云 多少衆 殊云 前三三後三三
無着辭退 均提童子送出 著云 適來和尚道 前三三後三三 <是多少+?>
子召云 大德 着廻首 子云 是多少(洞山云 欲觀其父先觀其子)

　　무착화상이 오대산에 갔는데 문수가 맞이하여 물었다.
"대덕께서는 어디에서 오셨습니까."
　　무착화상이 말했다.
"남방에서 왔습니다."
　　문수가 물었다.
"남방의 불법은 그 상황이 어떻습니까."
　　무착화상이 말했다.
"말법의 비구들이 대부분으로서 계율을 받드는 사람이 많지 않습니다."

---

231) 소금과 간장을 소비한다는 것은 수행경력을 가리키는 말이다.
232)『宗門統要正續集』卷2, (永樂北藏154, p.545中) "天台拾得一日掃地次寺主
　　問問 汝名拾得 因豊干拾得汝歸 汝畢竟姓名箇什麼姓什麼 拾得放下掃箒 叉
　　手而立 主再問 拾得拈起掃箒掃地而去" 참조. ;『景德傳燈錄』卷27, (大正藏
　　51, p.434上) "一日掃地 寺主問 汝名拾得 豊干拾得汝歸 汝畢竟姓箇什麼在
　　何處住 拾得放下掃箒叉手而立 寺主罔測" 참조.

문수가 물었다.

"대중이 얼마나 됩니까."

무착화상이 말했다.

"삼백 혹은 오백 정도 됩니다."

그리고는 이제 무착이 물었다.

"문수화상께서는 요즈음 어찌 지내십니까."

문수가 말했다.

"범부와 성인이 함께 거주하고, 용과 뱀이 서로 뒤섞여 있습니다."

무착화상이 물었다.

"대중이 얼마나 됩니까."

문수가 말했다.

"여기저기 무수히 많습니다.[前三三後三三]"

무착이 돌아가는 길에 균제동자가 배웅을 하였는데, 무착이 물었다.

"아까전에 문수화상께서 말한 전삼삼후삼삼(前三三後三三)이란 수가 얼마나 된다는 것인가."

균제동자가 무착화상을 불렀다.

"대덕이시여,"

무착이 고개를 돌려서 동자를 바라보자, 균제동자가 말했다.

"그만큼입니다."

(동산이 말했다. 아버지를 알아보고자 하면 먼저 그 아들을 살펴보라)

(6)
婺州傳大士 因梁武帝請講經 大士纔陞座 以尺拊按<案？>一下 便下座
帝愕然 誌公乃問 陛下會麽 云 不會 公曰 大士講經竟(以上出統要第二
卷)

무주의 부대사에게 양 무제가 강경(講經)을 청하였다. 부대사가 법좌에 올라가 앉자마자 주장자로 법상을 한번 내려치더니 그만 법좌에서 곧장 내려왔다. 그러자 황제가 깜짝 놀랐다.

이에 지공대사가 황제에게 물었다.

"폐하께서는 아시겠습니까."

　황제가 말했다.

"모르겠습니다."

　지공이 말했다.

"부대사께서는 강경을 이미 마쳐버렸습니다."

(이상은 『종문통요』 제2권에 나온다)233)

---

233) 제사 산성품(유마·포대·한산·습득·무착·부대사 등 6칙)의 내용은 『宗門統要
　　續集』卷2 [應化賢聖], (永樂北藏154, pp.539中-569上) 수록에서 발췌된
　　내용이다.

流通品 第五(二則)

Ⅳ. 제오 유통품(2칙)

[귀결게]
若不傳法度衆生 畢竟無能報恩者

정법 계승하여 중생 제도 못하면
필경 불조 은혜 보은하지 못하네

(1)
宗鏡擧頌云 假使頂戴塵沙劫 身爲牀座徧三千 若不傳法度衆生 決定無
能報恩者

예장종경은 다음과 같이 경전의 게송을 들어서 말했다.
"가사 진사겁이 다하도록 머리에 이고　假使頂戴塵沙劫
몸이 牀座되어 삼천세계를 다 돌아도　身爲牀座徧三千
만약 불법을 전하여 중생제도 못하면　若不傳法度衆生
결정코 부처님 은혜 보답하지 못하네　決定無能報恩者"

(2)
又擧成實<華嚴?>論云 佛說內外中間之言 遂即入定 時<後?>有五百
羅漢 各釋<解?>此言 佛出定後 同問 世尊 誰當佛意 佛言 並非我意
又白佛言<諸人問佛?> 旣不當佛意 將得無<無得?>罪 佛言 雖非我意
各意<順?>正理 堪爲聖敎 <有福無罪+?>

또한 『화엄론』을 들어서 다음과 같이 말했다.
[부처님께서는 내·외·중간의 말씀을 하시고 마침내 입정하였다. 이후에
오백 명의 아라한이 각각 그 말에 대하여 해석을 하였다. 그리고는 부처님
께서 출정하자 더불어 물었다.

311

"세존이시여, 누구의 해석이 부처님의 뜻에 합당합니까."

　부처님께서 말씀하셨다.

"모두 내 뜻이 아니다."

　그러자 모든 사람들이 부처님께 물었다.

"이미 부처님의 뜻에 합당하지 않다고 하셨는데도 죄가 없는 것입니까."

　부처님께서 말씀하셨다.

"비록 내 뜻에 합당하지는 않더라도 각자 올바른 도리에 따른 것이므로 부처님의 가르침을 감당할 수가 있다. 그래서 복은 있지만 죄는 없다."]234)

通錄撮要 第四卷 終

『통록촬요』 제사권을 마치다

---

234)『華嚴經合論』卷3, (大正藏36, p.735上)

後 記

夫佛祖功流萬歲而常存 道通百劫而彌固 由是濟異學於迦夷 揚淳風以
東扇密契 夙有暫熏其風 幸遇祖源通錄等 以文字浩博 理致澣<瀚?>漫
假使力能者 不堪爲負行 撮出略錄四卷 欲令初機易見耳 肇師云 江山雖
緬 理契即隣 聖迹萬端 其致爲一也 群籍殊文 百家異說 苟得其會 豈文殊
<殊文?>之能惑哉 若要徑躋寶所不歷化城 致大饒益於將來 而於斯文
其舍諸 然至理虛玄 擬心已差 況乃有言 恐所示轉遠 庶通心君子 有以相
期於文外耳 夫法不自弘 弘之在人 人若不能 法寧自弘 故其同志 比丘敬
衍 釋連 學心 玲芸 覺熙 淡元 道玄 學聰 等 傍募衆緣 鳩工入梓<梓?>
以傳諸遠 伏願四恩三有 法界存亡 蒙此施財 刊印功德 同歸淨土 同見彌
陁 同證果海 同化衆生
嘉靖八年 己丑月日 全羅道 光陽縣地 白雲山 萬壽菴 開板 藏置於成佛寺
書寫 釋處安 主上殿下壽萬歲 波原府院君 大施主 前斷俗寺住持 大禪師
戒澄 衲智熙 幹<翰?>善山人 崇默 助緣秩 惠旵 供養主 學聰 熟刀 攅祖
鍊板 釋敏 信默 板化主 祖熙 刻手秩 正悟 長壽命 玄默 希世 敬田 印玄
道識 信崇

후 기

대저 불조의 공덕은 만세에 걸쳐 흐르면서 항상 존재하고, 불조의 깨침은 백겁을 통하면서 더욱더 견고하다. 이로 말미암아 불교에서 이교도를 제도하고 순풍을 드날려서 동토의 바람에 깊이 계합되었다.

일찍이 잠시 그 바람을 쐬었던 적이 있었는데 다행스럽게도 『조원통록』 24권 등을 만났다. 그런데 문자가 너무 많고[浩博] 이치가 너무 깊고 넓어서[瀚漫] 가령 능력이 있는 사람일지라도 감당하여 짊어지고 갈 수가 없다. 이에 이미 촬요되어 있던 『통록촬요』 4권으로써 초보자[初機]로 하여금 쉽게 볼 수 있도록 하였다.

승조는 다음과 같이 말했다.

"비록 강과 산이 멀다해도 도리에 계합하면 곧 이웃이다."[235]

또 말했다.

"부처님의 자취는 만단(萬端)이지만 그 이치(埋致)는 하나이다."[236]

또 말했다.

"여러 서적에서 표현한 문자가 다르고 모든 사상가들이 다르게 말해도 진실로 그 회요(會要)만 터득한다면 어찌 표현한 문자가 다르다 해서 거기에 현혹을 당하겠는가."[237]

만약 방편[化城]을 거치지 않고 곧장 깨침의 경지[寶所]에 올라서 장래에 큰 이익을 얻고자 하면 이 『통록촬요』를 어찌 내버려둘 수 있겠는가. 그러나 지극한 도리는 텅 비고 현묘하여 이를 마음으로 비교하고 헤아리면 벌써 그 이치에서 어긋나고 만다. 하물며 마음을 표현한 말의 경우에는 지극한 이치로부터 더더욱 멀어질까 염려된다. 이에 마음을 통달한 군자라면 문자 밖에서 서로의 만남을 기약하길 바란다.[238]

235) 『肇論』 [答劉遺民書], (大正藏45, p.155中)
236) 『肇論』 [般若無知論], (大正藏45, p.153中)
237) 『肇論』 [物不遷論], (大正藏45, p.151下)

대저 법은 스스로 홍포되지 못한다. 법을 홍포하는 것은 사람에게 달려 있다. 만약 사람의 손이 미치지 않으면 어찌 법이 스스로 홍포되겠는가. 때문에 비구 경연, 석련, 학심, 영예, 각희, 염원, 도현, 학총 등이 뜻을 같이하였고, 주변 사람들이 대중의 인연을 모았으며, 여러 사람이 힘을 모아서 상재에 붙였다. 이로써 멀리 제방에까지 전승할 수 있게 되었다.

엎드려 바라노니, 사은(四恩)과 삼유(三有)239)와 법계에 살고 있거나 이미 죽은 일체중생의 경우에 재시(施財)를 받아서 간행한 공덕으로 인하여 다함께 정토에 돌아가 함께 아미타불을 친견하여 함께 보리과해를 증득하고 함께 중생을 교화하게 하소서.

가정 8년(1529) 기축월 일
전라도 광양현 백운산 만수암에서 개판하고 성불사에 소장하였다.

書寫 석처안
주상전하 수명 만세 파원부원군
大施主 전 단속사 주지 대선사 계징
衲智熙 한선산인 숭묵
助緣秩 혜은
供養主 학총, 숙도, 찬조
鍊板 석민, 신묵
板化主 조희
刻手秩 정오
長壽命 현묵, 희세, 경전, 인현, 도식, 신숭

---

238) "지극한 도리는 텅 비고 현묘하여 이를 마음으로 비교하고 헤아리면 벌써 그 이치에서 어긋나게 됩니다. 하물며 마음을 표현한 말의 경우이겠습니까. 공께서 보여 주신 질문의 내용은 명칭과 모습을 잊지 못하였으므로 지극한 이치와 더욱더 멀어질까 염려스럽습니다. 마음을 통달한 군자께서는 문자 밖에서 서로의 만남을 기약하시길 바란다."까지의 대목은 『肇論』 [答劉遺民書], (大正藏45, p.157上) 참조.

239) 四恩은 부모의 은혜·국가의 은혜·중생의 은혜·삼보의 은혜이고, 三有는 욕계유·색계유·무색계유의 중생세간을 가리킨다.

해 제²⁴⁰⁾

1. 전등사서로서『통록촬요』
2.『통록촬요』와『대장일람』의 관계
3.『통록촬요』4권과『대장일람』권10의 비교
   1) 두 전등사서의 구조 비교
   2) 수록된 내용의 비교
4.『통록촬요』의 한국 간행과 그 의의

1. 전등사서로서『통록촬요』

『통록촬요』는『조원통록』의 촬요로서 인도와 중국 및 한국을 아우르는
전등사서에 해당한다. 중국의 송대에 촬요된 것을 해동에서 수입하여
새롭게 간행한 것으로 간주된다. 이런 과정에서『통록촬요』의 찬술자는
남송시대 말기인 13세기 중반에『대장일람』의 편찬자인 복건성 寧德의
優婆塞 陳實로 비정된다. 그러나 당시에『통록촬요』라는 명칭이었는지
혹 다른 명칭이었는지는 분명하지 않다. 그리고 이것이 해동에 수입되어
나름대로 그 구조 및 내용 등 몇 가지에 변형이 가해져서『통록촬요』라는
명칭으로 새롭게 간행되었다. 조선 초기에 간행한 사람은 그 [후기]를
썼던 崇黙으로 간주된다.

『통록촬요』의 근거가 되었던『대장일람』10권 가운데 제10권은『통록
촬요』의 구조 및 내용의 차이는 10여 가지에 이른다. 곧 권수, 품수,
인물의 수효, 칙명의 수효, 歸敬偈와 歸結偈, 그리고『대장일람』에만 수록
된 인물과『통록촬요』에만 수록된 인물 등이 그것이다.

---

240) [해제]에 대하여 보다 자세한 내용은 김호귀, [傳燈史書로서『通錄撮要』의
    구조와 그 의의 고찰],『大覺思想』제22집. 2014.12. 대각사상연구원) 참조.

2. 『통록촬요』와 『대장일람』의 관계

『통록촬요』의 서지학적인 문제점에 대해서는 일찍이 고익진 교수가 논의한 글241) 이외에 본격적인 연구는 전무한 상태이고, 내지 수록된 내용에 대한 논의도 마찬가지이다. 일찍이 고익진 교수는 신라인 34명의 수록은 기존 전등사서의 단순한 답습이 아니라는 점, 나옹혜근에 대하여 자세한 소개를 하고 있는 점 등을 들어서 촬요자의 의도가 강하게 작용한 문헌이라는 점을 강조하고, 이로써 『통록촬요』는 단순한 촬요서가 아니라 『조원통록』을 중심으로 새로운 한국적 전등사를 의도하고 있음이 강하게 느껴진다고 평가하였다.242)

『大藏一覽』 10권243)은 13세기 중반 송대에 寧德의 優婆塞 陳實이 편찬하였고,244) 후대에 秀水居士 姚舜漁가 重刊하면서 姚登用이 校正한 것이 유통되었는데, 그것이 현재 『嘉興大藏經』 제21책에 수록되어 전한다. 『대장일람』 10권의 重刊本에 해당하는 것으로 萬曆 甲寅(1614) 孟冬에 翰林院 侍讀學士 秀水 陳懿典이 學圃軒에서 쓴 서문이 붙어 있다. 때문에 중간본은 조선에서 개판된 『통록촬요』(1529)보다는 늦은 시기이지만, 陳實이 13세기 중반에 편찬한 것보다는 약 300여 년 뒤의 것에 해당한다.

여기에서 陳實이 편찬한 것을 13세기의 것으로 간주하는 이유는 두 가지이다.

첫째는 송대에 括山一菴의 釋本覺에게는 佛教書 59종류와 儒教書 44종류와 道教書 3종 등 106종의 책에서 그 내용을 참고해서 집성하여 편집한 『歷代編年釋氏通鑑』 12권이 있는데, 그 가운데 참고가 된 佛教書로서 『大藏一覽』이 포함되어 있다.245) 그리고 『歷代編年釋氏通鑑』의 서두에 붙어 있는 서문의 간기는 '時咸淳六年菊節 薦福用錯師異書'라 되어 있는

---

241) 고익진, 「조원통록촬요의 출현과 그 사료 가치」(『佛教學報』 제21호. 1984)
242) 고익진, 「조원통록촬요의 출현과 그 사료 가치」(『佛教學報』 제21호. 1984) pp.163-164.
243) 『嘉興大藏經』 제21책에 수록되어 있다.
244) 釋本覺, 『歷代編年釋氏通鑑』 [서문], (卍續藏76, p.1上)
245) 卍續藏76, p.1上.

데, 咸淳六年은 1270으로 남송 말기에 해당한다.

둘째는 『대장일람』 제10권의 내용에서 제일 마지막 조사로 기록된 선사가 청원행사의 제11세에 해당하는 인물로서 조동종의 芙蓉道楷 (1043-1118)이기 때문이다.

이로써 추론해본다면 중국에서는 이미 『조원통록』 24권에 대한 촬요서가 13세기 중반, 곧 1118-1270년 사이에 『통록촬요』 혹은 그 어떤 명칭으로 만들어져 있었을 것으로 추정된다.

『대장일람』 10권은 서두에 秀水 陳懿典이 쓴 [서문]이 붙어 있다. 이에 의하면 10권, 8문, 60품, 1181칙이 기록되어 있는데, 그 전체적인 구성은 다음과 같다.

권	문	품
서문		
제 1권	제1문	先王品 因地品 示生品 出家品 成道品 度生品 入滅品 常住品
	제2문	原道品 教興品 優劣品 究竟品 釋疑品 證驗品
	제3문	托胎品 五蘊品 煩惱品
제 2권	제4문	三歸品 十善品 布施品
제 3권	제4善惡門之餘	持戒品 忍辱品 精進品 禪定品 般若品
제 4권		方便品 造像品 事親品 雜緣品 十惡品
제 5권		懺悔品 臨終品 報應品
제 6권	제5문	賢劫品 諸天品 四洲品 有情品 地獄品 三災品 劫量品 大千品
제 7권	제6문	四眾品 入道品 聲聞品 緣覺品 菩薩品 等覺品
제 8권	제7문	法身品 相好品 神足品 十號品
제 9권	제8문	教相品 持誦品 唐梵品
제10권	제8宗說門之餘	宗眼品 正傳品 傍出品 分派品 散聖品 流通品

그리고 이 가운데 제10권에 해당하는 第八 宗說門之餘은 宗眼品 正傳品 傍出品 分派品 散聖品 流通品으로 이루어져 있는데 그 구성은 다음과 같다.

문명	품명		칙·명	칙명·인명
제8 宗說門之餘	종안품		4칙	천상천하유아독존 … 수색마니주
	정전품		인도 27명	마하가섭 … 반야다라
			중국 6명	보리달마 … 조계혜능
	방출품		중국 24명	승나 … 하택신회
	분파품	남악파	중국 45명	남악회양, 남악의 제1세, 제2세, 제3세, 제4세, 제5세, 제7세, 제13세
		청원파	중국 46명	청원행사, 청원의 제1세, 제2세,

				제3세, 제 4세, 제5세, 제6세, 제7세, 제8세, 제9세, 제10세, 제11세
	산성품		인도 1명	유마
			중국 5명	포대화상 … 부대사
	유통품		2칙	예장종경의 게송, 화엄론[246]
	총 5품		6칙·154명	

이에 상응하는 것으로 한국에서 조선 초기에 숭묵에 의하여 새롭게 간행된 『통록촬요』의 구성은 다음과 같다.

권(4)	칙·명(138)	품(5)	칙·명(138)	국가	칙·명(138)
제1권	37	제1종안품[귀경게]	4	인도	4
		제2정전품[귀경게]	33	인도	27
				중국	6
제2권	34	제3호현품[귀경게]	93	중국	59
제3권	10			신라·고려	34
제4권	57	제4산성품[귀경게]	6	인도	1
				중국	5
		제5유통품[귀결게]	2	중국	2
후기					

이와 같은 구성은 품명과 수록된 칙의 내용 및 수록된 인명 등에서 『통록촬요』 4권은 『대장일람』의 권10과 대단히 밀접한 관계에 놓여 있다. 이로 보자면 기존에 중국에서 찬술되었던 『대장일람』의 제10권을 바탕으로 한국에서 새롭게 간행하면서 중국의 선사를 기록한 대목에 대해서는 나름대로 선별을 가하고, 다시 한국의 선사들에 대한 부분을 첨가하여 [후기]를 붙여서 간행한 것으로 보인다.

3. 『통록촬요』 4권과 『대장일람』 권10의 비교[247]

---

246) 본문에는 『成實論』으로 기록되어 있지만 실제로는 『華嚴經合論』卷3의 내용이기 때문에 여기에서는 『화엄론』으로 표기한다.

247) 여기에서 『통록촬요』와 『대장일람』의 관계를 비교·고찰함에 있어서 『대장일람』의 경우는 최초의 寧德優婆塞 陳實 편찬본과 秀水居士 姚舜漁의 중간본의 차이를 확인할 수 없는 까닭에 중간본과의 비교에 해당한다. 때문에 중간

1) 두 전등사서의 구조 비교

『통록촬요』의 전체적인 구조는 다음과 같다.

품 명	칙·명	수록 내용
종안품	4칙	(1)천상천하유아독존 (2)세존승좌 (3)외도문불 (4)수색마니주
정전품 (33명)	인도 조사 27명	(1)가섭 (2)아난 (3)상나화수 (4)우바국다 (5)제다가 (6)미차가 (7)바수밀 (8)불타난제 (9)복태밀다 (10)협 (11)부나야사 (12)마명 (13)가비마라 (14)용수 (15)가나제바 (16)라후라다 (17)승가난제 (18)가야사다 (19)구마라다 (20)사야다 (21)바수반두 (22)마노라 (23)학륵나 (24)사자 (25)바사사다 (26)불여밀다 (27)반야다라
	중화 조사 6명	(28)보리달마 (29)혜가 (30)승찬 (31)도신 (32)홍인 (33)혜능
호현품(93명)	중국 59명	(1)법융 (2)북종신수 (3)승악혜안 (4)몽산도명 (5)남악회양 (6)영가현각 (7)청원행사 (8)하택신회 (9)광택혜충 (10)신주지상 (11)사공본정 (12)강서도일 (13)석두희천 (14)단하천연 (15)약산유엄 (16)조주대전 (17)무주 (18)대주혜해 (19)석공혜장 (20)반산보적 (21)오설영묵 (22)흥선유관 (23)방온 (24)남전보원 (25)자옥도통 (26)중읍홍은 (27)총인 (28)담주용산 (29)서산양좌주 (30)홍주수로 (31)백장회해 (32)위산영우 (33)황벽희운 (34)진주보화 (35)규봉종밀 (36)장사경잠 (37)조주종심 (38)화정덕성 (39)고정 (40)덕산선감 (41)앙산혜적 (42)향엄지한 (43)우두혜충 (44)금화구지 (45)임제외현 (46)동산양개 (47)조산본저 (48)조과도림 (49)초현회통 (50)설봉의존 (51)고정간 (52)현사종일 (53)운문문언 (54)풍혈연소 (55)보응성념 (56)분주선소 (57)연수지각 (58)오운지봉 (59)천의의회
	신라 및 고려 34명	(1)신라본여 (2)신라혜철 (3)홍척 (4)무염 (5)각체 (6)현욱 (7)도균 (8)품일 (9)가지 (10)충훼 (11)대모 (12)언충 (13)순지 (14)지리산화상 (15)흠충 (16)청허 (17)행적 (18)랑 (19)김장 (20)청원 (21)혜정 (22)와룡 (23)서암 (24)대령 (25)박암 (26)대무위 (27)경유 (28)혜 (29)주 (30)혜운 (31)설악영광 (32)영감 (33)도봉혜거 (34)나옹보제존자
산성품 (6명)	인도 1명	1명 (1) 유마회삼십이보살
	중국 5명	5명 (1)포대 (2)한산 (3)습득 (4)무착 (5)부대사
유통품	2칙	2칙 (1) 예장종경의 게송 (2) 화엄론
총 5품	인도·중국·한국, 158칙(6칙+152명)	

본의 경우 姚登用이 어떤 대목을 校正했는지에 대해서는 고려하지 않기로 한다.

『대장일람』권10의 전체적인 구조는 다음과 같다.

품 명	칙·명		내 용
종안품	4칙		천상천하유아독존, 세존승좌, 외도문불, 수색마니주
정전품	인도 27명		『통록촬요』와 동일
	중국 6명		『통록촬요』와 동일
방출품	중국 24명		승나 향거사 우두융 우두암 학림 천주 조과 운거지 북수 몽산명 숭악안 파조 숭악규 무주 변담료 홍주달 수주통 신주상 광주도 영가 사공정 무주책 충국사 하택
분파품	남악분파	중국 45명	남악회양 제1세 : 1명(마조도일) 제2세 : 15명(대매 남천 대주 백장 반산 염관 오설 홍선 동사 귀종 무업 양좌주 타지 수로 방거사) 제3세 : 13명(위산 황벽 석상 대안 고령 조주 장사 자호 감지 비마 기림 보화 오대통) 제4세 : 8명(앙산 향엄 영운 왕상시 구지 도오 말산 임제) 제5세 : 3명(보수 홍화 정십삼낭) 제7세 : 2명(남악용 흥양정) 제12세 : 1명(황룡혜남) 제13세 : 1명(황룡조심)
	청원분파	중국 45명·고려 1명(제7세 고려의 도봉혜거)	청원행사 제1세 : 1명(석두희천) 제2세 : 4명(단하 약산 대전 장자) 제3세 : 6명(용담 운암 선자 이고 삼평 한유) 제4세 : 7명(덕산 청평 투자 석상 점원 동산 협산) 제5세 : 9명(암두 설봉 고정 구봉 운거 조산 용아 현자 흠산) 제6세 : 7명(현사 장경 고산 운문 태원 불일 영광) 제7세 : 4명(나한 정상좌 동산초 천복고) 제8세 : 1명(법안) 제9세 : 2명(고려도봉혜거 명안) 제10세 : 2명(투자청 북선현) 제11세 : 2명(천의회 천녕해)
산성품	인도 1명		『통록촬요』와 동일
	중국 5명		『통록촬요』와 동일
유통품	2칙		『통록촬요』와 동일
총 6품	6칙·152명		

2) 수록된 내용의 비교

위의 도표를 통해서 비교하자면 중국에서 찬술된『대장일람』과 한국에서 간행된 것으로 간주되는『통록촬요』사이에 수록된 칙의 내용과 인물의 수효를 비롯하여 인물의 선정에서 중국인 및 한국인의 수록에 다수의 출·입이 보인다. 이제 이를 바탕으로 하면 11가지 점에서 그 同·異한

점을 발견할 수가 있다.

① 우선 권수에 대해서는『대장일람』의 경우에는 1권으로 구성되어 있고,『통록촬요』의 경우는 4권으로 구성되어 있다. 어떤 근거에 의하여 권수를 나누었는가 하는 점은 보이지 않는다.

② 품명에 대해서는『대장일람』은 종안품·정전품·방출품·분파품·산성품·유통품의 6품이고,『통록촬요』는 종안품·정전품·호현품·산성품·유통품의 5품이다. 곧 종안품과 정전품의 경우는 동일하고,『대장일람』방출품과 분파품의 둘이『통록촬요』에서는 호현품 하나로 되어 있다. 이하 산성품과 유통품의 경우도 동일하다.

③ 종안품 4칙과 정전품 37명과 유통품 2칙에 수록된 칙명 및 인명은 동일하다. 다만『대장일람』의 경우에 방출품과 분파품으로 나뉘어 있지만,『통록촬요』에서는 그것에 해당하는 대목이 호현품 하나로 되어 있으면서 수록인물의 숫자에 출입이 있다.

④『대장일람』의 경우는 고려의 도봉혜거 한 명을 제외하고는 모두 151명의 중국인물로 채워져 있지만,『통록촬요』는 호현품을 통하여『대장일람』에는 보이지 않은 인물로서 신라 및 고려인 34명이 수록되어 있다. 이 점은『통록촬요』가 한국에서 간행되면서 중국의 인물을 축소시키고, 대신 한국의 인물을 널리 포함시킨 것으로 보인다.

⑤ 그 구체적인 인물의 숫자는『대장일람』의 경우 도표에서 보듯이 인명은 총 154명이고,『통록촬요』의 경우는 총 132명이다.

구체적인 분포는 다음과 같다.『대장일람』의 경우 정전품에 33명이 있고, 방출품에 24명이 있으며, 분파품에는 남악파가 45명이 있고, 청원파가 46명으로서 91명이 있으며,248) 산성품에 6명이 있다.『통록촬요』의 경우 정전품에 33명이 있고, 호현품에 93명이 있다.249)

⑥ 칙명의 경우는 모두 6칙씩으로 동일하다. 곧 종안품에 4칙이 있고, 유통품에 2칙이 있다.

⑦ 이처럼『대장일람』과『통록촬요』를 비교해보면 칙명에서는 차이가 없이 동일하지만, 인물에서는 그 숫자에 차이가 있다. 그것은 종안품과

---

248) 여기 91명 가운데 중국인이 90명이고, 고려인으로는 도봉혜거 1명이 포함되어 있다.
249) 93명 가운데 중국인이 59명이고, 신라 및 고려인이 34명이다.

정전품과 산성품과 유통품을 제외한 나머지, 『대장일람』의 경우 방출품과 분파품에 해당하는 것으로 『통록촬요』의 경우 특히 호현품 사이에서 나타난다. 곧 『대장일람』의 방출품과 분파품을 합한 것에 해당하는 중국인 114명(고려인 1명 제외)이 『통록촬요』의 호현품에서는 93명(중국인 59명, 신라 및 고려인 34명)으로 줄어 있다.[250]

⑧ 이것을 살펴보면 『통록촬요』에서는 『대장일람』에 수록된 중국인 114명 가운데서 55명을 제외하고 대신 신라 및 고려인 34명을 수록하였다.

⑨ 또한 『대장일람』에는 없지만 『통록촬요』에만 수록된 사람은 48명으로서 신라 및 고려인이 33명(34명 가운데 신라 및 고려인 가운데 도봉혜거 1인은 중복됨) 추가되어 있고, 중국인은 15명이 추가되어 있어서[251] 총 48명에 해당한다. 그 이유는 추가된 중국인의 경우 『대장일람』에는 수록되어 있지 않았을지라도 한국에 큰 영향을 끼쳤던 인물을 포함시킨 것으로 보인다.

⑩ 한편 『통록촬요』에서 자체의 목차와 그 내용을 비교해보면 내용에는 수록되어 있지만 목차에는 누락되어 있는 인물이 北宗秀大師·中邑洪恩·總印·潭州龍山·亮座主·水老·潙山靈祐 등 7명이 보인다.[252]

⑪ 『대장일람』의 6품 및 『통록촬요』의 5품 등 모두 각 품마다 [귀경게] 내지 [귀결게]가 2구의 형태로 갖추어져 있다. 다만 『대장일람』 방출품의 [귀경게]가 『통록촬요』 호현품의 [귀경게]와 동일하고, 『대장일람』 분파품의 경우만 2구의 형태로써 새롭게 추가되어 있다. 이들 [귀경게] 및 [귀결게]에 대하여 도표로 비교하면 다음과 같다.

대장일람		통록촬요	
품명	게송	품명	게송
종안품귀경게	석가모니의 대자비에 경례합니다	종안품	『대장일람』과 同

---

250) 중국의 인물을 줄이고 대신 한국의 인물을 첨가한 점은 분명히 『통록촬요』가 한국에서 새롭게 간행되었음을 뒷받침해주는 것이기도 하다.
251) 『대장일람』에는 없는 중국인이 『통록촬요』에 추가된 인물은 석공혜장, 자옥도통, 중읍홍은, 총인, 담주용산, 규봉종밀, 우두혜충, 조과도림, 초현회통, 고정간, 보응성념, 분양선소, 영명연수, 오운지봉 등 15명이다.
252) 여기에서는 이 7명을 포함시켜 통계를 잡았다.

	稽首釋迦大慈悲 불립문자로써 곧바로 지시하셨네 不立文字直指示		
정전품귀경게	인도 스물 여덟 명의 조사로부터 爰自西天四七祖 중국 여섯 조사에 곧바로 닿았네 直至唐土二三師	정전품	『대장일람』과 同
방출품귀경게	직하에 단전한 조사 뿐만 아니라 不唯直下祇單傳 그 밖의 사람도 모두 그러합니다 爭奈旁人皆有分	호현품	『대장일람』 방출품의 귀경게와 同
분파품귀경게	남악의 한 갈래 임제가 무성했고 南嶽一枝臨濟茂 청원은 조동 및 운문이 번영했네 淸原兩派洞雲長		
산성품귀경게	뭇 산성은 자비로 세상에 오시어 散聖慈悲來世上 설법 통해 인간 세계에 베풀었네 語言流落滿人間	산성품	『대장일람』과 同
유통품귀결게	정법 계승하여 중생 제도 못하면 若不傳法度衆生 필경 불조 은혜 보은하지 못하네 畢竟無能報恩者	유통품	『대장일람』과 同

이와 같이 『대장일람』과 『통록촬요』는 구조의 형식이라는 점에서 비교하자면 전체적으로는 거의 그대로이지만 세세한 부분에 대해서는 상당한 차이점이 보인다. 이것은 곧 오늘날 보이는 『통록촬요』의 촬요자는 陳實이지만, 그것을 받아들여서 약간의 변형을 가하여 새롭게 간행한 사람이 분명히 한국의 어떤 사람이었을 가능성을 충분히 짐작할 수 있게 해준다.

4. 『통록촬요』의 한국 간행과 그 의의

『통록촬요』에 수록된 인물의 내용 가운데서 무엇보다도 특이한 것은 고려의 보제존자 나옹혜근에 대한 기록이다. 나옹은 『통록촬요』에 수록된 인물 가운데서 그 연대가 중국과 한국을 통틀어서 가장 후대에 속하는 인물이다. 이것은 나옹이 입적한 이후 오래되지 않은 시대에 한국에서 『통록촬요』가 간행되었음을 보여주는 것이기도 하다.

또한 보조지눌 및 태고보우 등에 대한 기록은 언급조차 없고 유독 나옹에 대해서만 이토록 심도있는 기록을 보여주고 있는 것은 한국에서 『통록촬요』가 간행된 근본적인 이유가 어디에 있었는가를 엿볼 수 있고,253) 또한 그럼으로써『통록촬요』의 전체적인 성격을 추정할 수 있게 해준다. 왜냐하면 나옹에 대한 기록이 분량으로 뿐만 아니라 그 내용에서 단순히 한 사람의 인물로 기록하는 것에 그치지 않고 있기 때문이다. 가령『통록촬요』의 보제존자 나옹혜근장 말미에는 다음과 같은 내용이 있다.

치성광명경에서 말한다. 세존께서 가섭존자에게 고하여 말했다. "내가 멸도한 이후 후오백세에 내 정법안장은 곧 신라로 갈 것이다. 5종의 외도가 성행하는 세상에서는 감히 내 정법안장을 파괴할 것이다. 그러나 경신 연간에 어떤 비구가 대사문이 되어 대불사를 일으키고 모든 외도를 타파할 것인데, 그 사람의 이름은 보제나옹이고, 그 법회의 이름은 工夫選이다. 가섭이여, 반드시 알아야 한다. 내 후신이 바로 그 보제나옹이다."254)

여기에는 말법시대에 부처님의 정법안장이 한국으로 전승된다는 예언이다. 이에 의하면 그 말법시대에 대해서는 이어서 말겁이 다한 후에는 사람들의 수명이 10세로 한정되는 시대에는 見聞覺知識心外道, 無心自然外道, 無想天外道, 天魔外道, 順魔外道 등 5종의 외도가 치성한다는 것이다. 그들 외도가 마치 삼대와 조알처럼 많아서 감히 내 정법안장을 파괴하기 때문에 여래가 재삼 거듭해서 나옹존자의 모습으로 화현하여 마침내 工夫選의 법회를 통하여 정법안장을 전승하고 불국토를 수호하는 것이라고 말한다.

이것으로 보자면 나옹은 말법시대에 정법안장을 구현하고 주지하는 적임자로서 고려에 출현한다. 그와 같은 나옹의 위상에 대하여 중국에서 출현한『대장일람』제10권에는 기록되어 있지 않았지만, 한국에서 전등사서의 간행에 즈음하여 반드시 고려의 나옹의 전법상승의 필연성에 대하여

---

253) 이 경우는 조선 초기에 선종의 전등법맥이 나옹혜근 정통설로 계승되는 일군 의 사람에 의하여 간행되었음을 시사해주고 있다.
254)『通錄撮要』卷4, (『韓國佛教全書』제7책, p.806上) "熾盛光明經云 世尊告迦 葉尊者曰 我滅度後 後五百歲 吾法乃行新羅 五種外道盛行於世 敢壞我法 庚 申之間 有一比丘 作大沙門 作大佛事 破諸外道 號曰普濟懶翁 其會曰工夫選 迦葉當知 我身是也"

기록하면서 경전의 인용과 더불어 그 당위성을 제시해둔 것으로 보인다. 때문에 나옹은 곧 고려까지 계승되는 전법상승의 주장을 위해서도 전등사서의 성격을 지닌 본『통록촬요』를 통하여 무엇보다 필요한 인물이었다. 그 결과 주목되는 것이 바로 그 전등사서의 궁극적인 종착점이 보제존자 나옹혜근을 향하게 되었다는 점이다.

불조의 혜명과 부처님의 정법안장이 단절되지 않도록 후대에 전승하여 住持토록 하는 전등사서의 궁극적인 목표가 말법시대에 이르러 보제존자 나옹혜근을 통하여 실현된다는 점이 그대로 노출되어 있다. 그런만큼 한국에서 간행된『통록촬요』는 나옹의 행장을 비롯하여 정법안장의 전승자로서 나옹의 위상을 확고하게 부각시켜주고 있다는 점에서 의의를 지니고 있음에 주목할 필요가 있다.

이처럼『조원통록』에 대한 촬요로서『통록촬요』는 인도와 중국 및 한국을 아우르는 전등사서라는 의의를 지니고 있다. 기존에 송대에서 발간된『대장일람』제10권의 내용과『통록촬요』4권을 비교하자면 전체적인 구조는 대단히 흡사하지만 내용에 있어서는 10여 가지 점에서 약간의 차이가 보인다. 특히 주목되는 차이점은 다음과 같다.

	대장일람	통록촬요
권수	1권	4권
품수	6품	5품
품명의 차이	종안품·정전품·방출품·분파품 (남악파·청원파)·산성품·유통품	종안품·정전품〈인도·중화〉·호현품·산성품·유통품
인물의 수효	총 154명	총 132명
중국인물의 수효	126(보리달마 포함)	70(보리달마포함)[255]
한국인물의 수효	1명	34명
칙명의 수효	6칙	『대장일람』과 동일
단독 수록인물	중국인 55명	중국인 15명, 신라·고려인 33명
귀경게·귀결게	『대장일람』 분파품의 [귀경게]가『통록촬요』에 없는 것을 제외하면 기타 5품의 [귀경게] 내지 [귀결게]는 동일함. 다만『통록촬요』호현품의 [귀경게]는『대장일람』방출품의 귀경게에 해당함.	

255)『대장일람』에서는 33조사를 正傳品의 한 명목으로 묶어서 기록하였지만,『통록촬요』에서는 정전품을 인도의 조사와 중화의 조사로 분류하였는데, 그 가운데 보리달마를 중화의 조사에 포함하여 기록하였다.

김호귀 kimhogui@hanmail.net

동국대학교 선학과 졸업
동국대 대학원 선학과 석사 · 박사 졸업
동국대 불교학술원 연구교수

저서 · 역서

묵조선 연구/ 선과 수행/ 선문답의 세계/
금강선론/ 인물한국선종사/ 열반경종요/
금강삼매경론/ 수선결사문 외 다수

통록촬요
[通 錄 撮 要]

초 판 1쇄 인쇄 2014년 12월 5일
초 판 1쇄 발행 2014년 12월 10일

지은이 陳 實
간 행 崇 黙
옮긴이 김호귀
펴낸이 유광옥
펴낸곳 하얀연꽃
인 쇄 PUNDARIKA
주 소 100-804 서울 중구 신당동 414-12
전 화 (02)2254-3100

출판등록 제301-2011-172호
ISBN 978-89-92267-23-6 93220

값 19,000원